Für meinen Sohn
Florian

INHALT

VORWORT

Dieses Praxisbuch will zu kreativem Spiel verführen. Es möchte zum aktiven Handeln anregen, die Kommunikation in Gruppen fördern und die Lust am Erfinden, Probieren, an Darstellung und Gestaltung wecken.
Mit diesem Anliegen wendet es sich als „Didaktik des Spiels“ an Studierende der Fach- und Fachhochschulen für Sozialpädagogik, an Erzieher, Sozialpädagogen, Lehrer, Jugendpfleger, Animateure, Jugendgruppenleiter und Eltern.

Entstanden ist das Buch aus meiner spielpädagogischen Arbeit mit Kinder- und Jugendgruppen, mit Studenten, mit Schülern einer Fachschule für Sozialpädagogik, mit Teilnehmern von Volkshochschulkursen und in der Familienbildung.

Ein großer Teil der Spielformen und Spielvorschläge wurde von mir neu entwickelt und in der Praxis erprobt. Das Buch enthält eine Fülle von Spielen, die sich in unterschiedlichen Gruppen vielfach bewährt haben.

Alle Spielvorschläge verstehen sich als Anregungen, nicht als starre Anleitung; sie lassen sich jederzeit variieren. Nur so können Spielsituationen entstehen, die schöpferisches Verhalten fördern und zum spontanen, phantasievollen Handeln veranlassen.

Welche Ziele hat sich dieses Buch gesetzt?

- Es möchte die Freude am schöpferischen Spiel wecken und die spielerischen Fähigkeiten aktivieren.
- Der Leser soll erkennen, daß Kreativität ein wichtiger pädagogischer Auftrag ist und daß sich kreatives Verhalten fördern läßt.
- Das Buch will Kenntnisse über Methoden und Techniken des kreativen Spiels vermitteln und gleichzeitig das Spiel als Feld sozialen Lernens und der Persönlichkeitsbildung erfahrbar machen.
- Dem Benutzer soll es helfen, sein Repertoire an Ausdrucksspielen zu erweitern, konventionelle und unkonventionelle Spielformen kennenzulernen und spielen zu können.
- Es will Erzieher, Sozialpädagogen und Lehrer auf die Rolle des Spielleiters vorbereiten und ihnen beim Planen, Beobachten, Anregen, Leiten und Auswerten helfen.
- Um frei mit anderen spielen zu können, muß der Spielleiter lernen, eigene Spielhemmungen zu erkennen und zu überwinden.
- Das Buch möchte Hilfe sein, Spielbedingungen zu schaffen, um auf die Spielpartner und die Gruppe angemessen eingehen und situationsorientiert Spielprozesse organisieren zu können.

Konzipiert wurde dieses Buch für die Arbeit mit Kinder-, Jugend- und Erwachsenengruppen, für das Spiel auf Seminaren, Freizeiten, Ferienmaßnahmen, in Jugendgruppen und Jugendfreizeitheimen, in der Vereins-, Eltern- und Seniorenarbeit, in der Familie, für das Schulspiel in Hauptschule, Realschule und Gymnasium, für die Planung von Spielaktionen und Spielfesten, in Laienspielgruppen, bei Mitarbeitertreffen und in Interaktionsgruppen.

Angeregt durch das große Interesse, das mein 1982 im Bardtenschlager Verlag erschienenes „Arbeitsbuch Spiel" fand, wurde dieses Buch als ein aufbauendes Angebot für die spielpädagogische Praxis entwickelt.

Peter Thiesen

I. GRUNDLAGEN

Was ist Kreativität?

Kreativität – nur eine Floskel?
Notwendigkeit der Kreativität
Blockierungen der Kreativität

Selbstfindung der Persönlichkeitsentwicklung im Spiel

Kreative Spielprozesse

Phantasielosigkeit und Langeweile

Entseeltes und sozialfeindliches Spielen
Wie kann der Langeweile begegnet werden?

Freizeitverhalten und Freizeitpädagogik
Eigene Freizeitinteressen erkennen
Familie und Spiel
Offene Jugendarbeit

Kreativitätsförderung durch Schulspiel – Dramatisches Gestalten

I. GRUNDLAGEN

Was ist Kreativität?

Der kreative (schöpferische) Drang des Menschen ist eine seiner ureigensten Eigenschaften überhaupt. Er ist nicht, wie häufig mißverstanden, auf Künstler und Genies begrenzt, sondern entsteht aus dem menschlichen Bedürfnis, die eigene Persönlichkeit zum Ausdruck zu bringen, Gedanken und Gefühle sichtbar zu machen.
Nach J. P. Guilford, dem Wegbereiter der Kreativitätsforschung, kann man von fast allen Menschen kreative Akte, wie schwach oder wie selten auch immer, erwarten.

Kreativ ist z. B.

- das spielende Kind, das sich ein neues Spiel ausdenkt,
- ein Schriftsteller, der seinen ersten Roman verfaßt,
- eine Schülergruppe, die ein Laienspiel einübt,
- eine Hausfrau, die einen neuen Salat kreiert,
- ein Wissenschaftler, der eine neue Theorie entwickelt.

Der Begriff der „Kreativität" wurde seit Beginn der 70er Jahre mit unzähligen Definitionen belegt, die zum Teil eher zur allgemeinen Verwirrung als zur Klärung beitrugen. Zudem wurde „Kreativität" von der Freizeitindustrie zu einem Klischee gemacht, um selbst die fragwürdigsten Spiel- und Freizeitmittel an den Verbraucher zu bringen.
Kreativ sein heißt, eigene schöpferische Initiative zu entwickeln. Voraussetzung für kreatives Handeln ist das Aufgeben alter Denkgewohnheiten und Sichtweisen. Kreativität bedeutet erhöhtes Wahrnehmungsvermögen, besondere Aspekte zu erkennen, neue Zusammenhänge zu erfassen und Beobachtungen sinnvoll zu verknüpfen.

Kreativität kann sich auch in spontanen Eingebungen äußern. Der Denkpsychologe Karl Bühler schuf für diese „Gedankenblitze" die treffende Formulierung „Aha-Erlebnis."
In einem 1975 veröffentlichten Gutachten stellte der Deutsche Bildungsrat fest, daß Kreativität im Jugendalter „nicht als die Fähigkeit der Neuschöpfung, sondern als eine Art des Umgangs mit vorgefundenen Elementen zu verstehen ist."

Kreativität – nur eine Floskel?

Im Alltag der heutigen Welt drohen die kreativen Fähigkeiten des Menschen zu verkümmern. Obwohl die Förderung der Kreativität als ein wichtiges Erziehungsziel neuerer Pädagogik angesehen wird, scheinen die Voraussetzungen hierfür immer noch im Anfangsstadium zu stecken.

In seinem Buch „Die 13-18jährigen" (1979, S. 69) stellt Baake fest: „Die konventionelle Schule ist eher in der Lage, hohe Intelligenz zu fördern als kreatives Verhalten. Tatsächlich ist zu vermuten, daß es nicht nur Lehrer hochgradig irritiert, sondern auch leicht gegen die strikten Schulrituale verstößt.

Kreativität ist zwar eine beliebte Floskel der Alltagssprache, wird aber eigentlich nur bei denen geduldet, die dafür bezahlt werden (Werbetexter z. B., auch Schriftsteller, Künstler als bestimmte, von ihren Rollen her für Kreativität disponierte Gruppen). Ein Jugendlicher, der einem ihn interessierenden Problem im Einzelstudium nachgeht und dadurch die folgende Stunde versäumt, oder im Sportunterricht die Einübung eines Balletts vorschlägt, oder statt der Interpretation eines Romans die Beschreibung der Wirkungen auf sich und seine Klassenkameraden während der Lektüre vorschlägt, oder nicht durch das Lehrbuch abgesicherte Versuchsanordnungen im Chemiesaal vorschlägt oder die Meinung vertritt, das Pausenzeichen der rasselnden Klingel durch die Darbietung unterschiedlicher musikalischer Themen und Motive zu ersetzen, wird schwerlich das Wohlwollen seiner Lehrer erlangen können. Obwohl keine Untersuchung vorliegt, hat die These doch viel unmittelbare Evidenz (aus Erfahrung) für sich: daß Kreativität in unseren Schulen eher behindert wird".

Die moderne Psychologie sagt, daß Kreativität ein besonderes Merkmal jüngerer Menschen sei, da die schöpferischsten Leistungen meist in frühem Alter vollbracht werden. H. C. Lehmann untersuchte Tausende von Lebensläufen hervorragender Männer und Frauen über die Jahrhunderte hinweg und wies nach, daß der Höhepunkt ihrer Kreativität in der Regel zwischen dem 20. bis 35. Lebensjahr zutage trat.

Notwendigkeit der Kreativität

Im Leben werden wir stets mit Ereignissen konfrontiert, die es notwendig machen, Entscheidungen zu treffen. Um diese frei treffen zu können, muß sich der Mensch innerlich frei fühlen und eigene Maßstäbe anlegen können, was er nur in einem Zustand seelischen Wohlbefindens kann. Die Kreativität hilft dem einzelnen, sich den Veränderungen im Alltag und den sozialen, technischen und wirtschaftlichen Wandlungen sinnvoll anzupassen. Um dies zu erreichen, muß neben der Förderung des

logischen und systematischen Denkens, das abrufbereites Wissen zum Hauptziel hat, entsprechend auch divergentes Denken gefördert werden.
Kreative Menschen denken vorwiegend divergent, d. h. sie denken in verschiedenen Richtungen und suchen nach verschiedenen Lösungsmöglichkeiten, wobei das Denken phantasievoll, frei und ungeordnet ist. Beim konvergenten Denken ist eine Lösung durch systematisiertes, schrittweises Vorgehen gekennzeichnet. Das Ziel ist eindeutig festgelegt.
Beide Denkformen schließen sich nicht aus. Es gibt sehr viele Problemkreise, bei denen aus ökonomischen Gründen konvergentes Denken im Wechsel mit divergentem Denken notwendig ist.

In der Schul- und Sozialpädagogik sollte unbedingt darauf geachtet werden, daß bei aller Planung und Methodik – so notwendig und wichtig sie auch ist – nicht nur die Vernunft geweckt, sondern auch daß dabei die Phantasie und Kreativität nicht zerstört wird. Wenn unsere Bemühungen darauf hinwirken, dem Menschen in der Entfaltung seiner Emotionalität zu helfen, verhindern wir, daß die Rationalität ausufert und das Gemüt versickert. Insofern ist Hederer zuzustimmen, wenn er davor warnt, die „Persönlichkeit des Erziehers zugunsten der Methoden zurückzudrängen, denn auf die Dauer gehen von einer Erzieherpersönlichkeit stärkere Wirkungen aus als von einer zur Routine gewordenen Methode“ (Hederer: Praxis- und Methodenlehre, Teil 2, München 1980, S. 18).

Kreatives Verhalten läßt sich fördern durch . . .

- Schaffung von Problembewußtsein,
- Spielformen und Materialien, die die Phantasie anregen,
- Lernen, Spielen, Problemlösen in einer für den Teilnehmer angenehmen Gruppenatmosphäre,
- gezieltes „Brainstorming“,
- Förderung der Individualität und Toleranz,
- Anregung zur Eigenaktivität,
- Förderung einer Interessenbreite mit genügend Wahlmöglichkeiten.

Blockierungen der Kreativität

Es gibt recht unterschiedliche Bedingungen, die sich als blockierende und hemmende Faktoren negativ auf die Kreativität von Einzelpersonen und Gruppen auswirken. Um sie überwinden zu können, sollten sie dem Erzieher und Spielleiter bekannt sein:

- Zu hohe Erwartungen lösen Streß aus. Zu hoch angesetzte Ziele und Aufgaben, die zudem unter großem Zeitdruck erfüllt werden sollen, lösen eine Ablehnungsreaktion aus, die sich in Spielunlust und Resignation äußert

- Passivität kann sich in Stillschweigen und/oder Untätigkeit äußern. Hartnäckige Passivität kann selbstzerstörerisch sein. Passivität äußert sich in ziellosem Herumsuchen, Denkfaulheit, Unklarheit, Konsumdenken, Leere und Dumpfheit
- festgefahrene Vorstellungen des Spielleiters (Erziehers) können entmutigen und die geistige Beweglichkeit und Originalität der Teilnehmer bremsen
- eine spielfeindliche Einstellung ist tödlich für Kreativität
- Routine und monotone Wiederholungen
- Vorurteile, z.B. daß es nur wenige, auserwählte kreative Menschen gibt
- Angst, sich lächerlich zu machen, sich bloß zu stellen; Angst, Fehler zu machen
- Konfliktscheu
- mangelndes Vertrauen, Unterlegenheitsgefühl
- Konkurrenzdenken und Rivalität fördern aggressives Verhalten
- organisatorische und räumliche Mängel
- dominantes Spielleiterverhalten (gruppenbeherrschender Stil)
- Autoritätsfurcht der Gruppenmitglieder
- Geltungsbedürfnis, dominantes Verhalten einzelner Gruppenmitglieder
- Wiedergeben von Klischeevorstellungen
- schnelles Resignieren
- ständiges Überlegen, was für andere akzeptabel ist
- Kritiklosigkeit, Scheu vor Kritik, vorschnelle und oberflächliche Kritik
- „Ideenbremser" bzw. „Killerphrasen" (nach Bales) sind Aussagen, die Negativ-Reaktionen bewirken, wie z. B.: „Wer weiß, was dabei herauskommt?" – „Wohin soll das führen?" – „Dazu fehlt euch der Überblick!" – „Diskutieren bringt sowieso nichts weiter." – „Was denken die anderen darüber?"

Selbstfindung und Persönlichkeitsentwicklung im Spiel

Spiele sind nicht nur für das Kind, sondern für jede Altersgruppe von unschätzbarer Bedeutung. Auch das Erwachsenenleben ist von Spielmomenten durchzogen, die für eine Reihe kognitiver und kreativer Möglichkeiten des Menschen kennzeichnend sind.
Das richtige Gleichgewicht zwischen spielerischer Betätigung und Arbeit ist für die seelische Gesundheit und das Wohlbefinden besonders wichtig. Sigmund Freud nannte das Spiel „ein ausgleichendes Pendel für den Alltag".
Arbeit und Spiel sind Formen menschlicher Selbstverwirklichung, sie machen das aus, was wir „Kultur" nennen.
Spielen macht Spaß, weil es Kontakte ermöglicht, die immer auch Auswirkungen auf die Beteiligten und auf die Beziehung untereinander haben, die über die Dauer des Spielgeschehens hinausgehen können. Nicht zuletzt bietet das Spiel dem einzelnen Teilnehmer die Möglichkeit, seinen Mut zu erproben.

Das Spiel kann Normen durchbrechen, die uns umgeben, während es gleichzeitig Regeln setzt, an die wir uns halten müssen.
Der Jugendliche und der Erwachsene verlieren ihre Entfaltungsfähigkeit, wenn sie nicht mehr spielen. Aus dem spielunfähigen Kind wird häufig ein veränderungsunfähiger Erwachsener. Wer das Spielen verbietet, weiß nicht viel von dem, was im Leben Spaß macht und Freude bereitet.

Durch kreative Spielformen, besonders durch das Darstellende Spiel, werden gerade in der Pubertätsphase die für die Persönlichkeitsentwicklung wichtigen Prozesse der Selbstfindung intensiv unterstützt. Der Jugendliche verkörpert die verschiedensten Rollen, erlebt und erprobt sie und erweitert so die eigene Ich-Erfahrung.
Das breite Spektrum sprachlicher und mimischer Ausdrucksmöglichkeiten, der Gestik und Körperbewegung wird aktiviert; es fördert die Kommunikationsfähigkeit des Jugendlichen und läßt ihn auch außerhalb des Spiels sicherer werden.
In der Pädagogik wächst die Einsicht, daß kreative Spielformen für die Ausdrucksfähigkeit, das kognitive und soziale Lernen des Kindes und des Jugendlichen eine Schlüsselstellung innehaben. Während der Schulzeit sollte die Förderung der Spielfähigkeit, die Erweiterung des Spielrepertoires und die Anreicherung der Spielpraxis eine zentrale erzieherische Aufgabe sein.

Das kreative Spiel schöpft aus der produktiven Kraft des Menschen, der Lust am Erfinden, Probieren, Darstellen und Gestalten. Die spontanen Einfälle und Vorstellungen, die das Spiel durchdringen, sind dem rationalen, nüchternen Verstand in der Regel verschlossen.
Die Praxis zeigt, daß in Spielgruppen kreative Potentiale aufgedeckt und Flexibilität und Spontaneität bei den Teilnehmern „provoziert“ werden.

Kreatives Spiel

- bereichert das Denken und erhält die geistige Beweglichkeit,
- fördert das selbständige, aktive Handeln,
- ermöglicht soziales Lernen im Umgang mit Gleich- und Andersaltrigen,
- fördert die Fähigkeit zur bewußten und kritischen Auswahl von Freizeitangeboten,
- erweitert den Vorstellungs- und Erfahrungshorizont, vergrößert das Reaktionsrepertoire und steigert somit die Wahrscheinlichkeit, sich besser und flexibler in unvorhergesehenen Situationen verhalten zu können,
- hilft Fähigkeiten und Fertigkeiten zu entwickeln, die vorher noch nicht da bzw. nur schwach ausgeprägt waren,
- ermöglicht es, eine Sache von verschiedenen Seiten aus zu betrachten,
- vermittelt Einsichten, die Langzeitwirkung haben können,
- ist eine Auseinandersetzung mit der Umwelt, ohne festgelegte Leistungsnorm, jedoch mit Leistung. Diese wird von der Lust der Spieler getragen, den Handlungsablauf voranzutreiben, wobei der Zweck des Handelns im Spiel selbst bestimmt wird.

Kreative Spielprozesse

Kreative Spielprozesse verlaufen in einer Gruppe immer dann für den einzelnen Teilnehmer besonders zufriedenstellend und effektiv, wenn eine klare Zielsetzung bzw. Thematik besteht, jeder frei seine Ideen einbringen kann und ein Gefühl der Gruppenzugehörigkeit besteht.

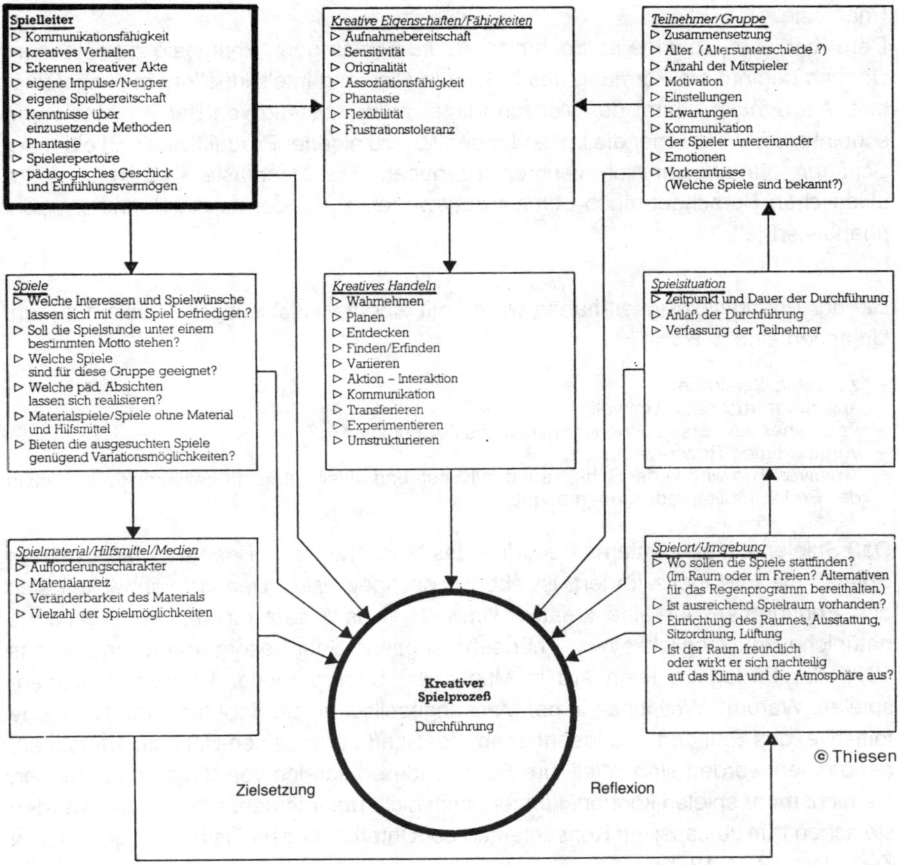
Spielleiter
▷ Kommunikationsfähigkeit
▷ kreatives Verhalten
▷ Erkennen kreativer Akte
▷ eigene Impulse/Neugier
▷ eigene Spielbereitschaft
▷ Kenntnisse über einzusetzende Methoden
▷ Phantasie
▷ Spielerepertoire
▷ pädagogisches Geschick und Einfühlungsvermögen
Kreative Eigenschaften/Fähigkeiten
▷ Aufnahmebereitschaft
▷ Sensitivität
▷ Originalität
▷ Assoziationsfähigkeit
▷ Phantasie
▷ Flexibilität
▷ Frustrationstoleranz
Teilnehmer/Gruppe
▷ Zusammensetzung
▷ Alter (Altersunterschiede?)
▷ Anzahl der Mitspieler
▷ Motivation
▷ Einstellungen
▷ Erwartungen
▷ Kommunikation der Spieler untereinander
▷ Emotionen
▷ Vorkenntnisse (Welche Spiele sind bekannt?)
Spiele
▷ Welche Interessen und Spielwünsche lassen sich mit dem Spiel befriedigen?
▷ Soll die Spielstunde unter einem bestimmten Motto stehen?
▷ Welche Spiele sind für diese Gruppe geeignet?
▷ Welche päd. Absichten lassen sich realisieren?
▷ Materialspiele/Spiele ohne Material und Hilfsmittel
▷ Bieten die ausgesuchten Spiele genügend Variationsmöglichkeiten?
Kreatives Handeln
▷ Wahrnehmen
▷ Planen
▷ Entdecken
▷ Finden/Erfinden
▷ Variieren
▷ Aktion – Interaktion
▷ Kommunikation
▷ Transferieren
▷ Experimentieren
▷ Umstrukturieren
Spielsituation
▷ Zeitpunkt und Dauer der Durchführung
▷ Anlaß der Durchführung
▷ Verfassung der Teilnehmer
Spielmaterial/Hilfsmittel/Medien
▷ Aufforderungscharakter
▷ Materialanreiz
▷ Veränderbarkeit des Materials
▷ Vielzahl der Spielmöglichkeiten
Kreativer Spielprozeß
Durchführung
Spielort/Umgebung
▷ Wo sollen die Spiele stattfinden? (Im Raum oder im Freien? Alternativen für das Regenprogramm bereithalten.)
▷ Ist ausreichend Spielraum vorhanden?
▷ Einrichtung des Raumes, Ausstattung, Sitzordnung, Lüftung
▷ Ist der Raum freundlich oder wirkt er sich nachteilig auf das Klima und die Atmosphäre aus?
Zielsetzung
Reflexion

© Thiesen

Phantasielosigkeit und Langeweile

Mit „Phantasie“ wird allgemein die schöpferische Fähigkeit des Menschen beschrieben, aus vorhandenem Vorstellungsmaterial neue anschauliche Vorstellungsgebilde zu gestalten. Ein vierjähriger Junge, der im Kindergarten mehrere Noppersteine zusammensteckt und das entstandene Gebilde als ein „Funkgerät“ bezeichnet, zeigt Phantasie.
Dem Kind wird, solange es noch nicht in die Schule geht, Phantasie zugestanden. Danach beginnt die Formung des Kindes in Richtung intellektueller Leistungsfähigkeit. Als Schüler nimmt der Mensch immer mehr Abstand von der Phantasie und scheint als Erwachsener die Lust oder den Mut zu eigener Produktivität und eigenem Schaffen oftmals gänzlich verloren zu haben. Die Phantasie wird in unserem alltäglichen Sprachgebrauch oftmals abgewertet, z. B. „der ist ein Phantast“, „die phantasiert ja“.

Bei der Phantasielosigkeit haben wir es mit einem vielschichtigen Problem zu tun. Ursachen sind z. B.:

- zu wenig Spielraum,
- spielunterdrückende Umwelt,
- Fernseher als „Ersatzerzieher“ mit Babysitter-Funktion,
- vorgefertigtes Rezeptverhalten,
- kreatives Tun wird in der Schule auf den Kunst- und Musikunterricht beschränkt, der sich in der Regel mit Reproduktionen begnügt.

Daß Spielen ein elementares Bedürfnis des Menschen ist, wissen wir; daß kreatives Spielen die Intelligenz fördert, ist ebenso nachgewiesen. Dennoch entwickelt sich das Engagement für eine kreative Umwelt – als Ersatz für verlorengegangene natürliche Spielmöglichkeiten – nur sehr langsam. Sehr besorgt formulierte bereits 1975 der Pädagoge Meinhard in München: „Unsere Kinder können nicht mehr spielen. Warum? Weil ihnen in der Massengesellschaft die Spontaneität, die eigene Initiative, das Erfinden und Ideenhaben, der Spaß daran, einen Bach zu erforschen, genommen worden sind. Weil ihre Spielfreude erfolgreich verdrängt ist . . . Kinder, die nicht mehr spielen können, können auch nicht mehr lernen. Statt dessen wurden sie schon früh zu passiven Konsumenten der Unterhaltungsindustrie erzogen“. („Die Zeit“ vom 28. 2. 1975)

Die Ursachen für die Langeweile liegen in einer z. T. bereits in früher Kindheit gelernten passiven Konsumhaltung. Miteinander verstrickte Zweige der Freizeit- und Vergnügungsindustrie sorgen dafür, daß der Mensch zum totalen Verbraucher geworden ist. Es wird konsumiert, um nicht nachdenken zu müssen. Erich Fromm spricht von der „Langeweileverhinderungsindustrie“, die im Grunde die Langeweile nur vergrößert und den Menschen immer passiver macht. Die Unterhaltungsindustrie

überschlägt sich mit Angeboten, um uns das Leben zu versüßen. Dabei ist sie selbst nur ein Symptom; sie ist entstanden aus der Leere, Langeweile und Ruhelosigkeit in unserer heutigen Zeit, die scheinbar wenig Spielraum besitzt für Innerlichkeit und Entfaltung.
Wenn wir heute zunehmende Zerstörungssucht und Gewalttätigkeiten beobachten, so auch deswegen, weil der Mensch, der ohne Hoffnungen und Perspektiven leben muß, Rache für sein ungelebtes Leben nehmen will und sich u. a. der völligen Zerstörungssucht hingibt. Aus Langeweile werden von Jugendlichen die meisten Straftaten begangen. Der Mangel an Ermutigung macht viele Jugendliche gehemmt, lebensuntüchtig, schwach und selbstbezogen. Aggressionsentladungen werden als Ventil benutzt, die Langeweile zu kompensieren.
Der Nur-Konsument ist unfähig über das Gegenwärtige hinauszudenken oder aktiv zu handeln; er ist unfähig zu einem lebendigen und schöpferischen Sozialverhalten. Langeweile kann zu einer gefährlichen Grundstimmung werden. Sie macht den Menschen anfällig für Manipulationen.
Im Prinzip müssen wir zwei Formen der Langeweile unterscheiden. Wenn wir in unserem Sprachgebrauch von der Aussage „etwas langweilt mich" ausgehen, so besteht ein situations- oder personenbedingter Anlaß, während die Aussage „ich langweile mich" eher eine grundsätzliche und zuständliche Langeweile beschreibt. Während nach einer Repräsentativumfrage des Allensbacher Instituts für Demoskopie im Jahre 1953 nur 18 Prozent der Bevölkerung über grundsätzliche Langeweile klagten, erhöhte sich in den letzten dreißig Jahren dieser Anteil auf rund 34 Prozent (lt. einer Untersuchung des B. A. T.-Freizeit-Forschungsinstituts Hamburg, 1981).

Entseeltes und sozialfeindliches Spielen

Video-Spiele sind seit 1980 weltweit ein Milliardengeschäft geworden. 1982 erzielte die Unterhaltungsindustrie in den USA mit ihnen bereits über zwei Milliarden Dollar Umsatz. Schon in jedem fünften amerikanischen Haushalt stehen Video-Spiel-Computer. Die Bundesrepublik wird in diesem Freizeitbereich von der Industrie noch als Entwicklungsland angesehen, da 1982 „nur" für 200 Millionen DM Video-Spiel-Computer und Kassetten verkauft wurden. Im Laufe der 80er Jahre aber erwarten die Hersteller eine Verdreifachung dieser Summe.
Der sogenannte Video-Boom wurde durch die Kriegsspielautomaten – umgangssprachlich auch „Killerautomaten" genannt – ausgelöst. Diese Automatenspiele simulieren vorwiegend gewalttätige und kämpferisch-aggressive Handlungen. Der Automat als Feindbekämpfer: Angriff, rhythmisches Pochen, immer lauter werdende Kampfgeräusche, feindliche Objekte, Liquidation der Invasoren: „Game over" – ein neues Spiel beginnt.
Über die in Privathaushalten vorhandenen Video-Killerspielkassetten gibt es keine

Zahlen. Dafür ist bekannt, daß sich bereits 1981 in Spielhallen und an allgemein zugänglichen Plätzen wie Kinofoyers, Kaufhäusern und Bowlingbahnen über 75 000 Kriegsspielautomaten befanden, die fast ausschließlich von Kindern und Jugendlichen benutzt werden. Auch wenn es an diesen Automaten keine Gewinnmöglichkeiten gibt, entsteht häufig eine Spielleidenschaft, die die finanziellen Möglichkeiten der meisten Kinder und Jugendlichen übersteigt.
Video-Systeme im Unterrichts- und Bildungsbereich, wie auch in der Jugendarbeit, sind schon seit langem bekannt und bilden ein wertvolles und produktives Instrument, um Lernprozesse und kreatives Handeln zu unterstützen. Zum anderen hat durch den Mißbrauch der Video-Systeme eine Vermarktung entseelten, sozialfeindlichen Spiels stattgefunden, bei dem es ausschließlich zu einer engen Bindung zwischen Automat und dem einzelnen Spieler kommt.
Ein weiteres Symptom der Langeweile und Leere ist der Spielhallen-Wildwuchs seit Ende der 70er Jahre in den bundesdeutschen Städten. Der Trend hält an.
In zunehmendem Maße präsentieren sich die Hallen in bester Geschäftslage mit dickem Teppichboden und anheimelnder Plüschatmosphäre als „Partner der Freizeit".
Während 1965 der Höchstgewinn pro Geldspielautomaten bei einem Einsatz von 10 Pfennigen eine Mark betrug, sind heute Gewinne von mehr als 500,– Mark möglich. Entsprechend hoch sind natürlich auch die Verlustmöglichkeiten.
Daß Glücksspielgeräte zur Spielsucht führen können, hat 1983 der Bremer Psychologe Dr. Gerd Meyer in einer aufsehenerregenden Dissertation nachgewiesen. Er forderte gesetzliche Maßnahmen, Geldspielautomaten als Glücksspiel einzustufen, um den Spielhallen-Wildwuchs in den Städten zu stoppen. Den Spielsüchtigen ist damit jedoch noch nicht geholfen. Eine Therapie gegen diese Krankheit gibt es bisher nicht.
Besonders in den Großstädten hat die Zahl der Spieler, die in große finanzielle und private Schwierigkeiten geraten sind, erheblich zugenommen. Aus diesem Grund wurden bereits nach dem Vorbild der Anonymen Alkoholiker Selbsthilfegruppen gegründet, die „Anonymen Spieler". Frühere Spielsüchtige helfen ihren Leidensgenossen, ihre Probleme zu erkennen und zu überwinden.

Wie kann der Langeweile begegnet werden?

– Durch die Förderung einer vertieften inneren Erlebnisfähigkeit, wie sie z. B. beim kreativen Handeln und Spielen geboten wird.
– Durch Weckung der Wahrnehmungsfähigkeit werden die emotionalen Eindrücke vertieft; statt oberflächlicher Kenntnisse wird Wissen gebildet.
– Vielen wird die Freude an einem Hobby (Gedichteschreiben, Malen, Musizieren) genommen, weil sie unter dem Eindruck des Perfektionismus Angst vor der Unvollkommenheit des Geschaffenen haben. Die Perfektion der heutigen Technik

nimmt vielen Menschen die Freude an ihren eigenen Fähigkeiten. Durch Loslösung vom Streben nach Perfektionismus, durch das Setzen erreichbarer Ziele und Ermutigung wird der einzelne aktiviert und die Eigeninitiative gestärkt.

- „Langeweile ist die Not derer, die keine Not kennen", sagt ein Sprichwort. Langeweile ist auch ein Produkt ständiger Unterforderung. Dies geschieht, wenn Erwachsene – Eltern und Erzieher gleichermaßen – dem Jugendlichen sämtliche Probleme aus dem Weg zu räumen versuchen und ihn dadurch in eine Konsumhaltung drängen.
- In schöpferischen Gruppen werden kreative Potentiale aufgedeckt, die Flexibilität
- und Spontaneität bei den Teilnehmern provozieren.
- Pädagogen und Politiker müssen sich intensiver mit Fragen der Freizeiterziehung und den Problemen der Phantasielosigkeit und Langeweile im Jugendalter beschäftigen.

> Phantasie ist das eigentlich Schöpferische im Menschen, der Überfluß, der die Schönheit des Lebens ausmacht. *Walter Muschg*
>
> Die Phantasie ist das Vermögen der Freiheit im Menschen. *Ortega y Gasset*
>
> Phantasie haben heißt nicht, sich etwas ausdenken; es heißt, sich aus Dingen etwas machen. *Thomas Mann*
>
> Ich komme zu dem Schluß, daß die Gabe des Phantasierens für mich von größerer Bedeutung war als mein Talent, mir positives Wissen anzueignen. *Albert Einstein*

Freizeitverhalten und Freizeitpädagogik

Zu Beginn der 60er Jahre orientierte sich die Frage nach dem Sinn des Lebens sehr stark an der Arbeit. Die Freizeit hatte lediglich die Funktion der Erholung.
Heute ist es eindeutig zu einer Verschiebung zugunsten der Freizeit gekommen. Spaß, das Leben genießen und soziale Kontakte pflegen, sind zur vorrangigen Lebensorientierung geworden. Trotzdem ist der Wunsch nach sicherer Existenz, Leistung und Wohlstand erhalten geblieben.

Nach dem Bericht des B·A·T-Freizeit-Forschungsinstituts Hamburg (1982) zeichnet sich ein Wandel in der Freizeitgestaltung Jugendlicher und Erwachsener ab. Nach den Zeiten vorwiegend passiver Unterhaltung, so die Wissenschaftler, sei mehr Initiative und Erlebnisbereitschaft vorhanden, würden sich immer mehr Bundesbürger ihrer eigenen Talente bewußt. Als eine der Ursachen für diese Wende wird „die wachsende kreative Verarmung in Schule, Ausbildung oder im Berufsleben, in dem die eigene kreative Entfaltung nur noch selten möglich ist," gesehen. Dementsprechend wird die Freizeit erst als attraktiv erlebt, wenn sie aktivitäts- und kreativitätsfördernd ist, Ausdrucksmöglichkeiten zuläßt und zugleich soziale Kontakte ermöglicht.

Heute erfüllt die Freizeit individuelle und gesellschaftliche Funktionen:

- Partnerschaft und Familienleben
- Entspannung und Erholung
- Unterhaltung und Zerstreuung
- Kommunikation und Kontakte
- Engagement, Teilnahme und Teilhabe am gesellschaftlichen Leben
- Weiterbildung
- Selbstentfaltung in schöpferischen Tätigkeiten; Kultivierung eigener Möglichkeiten in Spiel, Kunst, Kultur und Sport.

Eigene Freizeitinteressen erkennen

In der Freizeitarbeit tätige Erzieher und Sozialpädagogen erleben täglich unterschiedliche Erwartungshaltungen und Verhaltensweisen Jugendlicher. Das Freizeitverhalten steht in engem Zusammenhang mit der familiären, schulischen, beruflichen und finanziellen Situation, die wiederum mit unterschiedlichen Sozialisationsbedingungen verbunden ist.
Die Freizeitpädagogik hilft Kindern, Jugendlichen und Erwachsenen durch Angebote, Impulse und Anregungen, die Unsicherheit in ihrer Freizeitgestaltung zu überwinden. Die von den Jugendfreizeiteinrichtungen gemachten Angebote stehen dabei häufig in Konkurrenz mit der Freizeitindustrie, die sich die Unsicherheit Jugendlicher und Erwachsener zunutze macht.
Durch die kommerziellen Angebote wie Diskotheken, Spielotheken und Videotheken ist die Freizeit verbunden mit dem Zwang, Geld auszugeben; vom rein passiv zu konsumierenden, in keiner Weise etwas mit Kreativität zu tun habenden Angebot ganz zu schweigen.

Nicht die freie Zeit selbst ist das Problem, sondern die Lebens- und Freizeitgewohnheiten, in denen der Mensch aufwächst. Den Erziehungsinstanzen Elternhaus, Schule und Jugendarbeit fallen wichtige Aufgaben zu. Eine Freizeiterziehung muß besonders den jüngeren Menschen befähigen, seine Freizeit besser zu nutzen, ihn zur Selbstbestimmung und Kommunikation anzuregen.

Ziel der Freizeitpädagogik ist zum einen die Vermittlung von Kenntnissen über Freizeiteinrichtungen und ihre Nutzung sowie die Befähigung zu Kreativität, zur Steigerung der Phantasie, zum Nachdenken und zum Umgang mit dem eigenen Körper.

Die Freizeitpädagogik ist eine sozialpädagogische Dienstleistung, die ohne zu gängeln, Möglichkeiten schöpferischer Freizeitgestaltung aufzeigt, wobei nicht einem „Geniekult" oder dem „hyperproduktiven Bastler" gehuldigt wird. Freizeitpädagogik ermöglicht soziales Lernen in der Interaktion mit anderen Menschen. Sie regt dabei zur Eigenaktivität an und trägt somit zur psychischen und physischen Gesundheit bei.

Familie und Spiel

Durch Gesellschaftsspiele wurden früher im familiären Zusammensein Bindungen geschaffen, die es heute weitgehend nicht mehr gibt.
Wenn in den meisten Familien heute nicht mehr gespielt wird, so scheint es wenig verwunderlich, daß bereits die jüngeren Familienmitglieder ihre Freizeitbeschäftigungen außerhalb des Hauses suchen. Dabei bietet gerade das Spiel hervorragende Möglichkeiten, sich in der Familie wohlzufühlen. Es ist in jedem Alter und in jeder Form angemessen. Eltern wie Erzieher, die ihre erzieherischen Aufgaben ernst nehmen, kommen nicht umhin, ein Repertoire von Spielen, Methoden und Techniken regelrecht zu erlernen.

Offene Jugendarbeit

Das Jugendfreizeitheim und die Jugendgruppe können dem einzelnen Jugendlichen helfen, sein Selbstbild zu verbessern, indem er die Möglichkeit erhält, Dinge zu tun, in denen er sich auszeichnen kann.
Das Interesse und der selbständige Einsatz der Jugendlichen sollten maßgeblich für die Programmgestaltung sein. Es muß ihnen bewußt gemacht werden, daß die Gemeinschaft Erfahrungen vermitteln kann, die dem einzelnen ansonsten verschlossen bleiben. Die Freizeithilfen müssen darauf abzielen, den Jugendlichen die Erkenntnis zu vermitteln, daß es vorrangig an ihnen selbst liegt, was aus ihrer freien Zeit wird.
Die Mitarbeiter im Jugendfreizeitheim dürfen nicht in einen täglichen Trott verfallen. Ihr Ziel muß es sein, den Bedürfnishorizont der Jugendlichen zu erweitern. Es müssen Orientierungshilfen gegeben werden, ohne aber die Möglichkeit zum eigenen Handeln einzuschränken.
Die vielenorts anzutreffende Planlosigkeit im Jugendfreizeitheim muß beseitigt werden. Mitarbeiter, die behaupten, Planung sei Fremdbestimmung und enge die freie

Entfaltung der Jugendlichen ein, machen es sich zu leicht. Vielen Jugendlichen fehlen heute klare Zielvorstellungen. Das Jugendfreizeitheim muß sich verstärkt bemühen, dieser Orientierungslosigkeit entgegenzuwirken.
Das Freizeitangebot muß überschaubar bleiben; ein gut durchdachtes Programm, das von den Jugendlichen genutzt wird, ist sinnvoller als ein seichtes Überangebot.

Die Förderung der Kreativität und der Freizeitkompetenz kann nicht allein von der Sozialpädagogik geleistet werden, auch die Schule muß mehr Mut zur Phantasie und Spontanität aufbringen und mehr Möglichkeiten für schöpferisches Handeln geben. Gute Ansätze hierfür bietet das in einigen Bundesländern angebotene Fach Schulspiel/Dramatisches Gestalten.

Kreativitätsförderung durch Schulspiel/Dramatisches Gestalten

Immer mehr Schüler und Lehrer interessieren sich für das Fach „Darstellendes Spiel“ bzw. „Dramatisches Gestalten“. Sie haben erkannt, daß es in besonderer Weise die Kreativität fördert und die für die Persönlichkeitsentwicklung wichtigen Prozesse der Selbstfindung intensiv unterstützt.
In Hamburg wurden bereits mehrere Großveranstaltungen unter dem Motto „Theater der Schulen“ durchgeführt. In der Zeit vom 28. August bis zum 2. September 1983 führten 800 Schüler und Laiendarsteller aus 27 Hamburger Schulen vor mehr als 8 000 Zuschauern 40 Stücke auf. Die Themen reichten von Brechts „Dreigroschenoper“ bis Kishons „Zieh' den Stecker raus, das Wasser kocht“.
Im Auftrag des Bundesministers für Bildung und Wissenschaft sowie im Zusammenwirken mit den Kultusministern der Länder, der „Bundesvereinigung Kulturelle Jugendbildung“, der „Bundesarbeitsgemeinschaft Spiel und Theater“ und der „Bundesarbeitsgemeinschaft für das Darstellende Spiel in der Schule“ gab es auf Bundesebene bereits mehrfach Schultheater-Treffen, zuletzt 1984 in Berlin. Bisher bieten Bayern, Hamburg und Berlin das Schulspiel („Darstellendes Spiel“ bzw. „Dramatisches Gestalten“) als eigenes (Wahl)Fach an. Baden-Württemberg und Nordrhein-Westfalen berücksichtigen das Darstellende Spiel im Rahmen von Literaturkursen. In Schleswig-Holstein kann das Darstellende Spiel in freiwilligen Unterrichtsveranstaltungen ohne Bewertung angeboten werden. Bremen, Niedersachsen und Hessen haben bisher keine verbindlichen Grundlagen oder Richtlinien erarbeitet.

Sehr ausführlich und detailliert sind die „Richtlinien für Schulspiel/Dramatisches Gestalten“, die am 3. Juni 1982 vom Bayerischen Staatsministerium für Unterricht und Kultus bekanntgemacht wurden.

In Bayern ist das Schulspiel/Dramatisches Gestalten im Rahmen der geltenden Stundentafeln der Volksschule, Realschule und des Gymnasiums ein Wahlfach oder eine Arbeitsgemeinschaft in den Jahrgangsstufen 5 bis 11; in der Kollegstufe ist es ein frei wählbarer Grundkurs des Ergänzungsprogramms.
Die nachstehenden, in Auszügen wiedergegebenen Richtlinien verstehen sich als Empfehlungen, die der Lehrer bei seiner Unterrichtsarbeit beachten soll:

I. Das Fach Schulspiel/Dramatisches Gestalten

Schulspiel/Dramatisches Gestalten umfaßt das Darstellende Spiel in den Bereichen personalen, figuralen und technisch-medialen Spiels.
Der Unterricht vermittelt Kenntnisse über die jeweiligen Eigengesetzlichkeiten der Spielmedien und deren Ausdrucksmöglichkeiten sowie Fertigkeiten in den jeweiligen Techniken der Gestaltung.
Darstellendes Spiel verlangt vom einzelnen Spieler Arbeit an sich selbst und Arbeit mit anderen; es fordert und fördert kooperatives Verhalten und dient damit der Formung der Persönlichkeit und der Entwicklung der Fähigkeit zur Einordnung in die Gemeinschaft.
Die Arbeit im Fach Schulspiel/Dramatisches Gestalten muß auf sorgfältiger Planung beruhen. Voraussetzung des Darstellenden Spiels ist die Beherrschung von Körper und Sprache als Träger menschlichen Ausdrucks. Hier ist zuerst Grundlagenarbeit zu leisten. Größere und komplexere Vorhaben sollten nur auf solchen Grundlagen aufgebaut werden. Darstellendes Spiel bedarf ferner der Fähigkeit, vorhandene Spielvorlagen und Texte in ihrem Sinngehalt zu erfassen bzw. eigene Spielideen zu entwickeln. Ein weiterer Schritt ist es, diese zu verarbeiten. Dies kann entweder durch unmittelbare Aufbereitung in Spielhandlungen geschehen oder durch Umwandlung in Entwürfe, die diese Spielideen in betrachtbare und hörbare Formen umsetzen. Höhepunkt unterrichtlicher Arbeit ist die Darbietung des Spielvorhabens vor einem Publikum, die die geleistete Grundlagenarbeit sowie die Fähigkeit zum Zusammenwirken einer Spielgruppe sichtbar werden läßt.

II. Richtziele

Richtziele für den Unterricht sind

1. Freude am Spiel,
2. Fähigkeit, im Spiel Kreativität und Gestaltungskraft zu entwickeln,
3. Fähigkeit, im Spiel Einsichten zu gewinnen und auf eigene Lebensbereiche zu übertragen,
4. Fähigkeit, auf die Spielpartner einzugehen und in der Gruppe zu arbeiten,
5. Beherrschung von Technik, Gestik, Mimik und Sprache als Träger menschlichen Ausdrucks,
6. Fertigkeit in spielspezifischen Arbeitstechniken,
7. Kenntnis verschiedener Ausdrucksmöglichkeiten des Theaters und der AV-Medien.

III. Das personale Spiel

Voraussetzungen für das Spiel sind die Aktivierung der spielerischen Fähigkeiten und die Sensibilisierung des einzelnen Spielers sowohl für seine persönlichen Ausdrucksmöglichkeiten als auch für die Wirkung, die sein Spiel auf die Partner (Mitspieler, Gruppe) und auf das Publikum (Leiter, Zuschauer) hat. Die Grundlagen des Spiels sollen konzentrisch

aufbauend im Wechsel von Einzel- und Gruppenübungen vermittelt und eingeübt werden. Zur Einstimmung dienen Übungen zur Darstellung bestimmter Verhaltensweisen; sie sind, wo immer möglich, mit Spielansätzen zu verbinden, die das individuelle Ausdrucksrepertoire sichtbar werden lassen.
Kleine Spielaufträge als Improvisationsübungen geben den altersgemäßen Anreiz. Ihr Ziel ist es, Erfahrungen von individuellen Ausdrucksmöglichkeiten in den Bereichen Bewegung, Mimik, Gestik und Sprache zu vermitteln. Diese Fähigkeiten sind durch genaues Beobachten, Variieren und Entfalten in immer neuen Spielsituationen weiter zu entwickeln. Folgende Reihenfolge empfiehlt sich: Spielen, Beobachten, Verbessern, Einüben, Variieren. Alle diese Tätigkeiten erfolgen unter Beobachtung und Reflexion der Gruppe . . .

IV. Das figurale Spiel

Ausgangspunkt des figuralen Spiels ist die jeweilige Spielfigur: Puppe, Schattenfigur, Maske und andere Spielobjekte. Von der Hand als unmittelbarem Ausdrucksmittel bis zur komplizierten Fadenpuppe (Marionette) ergeben sich je nach Material und Gestaltung die unterschiedlichsten Spielmöglichkeiten. Der Charakter und die Aussagefähigkeit der Figuren werden vor allem durch Größe, Form und Mechanismus bestimmt . . .
Durch Spielversuche werden die Darstellungsmöglichkeiten, die eine Figur in sich birgt, erkundet. Erst dann kann der Schüler über die Spielfigur verfügen und sie seinen Intentionen entsprechend einsetzen . . .
Das Figurenspiel kann sich bei der Inszenierungsarbeit von der Probe bis zur Aufführung weitgehend am personellen Spiel orientieren . . .

V. Das technisch-mediale Spiel

Das technisch-mediale Spiel hat zwei Komponenten:
– das personale Spiel als Handlungsträger (die Personen, ihre Mimik, Gestik, Bewegung und Sprache),
– die Gestaltungsmöglichkeiten des jeweilig verwendeten audiovisuellen Systems (Anm. d. Verf.: Tonband/Kassettenrecorder, Film und Videoaufzeichnung . . .)

II. SPIELPÄDAGOGISCHE HINWEISE

Der Spielleiter als Impulsgeber, Beobachter und Mitspieler

Wie kann der Spielleiter kreatives Denken fördern

Selbstreflexion

Spielstunden mit Schülern, Jugendlichen und Erwachsenen

Teilnehmer/Gruppe

Spielauswahl

Material/Hilfsmittel

Zeit, Spieldauer und Spielsituation

Spielort und räumliche Umgebung

Reflexion nach der Spielstunde

II. SPIELPÄDAGOGISCHE HINWEISE

Der Spielleiter als Impulsgeber, Beobachter und Mitspieler

Bei den ersten Treffen vieler Gruppen gibt es immer wieder das gleiche Problem: Man kennt sich noch nicht und hat noch keine gemeinsamen Erlebnisse, an die man anknüpfen kann.
Auf der einen Seite besteht bei jedem einzelnen zwar der Wunsch, dazuzugehören, auf der anderen Seite bestehen noch versteckte Ängste, nicht anzukommen.
Dem Spielleiter fällt hier eine sehr wichtige Aufgabe zu. An seinem Einfühlungsvermögen und seinen Vorkenntnissen liegt es, Kontakte untereinander zu vermitteln und eine angstfreie Atmosphäre zu schaffen, die es dem einzelnen Teilnehmer ermöglichen, mit mehr Selbstvertrauen in neue Situationen zu gehen.
Am Beginn einer Spielphase mit Jugendlichen und Erwachsenen werden vom Spielleiter besondere Impulse erwartet. Er nimmt die Erwartungen und möglichen Schwellenängste der Teilnehmer auf. Bekräftigungen und Entgegenkommen lösen Kontakt- und Beteiligungsbereitschaft aus. Impulse, Ermutigungen und Anstöße fördern die Eigenaktivität des einzelnen Spielers und schaffen ein freundliches Klima, das die Möglichkeit zur offenen und freien Entfaltung bietet. Das eigene Spielverhalten des Spielleiters kann sich langfristig positiv auf die Teilnehmer auswirken.
Verhaltensmerkmale wie Höflichkeit, Toleranz, Geduld, Einfühlungsvermögen und Zuneigung sind Voraussetzungen, die der Spielleiter mitbringen sollte. Diese, sich in Wertschätzung äußernden Verhaltensmerkmale mindern Unsicherheiten und Ängste, führen zu positiven Gefühlen und erhöhen das Selbstvertrauen. Die freundliche Zuwendung des Spielleiters befriedigt das menschliche Grundbedürfnis nach positiven zwischenmenschlichen Beziehungen. Nicht der „Leitbild"- oder „Tugend"-Pädagoge, der sich selbst zum Maßstab aller Dinge macht, ist als Spielleiter gefragt, sondern das glaubhafte, begeisterungsfähige Vorbild, das selbst spielen kann und mitspielt.
In der Rolle des Beobachters lernt der Spielleiter, Spielhemmungen zu erkennen und zu überwinden. Er weiß, daß Lockerungs- und Bewegungsspiele den Einstieg erleichtern und räumt Spielunerfahrenen genügend Zeit zum Mitmachen ein. Er ermutigt die Spieler, ihre Darstellungs- und Ausdrucksfähigkeit zu entwickeln und weckt Begeisterung, eigene, latent vorhandene Fähigkeiten zu entdecken und zu entfalten.

Der Spielleiter soll Spielbedürfnisse erkennen, zum Spiel motivieren, Denkanstöße geben und positive Spielbedingungen schaffen. Zu seinen Aufgaben gehört auch die Festlegung der Thematik und die sorgfältige Planung von Spielstunden, die Abgrenzung des Spielrahmens und die Festlegung des Zeitraums. Der Spielleiter muß über ein umfangreiches Spielerrepertoire verfügen, Spielideen aufgreifen, Variationen entwickeln können und Alternativangebote bereithalten. Er legt selbst eine Spielekartei an, in der Spiele nach verschiedenen Spielformen für Kinder, Jugendliche und Erwachsene zusammengefaßt sind. Er sorgt für notwendiges Material und legt rechtzeitig Hilfsmittel bereit.

Wie kann der Spielleiter kreatives Denken fördern?

Der Spielleiter sollte nicht verzagen, wenn die Gruppe nicht gleich den Stil des selbsterprobenden und bestimmenden Spiels praktiziert. Der Übergang von der Konsumhaltung im Lernen (wie in der Schule) zur Produktionshaltung erfordert viel Geduld. Alte Lerngewohnheiten (Schweigen, Zurückhalten der eigenen Meinung, Unterschätzung der eigenen Fähigkeiten) müssen erst abgebaut werden.

Kreatives Denken kann der Spielleiter fördern, indem er

- anregt, selbst Spielideen zu entwickeln,
- die Einfälle der Spieler respektiert,
- die Spieler spüren läßt, daß ihre Ideen Wert haben,
- die Spieler proben und experimentieren läßt, ohne daß sie befürchten müssen, beurteilt zu werden,
- die Spieler ernst nimmt,
- keine Spiele einsetzt, bei denen einzelne Mitspieler in für sie unerfreuliche Situationen gebracht werden,
- Ziele setzt,
- genügend Spielanreize und Materialien zur Verfügung stellt,
- bewußtes, intensives Genießen (Wahrnehmen, Aufnehmen, Empfinden) und außergewöhnliches Erleben, z. B. durch den Einsatz von Interaktionsspielen, ermöglicht,
- mißerfolgsfrustrierte Spieler ermutigt, um ihnen die Furcht vor Mißerfolg zu nehmen,
- kurzfristige Motivationen (z. B. durch einen Spielabend mit darstellenden Spielformen) auffängt und gemeinsam mit den Spielern zu langfristigen Zielvorstellungen und Erwartungen (z. B. Gründung einer „Laienspielgruppe") entwickelt,
- aktiviert, animiert, appelliert, diskutiert, experimentiert, fabriziert, illustriert, improvisiert, inspiriert, inszeniert, konstruiert, mobilisiert, organisiert, phantasiert, probiert, produziert, realisiert, reflektiert, riskiert, studiert, zitiert.

Selbstreflexion

Wer als Spielleiter andere begeistern und Kontakte herstellen will, muß selbst frei sein von Spielhemmungen. Die kritische Selbstreflexion kann dem Spielleiter wichtige Aufschlüsse über sein Verhalten und dessen Wirkung auf die Spieler und den Spielverlauf geben.

Was bringe ich als Spielleiter in die Spielsituation (abgesehen von meinen Kenntnissen) ein?

- Wie gehe ich auf die Gruppe zu (freundlich/schulmeisternd)?
- Wie fühle ich mich in der Gruppe (akzeptiert/zurückgewiesen)?
- Wo liegen meine Stärken/Schwächen?
- Wie steht es um meine eigene Motivation? Habe ich vor bestimmten Spielen Ängste, die mich vor der Gruppe blockieren?
- Kann ich eigene Bedürfnisse zurückstellen?
- Wie werde ich mit unvorhergesehenen Situationen fertig?
- Bin ich mir bewußt, daß ein kreativer Spielprozeß Fertigkeiten und Einfühlungsvermögen für zwischenmenschliche Beziehungen erfordert?
- Was tue ich, um Rückmeldung von der Gruppe zu erhalten?
- War ich „Beteiligter" oder vorrangig „Anleiter"? Weshalb?

Der Spielleiter muß über mögliche Wirkungen des Spiels systematisch nachdenken und wissen, daß Spiele Verhaltensweisen hervorrufen und soziale, kognitive und motivationale Ziele haben.

Spielstunden mit Schülern, Jugendlichen und Erwachsenen

Für das Planen kreativer Spielfolgen und Freizeitaktivitäten gilt der Grundsatz: Planen heißt nicht, den einzelnen zu verplanen. Eine programmierte Spontaneität gibt es nicht.
Eine zu eng gefaßte, wenig flexible Vorbereitung der beabsichtigten Spielstunden wird leicht zum starren Schema und fördert nicht die Aktivität der einzelnen Mitspieler. Planen heißt, Bedürfnisse richtig einzuschätzen.
Ein Spielverhalten gibt es grundsätzlich in jeder Altersgruppe. Während es bei Kindern relativ einfach ist, sie zum Mitspielen zu motivieren (siehe auch: Thiesen: Arbeitsbuch Spiel; Bardtenschlager, München 1982), wird mit zunehmendem Alter das Spielverhalten differenzierter. Es bestehen unterschiedliche Niveaus, die von der durchlaufenen Sozialisation der einzelnen Spieler mitbestimmt werden.
Der Spielleiter, der mit Jugendlichen und Erwachsenen spielt, muß in der Lage sein, unter Berücksichtigung der altersspezifischen Charakteristika und Bedürfnisse der Spieler, entsprechende Spielangebote zusammenzustellen und durchzuführen.
Die beste Spielleitung ist eine unmerkliche, eher indirekte. Die Gruppe sollte dahin gebracht werden, daß aus ihr heraus selbst – auch ohne Spielleiter – das Spiel fortgeführt werden kann.
Bei der Planung von Spielstunden und Spielfolgen sollte von folgenden Vorüberlegungen ausgegangen werden:

Teilnehmer/Gruppe (spezifische Voraussetzungen)

- Wie setzt sich die Spielgruppe zusammen?
- Mit welcher Altersgruppe soll gespielt werden?
  Welche Altersunterschiede bestehen?

– Wieviele Personen spielen mit?
– Bestehen Vorkenntnisse? Welche Spiele sind bekannt?
– Welche Erwartungen haben die Teilnehmer? Mit welcher Motivation und Einstellung ist zu rechnen?
– Sind Gegensätze, Probleme oder Kommunikationsstörungen vorhanden?
– Welche Kontakte und Emotionen bestehen innerhalb der Spielgruppe?

Kenntnisse über die altersspezifischen Charakteristika der Teilnehmer sind für das pädagogische Vorgehen des Spielleiters (Erziehers) von besonderer Bedeutung:

Jugendalter*

ca. 12/13-jährige:

Sogenanntes „Flegelalter“ (vorpubertäre Phase); bei Jungen aktive Auflehnung mit Ansätzen zur Selbstüberschätzung; Mädchen verhalten sich eher passiv, ausgesprochener Rede- und Bewegungsdrang. Das Gespräch wird gesucht. Weitere Bedürfnisse sind Musikhören, engere persönliche Beziehungen, das Bedürfnis nach Verständnis und das Nachgehen von Hobbys. Mögliche Fehlentwicklungen können in diesem Alter Destruktivität und Anstellen groben Unfugs sein. Der Erzieher muß hier Betätigungsmöglichkeiten eröffnen (Spiel, Sport, Werken, Musizieren), wobei nicht gedrängt werden sollte. Die Vorbildwirkung spielt jetzt eine besondere Rolle.

ca. 14-16-jährige:

In diesem Alter (Pubertätsphase) kommt es zur Ich-Identitätssuche, Auseinandersetzung mit Tradition oder einfachen Übernahme von Statussymbolen Erwachsener. Besonders auffällig ist der Selbständigkeitsanspruch in diesem Altersabschnitt.
Mögliche Fehlentwicklungen können sein: Flucht in die Isolierung oder Subkultur (z. B. Punker, Jugendbanden).

ca. 16/17-jährige:

Zwischen dem 16. und 17. Lebensjahr fällt eine Labilisierung und Isolierung auf; es gibt z. B. Schul- und Ausbildungsprobleme (z. T. als Reaktion auf Zwänge).
Für den Erzieher ist es in dieser Altersstufe wichtig, das Bildungs- und Kulturbedürfnis des Jugendlichen zu wecken und zu fördern. Es kommt zu einem stärker partnerschaftlichen Verhältnis zwischen Erzieher und Jugendlichem. In diesem Abschnitt müssen die Gespräche, Informationen und Beratung (z. B. über Partnerschaften, Sexualität, Alkohol, Drogen, usw.) fortgeführt werden.

ab ca. 17 Jahre:

Ab dem 17. Lebensjahr (Adoleszenz) kommt es zunehmend zur Stabilisierung; es wird selbständig geplant, entschieden und gehandelt. Partnerbeziehungen bestehen, Bedürfnis nach Geselligkeit und „Gammeln“. Als mögliche Fehlentwicklungen lassen sich passive Haltung, Planlosigkeit und Kontaktstörungen beobachten. Es kommt zur Identifikation mit Idolen (Pop- und Punk-Stars).
In diesem Abschnitt muß der Jugendliche Raum für Entscheidungen und die eigene Bewährung erhalten (Ich-Identität).

Erwachsenenalter

ab ca. 19/20 Jahre:

Der junge Erwachsene löst sich in der Regel vom Elternhaus los. In diesem Alter ist er besonders kreativ und produktiv. Es kommt zum Aufbau und zur Festlegung eigener Lebensanschauungen.

---

* Die alterspezifischen Charakteristika im Jugendalter können sich um 1–2 Jahre nach oben bzw. unten verschieben.

Als mögliche Probleme lassen sich nennen: Unselbständigkeit durch die starke Anbindung an die Elternautorität, totale Konsumhaltung, labile oder fehlende Orientierung (Ziellosigkeit), Unfähigkeit zur Partnerschaft und Dissozialität.
In diesem Altersabschnitt hat eine endgültige Ablösung der Fremderziehung durch die Selbsterziehung stattgefunden, abgesehen von „erzieherischen" (besser: verhaltensändernden) Einflüssen, die unmittelbar von einer Partnerschaft, von der Schul- oder Berufsausbildung oder vom Arbeitsplatz ausgehen.
ab ca. 36 Jahre:

Etwa mit dem 36. Lebensjahr stehen wir heute vor der sogenannten „Lebenswende".

ab ca. 60 Jahre:

Mit dem 60. Lebensjahr kommt es allmählich zum Nachlassen der Vitalität. Für Ruheständler, wenn sie sich keine Aufgabe (Hobbys, Freizeitbeschäftigung) gesucht haben, kann es zum „Ruhestandsproblem" kommen, das sich zum einen im Gefühl von Einengung und Isolierung, zum anderen in der Depression äußert. Um eine Vereinsamung des alten Menschen zu verhindern, muß man ihm soweit irgend möglich Aufgaben belassen oder geben.
Die seelische Hilfe, das Gefühl gebraucht und geliebt zu werden, helfen ihm, in Würde älter zu werden. Das Gespräch, Bücher, Hobby und in besonderer Weise das kreative Spiel helfen, die geistige Regheit, Aufmerksamkeit und Initiative zu erhalten.

Der Spielleiter hat es im wesentlichen mit drei Typen von Spielteilnehmern zu tun, die im Hinblick auf sein Einfühlungsvermögen, Geschick und Spielrepertoire besondere Anforderungen stellen:

- *Spielunfähige,* die Spielangebote nicht annehmen, schnell die Geduld verlieren, sich nicht an Gesprächen beteiligen;
- *Spielungeübte* mit fehlenden Spielerfahrungen, die Spielstrategien (anfänglich) nur schwer durchschauen;
- *Spielgehemmte* Jugendliche und Erwachsene, die z. B. Angst haben, sich vor anderen zu blamieren, sich nicht vor der Gruppe produzieren mögen.

Die Ursachen können sozialisationsbedingte Faktoren, emotionale Belastungen (Bedrückung/Depression) und körperliche Gebrechen sein. Nicht zuletzt ist das Spielverhalten altersspezifisch.
Zu Beginn bestehende Unsicherheiten und Spielhemmungen können in den meisten Fällen durch gezielte Interaktionsspiele behoben werden, die es den Teilnehmern ermöglichen, sich erst einmal näher kennenzulernen.
In der Regel kann sich auch der Spielentwöhnte oder -gehemmte der Anziehungskraft, die durch eine gelöste Spielatmosphäre hervorgerufen wird, auf Dauer nicht entziehen.

Spielauswahl

- Welche Interessen und Spielwünsche lassen sich mit dem Spiel befriedigen?
- Soll die Spielstunde unter einem bestimmten Motto stehen?
- Welche Spiele sind für eine bestimmte Gruppe geeignet?
- Welche pädagogischen Absichten lassen sich realisieren?
- Bieten die ausgesuchten Spiele genügend Variationsmöglichkeiten?
- Für welche Spiele werden Materialien und Hilfsmittel benötigt?
- Welche Spiele sind als Einstiegs-, Auflockerungs- und Schlußspiel geeignet?
- Worauf sollte beim Spiel besonders geachtet werden? (Z. B. genaues Beobachten bei

Interaktionsspielen für die anschließende Reflexion)
- Wie kann das Spiel an die Teilnehmer herangebracht werden?
- Müssen Spielregeln im Hinblick auf die Teilnehmer verändert werden?
- Werden bestimmte Fähigkeiten vorausgesetzt?
- Welche Spieldynamik geht vom Spiel aus? Handelt es sich um ein kooperatives Spiel oder um Spiele, bei denen zwei Spieler gegeneinander, einer gegen die Gruppe oder Gruppen gegen Gruppen antreten?

Spiele, die kreatives Handeln ermöglichen sollen, dürfen in ihrer Spielstruktur den Handlungsspielraum nicht auf ein Minimum reduzieren, wie dies durch eine zu starre Regelgebung geschieht. Durch Schematisierung kommt es zu standardisierten Kommunikationsabläufen.
Die Spiele sollten über einen klaren Aufbau verfügen, leicht verständliche, variierbare Regeln besitzen und in ihrer Beschreibung ohne Schwierigkeiten nachvollziehbar sein. Zeitraubende, unverständliche Beschreibungen beeinträchtigen die Spielbereitschaft der Teilnehmer.
Für die Durchführung eines Spiel-Programms ist es wichtig, einen Plan aufzustellen, aus dem die Reihenfolge und Dauer der Spiele hervorgeht. Die Spiele sollten so zusammengestellt werden, daß Höhepunkte geboten werden und daß es zu einem sinnvollen Wechsel zwischen Anspannung und Entspannung kommt. Die Dauer der Spiele richtet sich im wesentlichen nach dem Wunsch der Spieler.

Material/Hilfsmittel

- Welche Materialien werden benötigt? In welcher Menge?
- Sind bestimmte Materialien erst noch anzufertigen?
- Hat das Material Aufforderungscharakter?
- Regt das Material zu schöpferischem Tun an?
- Ist das Material veränderbar?
- Regt das Material zum Experimentieren an?
- Müssen Werkzeuge besorgt werden?
- Sind für den Einsatz bestimmter Materialien und Hilfsmittel Veränderungen innerhalb der Räumlichkeiten vorzunehmen?

Es empfiehlt sich, die benötigten Materialien und Hilfsmittel in einer Checkliste aufzuführen und ggf. eine Material- und Requisitenkiste anzulegen.

Zeit, Spieldauer und Spielsituation

- Zu welchem Zeitpunkt (nachmittags, abends, an einem Wochenende) soll gespielt werden?
- Wie lange soll gespielt werden? Ein Spielnachmittag dauert in der Regel 2 ½ Stunden.
- Aus welchem Anlaß wird gespielt? Einen Anlaß, mit anderen zu spielen, gibt es – Ideen, Zeit, nette Mitspieler und Spielraum vorausgesetzt – eigentlich immer.
- Wie ist die Verfassung der Teilnehmer?

Bestimmte Situationen erschweren die Planung:

- Interessenlosigkeit einzelner Spieler,
- Spiele, die nicht „ankommen“,
- gedrückte Stimmung einzelner, die unterschiedliche Ursachen haben kann.

Hier kommt es auf das richtige Verhalten des Spielleiters an, indem er sich angemessen auf unvorhergesehene Situationen einstellt, z. B. durch ein entsprechend vielfältiges Spielerepertoire, das ihm ermöglicht, vom geplanten abzuweichen und auf Bedürfnisse der Spielteilnehmer einzugehen.

Spielort und räumliche Umgebung

- Sollen die Spiele im Haus oder im Freien stattfinden? Alternativen bereithalten, z. B. Angebote für ein „Regenprogramm“.
- Sind die Räumlichkeiten für die Durchführung der beabsichtigten Spiele geeignet? Ist ausreichend Spielraum vorhanden?
- Wie ist der Raum ausgestattet (Einrichtung, Sitzordnung, Lüftung)?
- Ist der Raum freundlich oder wirkt er sich nachteilig auf die Atmosphäre aus?

Die Art des Spiel-Programms bestimmt auch den Spielort. Das Entstehen und Verwirklichen von Spielideen und die Spielhandlung selbst sind in besonderem Maße von der räumlichen Umgebung abhängig.

Reflexion nach der Spielstunde

Die Reflexion nach einer Spielstunde gibt dem Spielleiter wichtige Hinweise für die Planung künftiger Spielangebote:

- Wie war die Resonanz der Teilnehmer? Sichtbare Reaktionen auf eine Spielstunde können Lachen, Fröhlichkeit, Zustimmung, Gelöstheit und Kontaktbereitschaft sein.
- Hatten die Spiele die (vom Spielleiter) beabsichtigte Wirkung?
- Was waren die Ursachen für Lust und Unlust?
- Was würde ich als Spielleiter das nächste Mal anders machen?

> Das Thema „Spiel“ ist selbst verführerisch, weil man im Spiel den Rest der Welt vergißt.
> *Johan Huizinga*

III. SPIELESAMMLUNG

Zur Handhabung der Spielesammlung

Interaktionsspiele
Definition und Funktion
Spielformen

Darstellende Spiele

Definition und Funktion
Spielformen
Gesellige Kleinspielformen
Pantomime
Scharaden
Stegreifspiel
Rollenspiel
Planspiel
Handpuppenspiel
Schattenspiel
Technisch – mediales Spielen

Gestaltendes Spiel

Definition und Funktion
Spielformen
Schreibspiele – Dichten, Reimen, Parodieren
Spiele mit Papier und Zeichenstift
Materialspiele und Materialaktionen
Selbsterfundene bzw. variierte Brettspiele

Mitspielaktionen

Definition und Funktion
Spielformen
Freizeittheater
Spielfeste und Spielaktionen
Bunte Feste und Programme
Quiz
Stadt- und Orientierungsspiele
Ideen sammeln – Kreativ-Party

III. SPIELESAMMLUNG

Zur Handhabung der Spielesammlung

Neben der Spielbeschreibung und den entsprechenden didaktisch-methodischen Hinweisen werden Angaben zum Spielort, zur Altersgruppe, der Teilnehmerzahl, zur Zeit (Spieldauer), zu Variationsmöglichkeiten und Materialien gemacht.
Unter dem Stichwort „Spielintention“ erhält der Benutzer kurze Hinweise auf die Zielsetzung und Bedeutung des Spiels für die Teilnehmer.
Nach den meisten Interaktionsspielen sollte über den Verlauf, über Gefühle, Eindrücke, Probleme und Verhaltensweisen gesprochen werden. Dies gilt besonders dann, wenn sich die Gruppenmitglieder bereits näher kennen. Unter dem Stichwort „Reflexion“ werden Gesprächsimpulse und Denkanstöße gegeben.

Zeichenerklärung

Spiele im Haus (Zimmer, Gruppenraum, Klassenzimmer, Turnhalle)

Spiele im Freien (Garten, Wiese, Park, Sportplatz)

A	
T	
Z	

A = Altersgruppe (Kinder/Jugendliche/Erwachsene/alle)[1]

T = Teilnehmerzahl[2]

Z = Zeit (Spieldauer)[3]

---

[1] Die für jedes Spiel aufgeführte Angabe versteht sich als Leitwert. Je nach Zusammensetzung der Gruppe kann ih obere und untere Grenze verschoben werden. Eine Altersgrenze nach oben gibt es bei den meisten Spielen nic

[2] Die Angaben zur Teilnehmerzahl sind Erfahrungswerte.

[3] Die Zeitangaben (Spieldauer) sind ebenfalls Leitwerte, die von der Zusammensetzung und Größe der Gruppe u von der Situation abhängig sind.

1. INTERAKTIONSSPIELE

Definition und Funktion

Spiele zur
- Lockerung
- Sensibilisierung
- Kooperation
- Förderung des Ausdrucks

Definition und Funktion

Ohne soziale Interaktion ist menschliches Zusammenleben nicht denkbar, d. h. ohne Anerkennung durch seine Mitmenschen entwickelt der Mensch kein Selbstwertgefühl. Unter sozialer Interaktion wird die durch Kommunikation vermittelte, wechselseitige Beeinflussung von Individuen oder Gruppen hinsichtlich ihres Handelns verstanden. Der Begriff „Kommunikation" beschreibt die Verständigung bzw. den Informationsaustausch zwischen Menschen. Er geschieht durch Sprache, Mimik, Gestik, bildliche Darstellungen, Schriftzeichen und Symbole.

Interaktionsspiele

- sind ein gutes Einübungsfeld zur Erweiterung der Handlungsfähigkeit und der sozialen Kompetenz (Fähigkeit zum Rollenverhalten),
- führen zu einer Verbesserung der Sensibilität des einzelnen Teilnehmers,
- geben die Möglichkeit, festgelegte Verhaltensweisen an sich selbst festzustellen und zu ändern,
- ermöglichen die Verbalisierung von Gefühlen,
- bieten ein hohes Maß an individueller Wertschätzung und Selbstbestätigung,
- erleichtern das Kennenlernen, fördern die Kooperationsbereitschaft,
- versuchen, die Frustrationstoleranz zu erweitern, d. h. Bedürfnisspannungen und belastende Situationen werden im zwischenmenschlichem Bereich leichter ertragen.

Interaktionsspiele, die sich auf Ängstlichkeit und Befangenheit beziehen, und dabei deren mögliche Ursachen verdeutlichen, können bei der Entwicklung von Selbstvertrauen sehr hilfreich sein. Sie machen den einzelnen produktiver und können zur Befreiung von alltäglicher Beengung beitragen.
Interaktionsspiele sind eine sinnvolle und notwendige Vorstufe zur Durchführung des darstellenden Spiels. Nahezu alle Spiel- und Arbeitsformen, die ein öffentliches Auftreten erfordern, können bei Zuhilfenahme von Interaktionsspielen produktiver

und schöpferischer gestaltet werden. Auch für das bildnerische Gestalten, den schöpferischen Ausdruck beim Schreiben und beim Musizieren können Interaktionsspiele ein ausgezeichneter Anreiz sein.
Die Interaktionsspiele dieses Buches lassen sich in jeder aufgeschlossenen Spielgruppe durchführen; besonders die gruppendynamischen Spielformen, bei denen es um Lockerung, Kennenlernen und Förderung der Kommunikation geht.
Der Interaktionsprozeß läßt sich im wesentlichen als ein Netz von wechselseitig aufeinander bezogenen Handlungen innerhalb der Spielgruppe beschreiben.

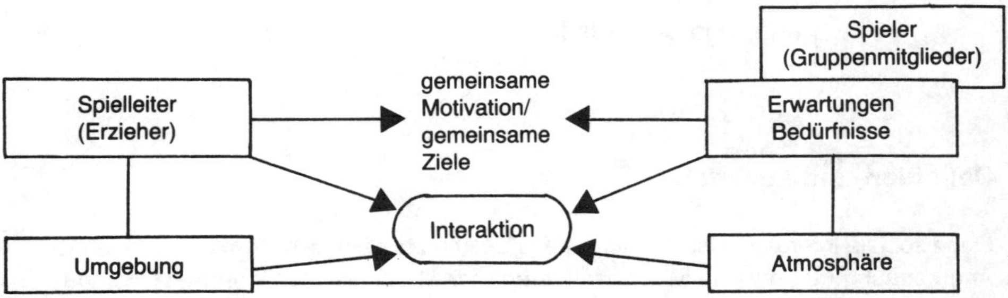

Der zentrale Punkt des Gruppengeschehens ist die Interaktion. Die Erwartungen und Bedürfnisse der Teilnehmer bestimmen die Ziele und Absichten der Interaktion.

Interaktionstraining

Viele der hier beschriebenen Interaktionsspiele können Bestandteil eines Spielabends sein, der verschiedene kreative Spielformen beeinhaltet. Teilnehmer, die über einen längeren Zeitraum Interaktionsspiele durchführen möchten, um mehr über sich und die anderen zu erfahren, können Spiele der verschiedenen Bereiche zu einem „Interaktionstraining" zusammenstellen.

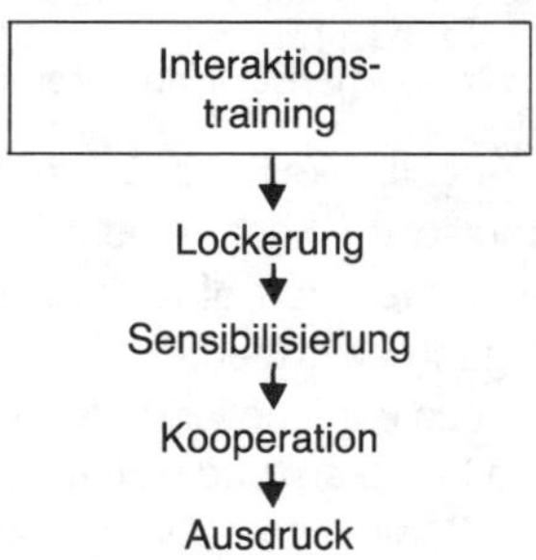

Auf einem Vortreffen sollte die Interaktions-Gruppe dabei folgende Überlegungen anstellen:

- Ort und Zeit einer Spielsequenz werden mit den Teilnehmern abgesprochen.
- Der Raum sollte so groß sein, daß sich in ihm eine Gruppe von ca. 15 Personen für etwa 2 ½ Stunden ungestört aufhalten und bewegen kann. Auch die Möglichkeit mehrere Untergruppen zu bilden, die sich ungestört unterhalten können, sollte gegeben sein.
- Die Teilnehmer erhalten vom Spielleiter Hinweise zur Funktion und Intention der Interaktionsspiele. Um die Spontaneität der Teilnehmer nicht zu beschneiden, sollten jedoch auf keinen Fall Spielergebnisse der einzelnen Spiele vorweggenommen werden.
- Je nach Anzahl der Mitspieler nimmt der Spielleiter an den Spielen teil; ansonsten übernimmt er die Rolle des Beobachters.
- Für das freie Gruppengespräch, das Anfangs- und Schlußgespräch ist der Stuhlkreis besonders geeignet. Für Interaktionsspiele, bei denen Materialien eingesetzt werden, empfiehlt sich die Sitzordnung um den Tisch herum.
- Notwendiges Material (Papier, Schreibzeug, Kassettenrecorder und Musikaufnahmen usw.) muß bereitliegen.
- Alle Teilnehmer einigen sich darauf, an allen vereinbarten Gruppenstunden teilzunehmen und pünktlich zu erscheinen.

Teilnehmer

Wer sich an Interaktionsspielen beteiligen möchte, muß bereit sein, neue Erfahrungen zu machen und sich auf Ruhe und Nachdenken einzulassen. Die Teilnehmer sollen versuchen, die Erwartungen und Bedürfnisse der jeweils anderen wahrzunehmen und zu verstehen und sich in den anderen hineinzuversetzen.

Bei vielen Interaktionsspielen ist eine Teilnehmerzahl von 14–16 optimal. Die Gruppe ist damit groß genug, um möglichst verschiedene Menschen zu umfassen und klein genug für vielseitige Kontaktaufnahmen. Bei mehr als 20 Teilnehmern werden die Kontakte oberflächlicher und zerstreuter. In größeren Spielgruppen sollten deshalb Untergruppen gebildet werden. So wird es jedem einzelnen ermöglicht, direkten und gleichzeitigen Kontakt mit einigen wenigen suchen zu können.

Übereinkunft

Vor Beginn eines Interaktionstrainings sollten sich die Teilnehmer auf acht wichtige Kommunikationsregeln einigen, die Hilfen zur Verbesserung der eigenen sozialen Lernfähigkeit geben:

1. Sage „ich“ statt „man“ oder „wir“!
2. Wenn Du den Wunsch hast, bitte andere um eine kurze Rückmeldung!
3. Gib anderen Rückmeldung!
4. Äußere Deine eigene Meinung!
5. Höre ruhig zu, wenn Du eine Rückmeldung erhältst!
6. Schau den anderen an, wenn Du mit ihm sprichst!
7. Probiere Dein Verhalten aus und experimentiere mit Dir!
8. Störungen haben stets Vorrang. Über sie wird in der Gruppe gesprochen.

Rückmeldung („Feedback“)

Da häufig ein und dasselbe Verhalten auf verschiedene Spieler (Kommunikationspartner) sehr unterschiedlich wirkt, ist das verarbeitende Gespräch (Reflexion) nach einem Spiel und am Ende einer Spieleinheit von großer Wichtigkeit.
Im Gespräch soll sich der einzelne Spieler seiner Verhaltensweisen, Gefühle und Wahrnehmungen bewußt werden. Nicht selten sind Interaktionsspiele auf diese Weise ein positives Mittel, zu einem vertiefenden Gespräch in der Gruppe zu kommen.

Spiele zur Lockerung

In jeder sich neu bildenden Gruppe besteht das Bedürfnis, Kontakte aufzunehmen und sich besser kennenzulernen. Lockerungsspiele setzen den Gruppenprozeß in Gang, helfen in der Kennenlernphase, beängstigende Situationen zu umgehen und Schwellenängste abzubauen. Durch die Spiele entsteht eine vertraute Atmosphäre, in der sich die einzelnen Gruppenmitglieder wohlfühlen können.

Spielvorschläge:

1 Mein Name

A	alle
T	8–20
Z	10 Min.

Die Namen der Teilnehmer in neuen Gruppen lassen sich auf kleine Schilder schreiben, die angesteckt werden; auch Krepp-Band kann beschriftet und dann leicht an der Kleidung angebracht werden.
Etwas lustiger geht es zu, wenn der eigene Name mit einem Schminkstift auf das Gesicht gemalt wird. Die Gruppenmitglieder finden so schneller zusammen.
Der Name kann auch versteckt angebracht werden; z. B. auf dem Arm oder unten am Fuß.

Spielintention: Erste Kontaktaufnahme, Klärung der Anredeform
Material: Kleine Zettel, Stecknadeln, Schreibstifte, Tesakrepp-Band, Schminkstifte.

2 Vorstellung

Jeder Teilnehmer wird gebeten, sich aus der Spielgruppe einen Partner zu suchen, den er noch nicht kennt. Beide setzen sich zusammen und sprechen z. B. über ihre

A	**Jugendliche Erwachsene**
T	**8–16**
Z	**30 Min.**

- Erwartungen an die Spielgruppe
- schulische und berufliche Tätigkeit
- Interessen
- Zukunftspläne usw.

Die Spieler haben 15 Minuten Zeit für ihr Gespräch. Im Stuhlkreis stellt anschließend jeder seinen Partner den anderen vor.

Variationen: Die Erwartungen, Vorstellungen und mögliche Befürchtungen können als Ergebnis auch auf einer Wandzeitung (Tapetenrolle) festgehalten werden.
Spielintention: Erleichterung der Kontaktaufnahme
Material: Tapetenrolle, Filzstifte.

3 Interaktionsblock

Dieser aus vielen Einzelaktivitäten bestehende Spielblock ist besonders zum Lockern und „Auftauen" geeignet. In einem Raum, der genügend Bewegungsfläche bietet, werden alle Stühle und Tische zur Seite gestellt.

A	**Jugendliche Erwachsene**
T	**10–20**
Z	**30 Min.**

Der Spielleiter gibt nun Anweisungen, die von der Gruppe ausgeführt werden sollen. Alle 30 bis 60 Sekunden erfolgt eine neue Anweisung. Die hier genannten Beispiele können beliebig erweitert werden.

Der Spielleiter:

- Wir gehen gelöst durch den Raum, ohne uns dabei anzustoßen. Achtet auf euch selbst. Schaut euch jetzt die anderen Gesichter an.
- Wir haben im Lotto gewonnen und hüpfen/springen vor Freude durch den Raum.
- Wir gehen ruhig durch den Raum. Probiert jetzt verschiedene Gangarten aus; (z. B. gelöst, gehemmt, rhythmisch).
- Unser Passagierschiff ist untergegangen. Wir konnten uns auf ein kleines Floß retten. Alle finden sich auf dem Floß ein. Es ist sehr eng hier.
- In zwei Ecken des Raumes werden Gruppen gebildet. Jede Gruppe versucht, die Mitglieder der anderen zu sich zu holen. Wie Ihr dabei vorgeht, ist Euch überlassen.
- Wir sind in einem fremden Land und begrüßen uns auf eine völlig neue Art.
- Wir gehen gelöst durch den Raum.
- Jeder geht jetzt mit einem Stapel sehr kostbarer Porzellanteller durch den Raum.
- Wir gehen wie Roboter.

- Wir haben Gummiglieder.
- Wir sind Tiere auf einem Bauernhof.
- Wir sind ein Orchester bei der Probe.
- Jeweils 4-5 Personen bilden eine Maschine, die auch Geräusche von sich gibt.
- Wir gehen müde durch den Raum.
- Zu zweit wird ein Zeitlupen-Boxkampf durchgeführt.
- Es regnet stark. Jeweils zwei Personen gehen unter einem recht kleinen Regenschirm.
- Wir gehen ruhig durch den Raum.
- Ihr befindet euch jetzt in einer Gegend, in der das Gehen verboten ist. Erfindet andere Arten der Fortbewegung.
- Versetzt euch in einen Zwerg und geht als Zwerg weiter.
- Bewegt euch als Riese weiter.
- Wir gehen durch sehr hohes Gras.
- Ihr habt es sehr eilig und müßt an einer Ampel warten.
- Alle gehen ruhig durch den Raum.
- Wir nehmen an einem großen Empfang teil und schütteln Hände, viele Hände, immer mehr Hände . . .
- Wir befinden uns jetzt in Afrika auf Löwenjagd:
    - aufstehen
    - gehen
    - Löwe gesehen
    - Löwe kommt
    - laufen
    - Berg hoch laufen
    - Berg hinunter laufen
    - über einen Bach springen
    - Löwe ist abgehängt

  Die Bewegungen werden ausgeführt, ohne sich von der Stelle zu bewegen.
- Tragt zu zweit eine große Glasscheibe. Vorsicht! Nicht mit den anderen zusammenstoßen.
- Wir bilden eine Eimerkette zum Feuerlöschen.
- Ruhig im Raum umhergehen.
- Wir begrüßen alte Freunde, die wir seit einem Jahr nicht mehr gesehen haben.
- Wir gehen ruhig durch den Raum.
- Die Gruppe ist ein Luftballon. Wir bilden einen Kreis, wir gehen in die Hocke und fassen uns an den Händen. Langsam wird der Ballon aufgeblasen (alle pusten, gehen langsam höher) bis er platzt.
- Wir gehen durch den Raum. Je zwei Teilnehmer verabschieden sich für lange Zeit.

Spielintention: Ungezwungene Kontaktaufnahme, körperlicher Ausdruck.
Reflexion: Wie wurden die einzelnen Aktivitäten erlebt?
Wie habe ich mich gefühlt? Welche Spiele haben mir nicht gefallen? Warum?

4 Drei Gegenstände

A	Jugendliche Erwachsene
T	6–12
Z	30 Min.

Die Spieler teilen sich in Zweiergruppen auf. Sie nehmen gegenüber an Tischen Platz, ohne miteinander zu sprechen. Sie haben ein gemeinsames Blatt Papier und einen Stift vor sich liegen.
Der Spielleiter gibt die Anweisung, den Stift gemeinsam in die Hand zu nehmen und gemeinsam drei beliebige Gegenstände zu zeichnen. Danach soll das Bild – ebenfalls ohne miteinander zu sprechen – gemeinsam mit einem Titel versehen werden. In der Gesamtgruppe werden die Bilder anschließend betrachtet und besprochen.

Spielintention: Einfühlungsfähigkeit
Reflexion: Was wurde gezeichnet? Wer hat geführt? Wie fand das gemeinsame Führen des Stiftes statt? Gab es Verspannungen?
Material: Papier (DIN A 4 oder DIN A 2), Filzstifte.

5 Kon-Takte

A	alle
T	10–20
Z	10 Min.

Der Spielleiter sorgt für Musik (Kassette/Schallplatte) und bittet die einzelnen Teilnehmer, im Takt durch den Raum zu gehen. Sie sollen sich einen oder mehrere Partner suchen und gemeinsam im Rhythmus der Musik weitergehen.
Wird die Musik abgebrochen, bleiben die Spieler unbeweglich stehen. Spielt sie weiter, werden neue Aufgaben von den Paaren bzw. Kleingruppen ausgeführt (z. B. Geht auf Zehenspitzen! – Setzt euch hin! – Legt euch schnell auf den Boden! – Kauert euch eng zusammen! – Stellt euch auf einen Stuhl!).

Spielqualität: Kontakt und Zutrauen zur Gruppe soll sich entwickeln.
Material: Kassettenrecorder, Plattenspieler oder Musikinstrument.

6 Zublinzeln

A	alle
T	16–30
Z	20 Min.

Bei diesem uralten Spiel sitzt die Hälfte der Spieler im Kreis auf Stühlen. Hinter jedem Stuhl steht ein weiterer Mitspieler, die Hände hinter dem eigenen Rücken. Ein Stuhl bleibt frei. Der hinter dem freien Stuhl stehende Spieler blinzelt nun einem der sitzenden Spieler zu. Dieser muß sehr schnell versuchen, seinem Hintermann zu entwischen und sich auf den freien Stuhl zu setzen.

Der Spielleiter sollte sich an dem Spiel beteiligen und darauf achten, daß alle Mitspieler im Sitzkreis einmal an die Reihe kommen.

Spielintention: Blickkontakte, Bewegung, Reaktion
Hilfsmittel: Stühle.

7 Selbstportrait

A	Jugendliche Erwachsene
T	6–12
Z	10 Min.

Jeder Spieler erhält ein Blatt Papier und einen Filzstift, um innerhalb von fünf Minuten ein Selbstportrait zu zeichnen. Die Blätter werden geknickt und eingesammelt.
Nun zieht jeder Teilnehmer ein Blatt und versucht, den Zeichner des Selbstportraits zu ermitteln.

Spielintention: Kontaktanbahnung
Material: Papier und Filzstifte.

8 Kinderbilder

A	Jugendliche Erwachsene
T	10–30
Z	30 Min.

Der Spielleiter bittet die Mitspieler für das nächste Treffen ein Kinderbild mitzubringen. Die Kinderbilder werden gemischt, die Mädchen- und Jungenbilder für sich. Jetzt ziehen die weiblichen Teilnehmer ein Jungenbild und die männlichen ein Mädchenbild.
Durch dieses Spiel können z. B. Spiel- oder Tanzpartner für eine erste Runde gefunden werden.
Zuvor jedoch muß erst einmal die schwierige Aufgabe gelöst werden, den Partner unter den Jugendlichen bzw. Erwachsenen wiederzuerkennen.

Spielintention: gelöste Stimmung
Material: Kinderbilder der Teilnehmer.

9 Dampferfahrt

A	Jugendliche Erwachsene
T	12–30
Z	10 Min.

Der Spielleiter hat einen Kassettenrecorder mitgebracht und teilt mit, daß man gemeinsam eine Dampferfahrt mache. Es ist 23.00 Uhr und wir tanzen jeweils mit einem Partner (Partnerin) in der Diskothek des Schiffes. Plötzlich ertönt über Lautsprecher die Stimme des Kapitäns: „Liebe Passagiere, wir haben eine kleine Panne, doch sie wird bald behoben sein. Tanzen Sie bitte weiter, Anweisungen, die ich über Lautsprecher gebe, müssen sofort ausgeführt werden.“

Alle tanzen weiter. Plötzlich ertönt die Stimme des Kapitäns:

1. Damit der Boden des Schiffes nicht so belastet ist, dürfen alle Herren nur noch auf dem linken Fuß weitertanzen.
2. Die Damen strecken die rechte Hand hoch in die Luft, um das Gleichgewicht des Schiffes zu halten.
3. Die Herren tanzen jetzt in der Hocke.
4. Dem Partner jetzt unbedingt die Hände auf die Schulter legen.
5. Es ist etwas Wasser ins Schiff eingedrungen. Die Hosenbeine werden hochgekrempelt.
6. Die Partnerin wird auf den Arm genommen.

Während dieser „feucht-musikalischen" Dampferfahrt können auch Ideen der Teilnehmer aufgegriffen werden.
Der Spielleiter muß versuchen, den Mitspielern möglichst originelle Anweisungen zu geben.

Spielintention: Lockerung, Kontakt, Kennenlernen,
Material: Flotte Musik, Kassettenrecorder/Plattenspieler.

Spiele zur Sensibilisierung

Im psychologischen Sinn verstehen wir unter „Sensibilität", Empfindsamkeit und Feinfühligkeit. Sensibilität ist auch die Fähigkeit, Gefühls- und Sinnesreize aufnehmen und verarbeiten zu können.

Spiele zur Sensibilisierung können helfen, die Standpunkte, Gefühle und Bedürfnisse anderer Menschen besser wahrzunehmen, einzuschätzen und darauf einzugehen.

Gleichzeitig lernen die Spieler, wie sie sich selbst geben und wie andere auf sie reagieren.

Über das Spiel und das sich anschließende Gespräch können starre Reaktionsschemata (z. B. Gewohnheiten) anderen Menschen gegenüber evtl. abgebaut und soziale Empfindsamkeit aufgebaut werden.

Spielvorschläge:

10 Schneckenhaus

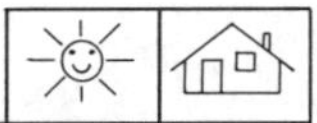

A	Jugendliche Erwachsene
T	8–16
Z	20 Min.

Bei diesem Spiel müssen die Teilnehmer behutsam miteinander umgehen.
Jeder Teilnehmer sucht sich einen Partner, zu dem er Vertrauen hat. Der eine ist jetzt eine Schnecke und nimmt eine festgeschlossene Körperhaltung am Boden ein. Der andere soll die Schnecke aus ihrem imaginären Schneckenhaus herauslocken, ohne sich dabei der Sprache zu bedienen.
Um sich möglichst intensiv in die Schnecke hineindenken zu können, erhalten die Teilnehmer vom Spielleiter dafür genügend Zeit. Die Paare entscheiden selbst das Ende ihres Spiels und tauschen dann ihre Rollen.

Variation: Die Spielpartner können mehrmals gewechselt werden.
Spielintention: Sensibilität füreinander, sich ohne Sprache mitteilen; spontane, einfühlsame Reaktion, Bewegungsimprovisation.
Reflexion: Wie schwer war es, sich abzukapseln? Wodurch ließ sich die Schnecke locken? Auf welche Impulse wurde reagiert? War der Partner einfühlsam? Wie hast Du dich als Schnecke gefühlt?
Material: Eventuell Kassettenrecorder mit ruhiger Musik.

11 Hände

A	Jugendliche Erwachsene
T	8–16
Z	15 Min.

Je zwei Teilnehmer sitzen sich gegenüber und schauen sich schweigend an. Der Spielleiter: „Hebt die Hände etwa in Augenhöhe und berührt die Hände des Partners . . . Während ihr euch weiterhin in die Augen seht, richtet ihr die Aufmerksamkeit auf die Hände, die nun eine Beziehung zum Partner aufnehmen sollen . . . ."
Auf diese Art „unterhalten" sich still für etwa 3 Minuten die Augen und Hände.
Die „Unterhaltung" wird langsam beendet, die Partner schließen für kurze Zeit die Augen und sprechen dann über das Spiel.

Spielintention: Sensibilisierung, Wahrnehmung
Reflexion: Gespräch über Gefühle und Eindrücke bei der „Unterhaltung" und beim Abschied.

12 Gespräch ohne Blickkontakt

A	Jugendliche Erwachsene
T	8–16
Z	15 Min.

Je zwei Spieler sitzen Rücken an Rücken im Raum verteilt auf dem Fußboden. Die Augen sind geschlossen.
Der Spielleiter bittet die Paare, sich zu unterhalten. Das Gespräch wird von einem der beiden Partner bestimmt.

Spielintention: Erlebnis, ein Gespräch ohne Blickkontakt zu führen („Telefoneffekt")
Reflexion: Worüber wurde gesprochen? Wie wurde die Situation erlebt? Fiel es leichter, bestimmte Mitteilungen zu machen? Wer war im Gespräch der dominierende Partner?

13 Sensorenspiel

A	Jugendliche Erwachsene
T	10–20
Z	5 Min.

Die Teilnehmer stehen verteilt im Raum. Sie übernehmen die Funktion von empfindlichen Sensoren, die ein Summgeräusch von sich geben. Einem Mitspieler werden die Augen verbunden. Er hat die Aufgabe von einer Seite des Raumes auf die andere zu gelangen, ohne mit einem der Sensoren in Berührung zu kommen. Die Lautstärke der Sensoren steigert sich, je näher ihnen der „blinde" Spieler kommt.

Spielintention: Orientierung, Konzentration, Reaktion, Sensibilisierung
Reflexion: Was haben die „blinden" Spieler empfunden? Wie wurden die Geräusche erlebt?

Hinweis: Teilnehmer mit Kreislaufbeschwerden sollten sich nicht die Augen für längere Zeit verbinden lassen!

14 Blindenführen

A	Jugendliche Erwachsene
T	8–16
Z	20 Min.

Die Spielgruppe teilt sich in Paare auf. Ein Partner übernimmt die Rolle des Führenden, der andere die des Geführten, der die Augen geschlossen hält.
Aufgabe des Führers ist es, seinen Partner behutsam am Handgelenk durch den Raum zu führen und ihm die Umwelt erfahrbar zu machen. Der Blindenführer vermeidet möglichst verbalen Kontakt und läßt den Geführten Dinge ertasten, riechen und erlauschen. Das Spiel ist auch gut im Freien durchzuführen. Nach einem anfänglichen Gefühl der Unsicherheit gewinnt der Geführte Vertrauen und wird es genießen, sich auf seinen Partner verlassen zu können.

Nach etwa 5 Minuten haben die Partner Gelegenheit, über ihre Erlebnisse und Gefühle miteinander zu sprechen. Dann werden die Rollen getauscht. In der Gesamtgruppe wird das Spiel abschließend gemeinsam besprochen.

Spielintention: Überwindung von Ängsten, Wahrnehmung von Gegenständen und Personen, Kontaktaufnahme, Vertrauensübung

Reflexion: Wie wurde das Blindsein erlebt? Wie wurde geführt? Welche Erfahrungen wurden beim Erfühlen gemacht? Wie wurde der Körperkontakt empfunden?

Material: Evtl. beruhigende, entspannende Musik.

15 Wirkungskraft

A	**alle**	
T	**6–20**	
Z	**3 Min.**	

Je zwei Spieler stellen sich gegenüber, legen die Handflächen aneinander und schließen die Augen für einige Sekunden. Dann lassen sie die Hände sinken, drehen sich dreimal langsam im Kreis herum und versuchen jetzt, mit geschlossenen Augen die Hände des Partners wieder zu finden.

Spielintention: Entspannung, Einfühlungsvermögen.

16 Blickkontakt

A	**Jugendliche Erwachsene**	
T	**8–16**	
Z	**20 Min.**	

Jeweils zwei Teilnehmer setzen sich gegenüber und sehen sich schweigend an. Der Spielleiter gibt die Anweisung: „Betrachtet einige Zeit eure Gesichter und versucht, den anderen wirklich zu sehen. Es soll kein gegenseitiges Anstarren sein. Schaut bitte euren Partner an und nehmt alle Einzelheiten seines Gesichts wahr – die Farben, Formen, Linien; seht, ob sein Gesicht bewegt ist oder nicht. Nehmt den anderen wirklich wahr!"

Nach ca. 5 Minuten erfolgt ein Zweier-Gespräch über die soeben gemachten Wahrnehmungen; danach kurze gemeinsame Besprechung in der Gruppe.

Spielintention: Aufmerksame Wahrnehmung des Partners

Reflexion: Welche Empfindungen gingen in mir vor? Was machte es mir schwer, den Partner mit voller Aufmerksamkeit zu betrachten. Wie reagierte ich auf den intensiven Blickkontakt?

Material: Evtl. entspannende Musik.

17 Mein Gesicht

A	Jugendliche Erwachsene
T	8–16
Z	10 Min.

Die Gruppe sitzt im Stuhlkreis. Jeder Teilnehmer sitzt mit leicht nach hinten fallengelassenem Kopf auf einem Stuhl. Die Hände liegen locker auf den Oberschenkeln. Der Spielleiter spricht mit ruhiger Stimme und läßt den Teilnehmern genügend Zeit, ihr Gesicht zu spüren und zu erleben. Während er die Gruppenmitglieder beobachtet, gibt er seine Anweisungen:

- Schließt Eure Augen
- Hebt langsam Eure Arme und streicht mit den Fingerspitzen über Eure Stirn
- Geht langsam über Eure Augenbrauen, Augenlider und Wimpern zu Eurer Nasenwurzel
- Jetzt über die Nase und die Wangen langsam über die Lippen zum Kinn
- Es geht weiter zu den Ohren. Wie fühlen sie sich an? Ihr fühlt Eure Ohrmuscheln und die Ohrläppchen
- Langsam geht es am Hinterkopf hinauf zu den Haaren. Erlebt, wie sie sich anfühlen.

Spielintention: Bewußtmachen des eigenen Körpers – hier des Gesichtes; Hautwahrnehmung

Reflexion: Wie habe ich die einzelnen Berührungen empfunden? Wie hat die Übung auf mich gewirkt?

Hinweis: Brillenträger sollten vor Beginn des Spiels ihre Brille ablegen.

Meditieren

A	Jugendliche Erwachsene
T	1–16

Der Begriff „Meditation“ steht für „vertieftes Nachdenken“ und „sinnende Betrachtung“. Der Meditierende versenkt sich in Gedanken.
In den 70er Jahren brach über die westliche Welt eine wahre Meditationswelle herein. Schier unübersehbar war die Vielzahl von Meditationspraktiken, die besonders dem jungen Menschen auf der Suche nach einer besseren Welt, bewußte Erfahrungen des eigenen Selbst vermitteln wollten, wie z. B. die Zen-Meditation, Eutonie, das Autogene Training, Yoga, die Anthroposophische Meditation und die Transzendentale Meditation.

Nicht selten wurden und werden dabei mögliche Gefahren übersehen, die zum einen in der Art der Meditation, in der falschen Übung, im dilettantischen Anleiter und zum anderen in der jeweiligen Persönlichkeit des Meditierenden zu suchen sind.
Als unproblematische Meditationen haben sich besonders in der Arbeit mit Jugendgruppen die Bild- und Kunstmeditation, die Symbolmeditation und die Metaphermeditation erwiesen.

Äußere und innere Bedingungen für eine Meditation sind

- ein ruhiger Raum,
- Teppichbodenbelag bzw. Wolldecken,
- Papier und Schreibunterlagen,
- Konzentration, Geduld, Ausdauer.

Mögliche Sitzformen können sein:

- Hocksitz (überall praktizierbar),
- Schneidersitz (mit Sitzkissen),
- Lotossitz – (Der Meditierende setzt sich auf ein Sitzkissen; die Beine werden gekreuzt, wobei die Füße auf den Oberschenkeln liegen.)
- Man setzt sich auf einen möglichst harten Stuhl.

Spielintention: Sensibilisierung, Konzentration, Entspannung.

18 Bild- und Kunstmeditation

Z	20 Min.

Die Teilnehmer sitzen auf dem Fußboden. Es herrscht Ruhe. Als Meditationsgegenstand kann jedes zum vertiefenden Nachdenken geeignete Bild dienen; z. B. eine alltägliche Fotografie oder ein Landschaftsbild (Meer, Naturereignis, Sonnenuntergang); auch eine Skulptur oder Plastik können zum Meditieren anregen.

19 Symbolmeditation

Z	15 Min.

Es gibt eine Vielzahl von Symbolen mit besonderer Bedeutung. Sie eignen sich zur meditativen Betrachtung.

Beispiele:

– Stern	– Wappen	– Kreis	– Licht
– Kreuz	– Baum	– Dreieck	– Sonne

20 Metapher-Meditation

A	Jugendliche Erwachsene
T	8–16
Z	30 Min.

Eine Metapher ist ein bildhafter Vergleich bzw. Ausdruck für einen Gegenstand, eine Person, ein Geschehen oder für einen abstrakten Begriff.
Metaphern, die in Einzelbesinnung gebildet werden, sind die Grundlage für einen vertieften Gedankenaustausch in der Gruppe.

Zum Vorgehen:
Die Spielgruppe wird gebeten z. B. Metaphern zum Thema „Friede ist . . . " zu erdenken. Jeder Teilnehmer schreibt jetzt für sich bildhafte Vergleiche auf, die ihm hierzu einfallen. Nach 10 Minuten werden die anonym geschriebenen Zettel eingesammelt und die Metaphern in der

Gruppe vorgelesen. Es entwickelt sich ein Gespräch darüber.

Einige *Beispiele,* die in einer Gruppe 16 bis 18jähriger erdacht und besprochen wurden:

„Friede ist . . . “
- ein Lächeln, ein Händedruck, ein Schulterklopfen
- wie ein sonnendurchfluteter Wald
- die Stille am Sonntagmorgen
- eine Welt ohne Stacheldrahtverhau
- eine Welt ohne Folter
- wie die Haut eines Luftballons
- ein blauer Himmel
- das Vogelgezwitscher im Park.

Oder:

„Zukunft ist . . . “
- ein Buch mit sieben Siegeln
- wie ein Überschallflug ins Ungewisse
- der Motor und Antrieb für unser Sein
- das Lachen des Säuglings
- mal ein bewölkter, mal ein klarer Himmel.

Da das bewußte Denken in Bildern für viele ungewohnt ist, sollte den Teilnehmern zu Beginn einer Metapher-Meditation genügend Zeit gegeben werden, ihre Gedanken zu Papier zu bringen. Jeder sollte soviele bildhafte Vergleiche aufschreiben, wie ihm einfallen.
Die Metaphern werden vom Spielleiter vorgelesen. Über diejenigen, die in der Gruppe besondere Zustimmung oder Ablehnung erhalten, wird gesprochen.
Jedes Wort mit einem seelisch tieferen Gehalt kann zu neuen Gedanken und Einsichten führen und neue Erkenntnisse aufzeigen; z. B. Licht – Liebe – Wärme – Freude – Vertrauen – Demut – Geborgenheit – Freunde – Leben – Blume – Berg – Stille – Brot – Trauer – Musik – Einsamkeit – Jugend.

Spielintention: Phantasie, bildhaftes Denken, Einfühlungsvermögen, sprachlicher Ausdruck
Reflexion: Auswertung der Metaphern in der Gruppe.

Spiele zur Kooperation

Wenn wir von einer Gruppe sprechen, dann muß bei den Mitgliedern der Gruppe ein Mindestmaß von Hingezogensein zur Gruppe bestehen. Der Gruppenzusammenhalt (Kohäsion) ist eine der wichtigsten Dimen-

sionen sozialer Gruppen. Er beruht auf der Befriedigung zwischenmenschlicher Bedürfnisse und von Bedürfnissen, die in Zusammenhang mit einer Aufgabe stehen, die gelöst werden soll. So wie sich Mitglieder zur Gruppe hingezogen fühlen, wenn sie in ihr Anerkennung finden, erzeugt auch gemeinsamer Erfolg bei Gruppenaufgaben den Zusammenhalt.
In kooperativen Gruppen kommunizieren die Mitglieder intensiv miteinander, sie koordinieren ihre Anstrengungen, sind stärker motiviert und freundlicher zueinander.
Unter kooperativen Gruppenbedingungen, wie sie z. B. durch Interaktionsspiele hergestellt werden können, sind die Beziehungen zwischen den Gruppenmitgliedern vertrauensvoller und positiver, weil die Mitglieder füreinander Belohnungswert haben, d. h. die Bemühungen eines Teilnehmers, das gemeinsame Ziel zu erreichen, trägt auch direkt zur Befriedigung der anderen bei.

Spielvorschläge:

21 Menschliche Maschine

A	Jugendliche Erwachsene
T	12–20
Z	10 Min.

Es werden Kleingruppen von maximal sechs Spielern gebildet. Je ein „Konstrukteur" soll aus den übrigen Spielern eine menschliche Maschine zusammenbauen. Die einzelnen „Maschinenteile" sollen sich dabei an den Händen, Hüften, Knien oder Füßen berühren und Töne von sich geben. Gelingt es nicht, die fertige Konstruktion in Bewegung zu setzen, muß der Konstrukteur versuchen, den bzw. die Fehler zu beseitigen. Um die „Maschine" in einen bestimmten Rhythmus zu bringen, kann Musik eingesetzt werden.
Die menschliche Maschine, sie kann z. B. eine Druckerpresse, Waschmaschine, Schreibmaschine oder einen Fernsehapparat darstellen, soll etwa vier Minuten reibungslos funktionieren.

Variationen: 1. Anstatt mit Hilfe eines Konstrukteurs organisiert sich die „Maschine" selbst.
2. Jede Gruppe stellt *ein* beliebiges Tier, z. B. Elefant, Kuh oder Affe dar.

Spielintention: Kooperation, Kontakte mit anderen, Einfallsreichtum

Reflexion: Wie wurde geplant und organisiert? Wie verhielten sich die „Einzelteile" beim Zusammenfügen der Maschine? In welchem Maß fühlte sich der einzelne eingeengt?

22 Schlange

A	Jugendliche Erwachsene
T	10–20
Z	5 Min.

Durch Anfassen an den Schultern oder Händen bilden die Gruppenmitglieder eine Schlange. Nur der erste in der Schlange (in Anfangsphasen der Spielleiter) läßt die Augen geöffnet und führt die Schlange über vorhandene oder imaginäre Hindernisse, über Treppen, um Gegenstände herum, in engen Schleifen, auf Zehenspitzen, in der Hocke, unter Gegenständen hindurch. Es dürfen nur durch Berührung Signale weitergegeben werden!

Spielintention: Sensibilität, Vertrauensbildung, Kooperation

Reflexion: Wie wurde geführt? Wie wurden die Signale weitergegeben und aufgenommen? Wie sicher fühlten sich die Geführten?

23 Turmbau

A	Jugendliche Erwachsene
T	18–20
Z	60 Min.

Die Spielgruppe wird in drei gleich starke Untergruppen mit 4-6 Mitspielern eingeteilt. Jede Gruppe soll einen Turm bauen und bekommt hierfür vom Spielleiter einen großen Bogen Konstruktionspapier, ein Lineal, eine Schere, eine Tube Klebstoff und ein Blatt Papier für Entwürfe.
Innerhalb einer festgelegten Zeitspanne (ca. 45 Minuten – bei Bedarf länger) soll aus dem Konstruktionspapier ein möglichst hoher und origineller Turm gebaut werden.
Es sind folgende Bedingungen zu erfüllen:

1. Die einzelnen Papierstücke, aus denen der Turm gefertigt wird, dürfen nicht größer als 3 × 30 cm sein.
2. Der Turm muß stabil sein, also vom Standplatz zu einem ca. 3 Meter entfernten Tisch getragen werden können.
3. Der Turm muß die in der Gruppe verwendete Schere tragen.
Die Gesamtgruppe als Jury entscheidet zum Schluß nach drei Kriterien: 1. Höhe, 2. Originalität, 3. Standfestigkeit.

Variation: Der Turm wird von der Gesamtgruppe gebaut. Sie findet gemeinsam für das Gebilde einen Namen.

Spielintention: Förderung der Zusammenarbeit in der Gruppe, sich an bestimmte Regeln bzw. Bedingungen halten; Phantasie und Kreativität

Reflexion: Wer zeigte sich beim Turmbau besonders dominant? Wie wurde geplant und vorgegangen? Orientierten sich die Gruppen aneinander?

Material: Pro Gruppe ein großer Bogen Konstruktionspapier (DIN A 2), ein mindestens 30 cm langes Lineal, eine Schere, eine Tube (bzw. Flasche) Klebstoff, 1 Blatt Papier und ein Schreibstift für Entwürfe.

24 Vertrauenskreis

A	Jugendliche Erwachsene
T	8–20
Z	15 Min.

Bei diesem Spiel geht es darum, einem in der Kreismitte stehenden Mitspieler das Erlebnis von Vertrauen zu vermitteln. Deshalb wird mit ihm nicht grob umgegangen; es wird nicht gesprochen und nicht gelacht.

Es werden Gruppen von 7-8 etwa gleichgroßen Mitgliedern gebildet, die sich im Kreis aufstellen. Ein Teilnehmer stellt sich möglichst entspannt in die Mitte, schließt die Augen und hält den Körper gerade. Seine Füße stehen dicht nebeneinander. Der in der Mitte Stehende soll nun nach einer Seite schwingen und ein Mitspieler aus dem Kreis soll ihn sanft auffangen. In Pendelbewegungen schwingt das Gruppenmitglied in der Gruppe hin und her. Das Spiel endet, wenn der in der Mitte stehende Spieler die Augen öffnet.

Hinweis: Um Teilnehmern ein Gefühl der Sicherheit zu geben, muß der Kreis eng sein. Mit wachsendem Zutrauen kann der Kreis erweitert werden.

Spielintention: Förderung des Vertrauens des Einzelnen zur Gruppe

Reflexion: Was wurde beobachtet? War ich entspannt? War die Gruppe fürsorglich? Warum war ich unsicher?

25 Weiterreichen

A	Jugendliche Erwachsene
T	15–30
Z	10 Min.

Die Spieler stellen sich nebeneinander in einer Doppelreihe mit dem Gesicht nach vorn auf und rücken ganz dicht aneinander.

Einer der beiden vordersten Spieler lehnt sich zurück, wird emporgehoben und vorsichtig von vielen Händen über die Köpfe der Doppelreihe hinweggetragen. Da viele Hände die Arbeit erleichtern, wird der „Höhenflug" nicht nur für den jeweils Getragenen, sondern für die Gesamtgruppe zu einem schönen Gemeinschaftserlebnis.

Variation: Es wird eine Doppelreihe gebildet, bei der sich die Spieler frontal gegenüberstehen. Sie halten sich jeweils zu zweit an ihren überkreuzten Händen fest. Ein Mitspieler wird durch die Spielreihe hindurchgewippt. Brillen sollten bei diesem Spiel abgenommen werden.

Spielintention: Vertrauen.

Weitere Kooperationsspiele

Spiel Nr. 216 „Gordischer Knoten"
Nr. 217 „Aufsteh-Spiel"
Nr. 218 „Schoßsitz-Spiel"

Spiele zur Förderung des Ausdrucks

„Ausdruck“ steht für eine Fülle unterschiedlicher Vorgänge, z. B. Lachen, Weinen, Blicke, Gebärden, Bewegungen, Sprechen und Handschrift.
Gefühlszustände wie Freude, Zorn, Ärger und Zuneigung lassen sich deutlich ausdrücken. Jeder Mensch ist von sich aus in der Lage, diese Ausdrucksformen zu zeigen. Häufig werden sie jedoch durch äußere Zwänge, die Selbstbeherrschung verlangen, unterdrückt. Oberflächliche, höfliche Floskeln verdecken, was innerlich empfunden wird.
Durch diese Versachlichung im Umgang miteinander geht ein großer Teil an Menschlichkeit verloren. Der Erzieher muß wissen, daß von einer emotionslosen Sachlichkeit auch Langeweile ausgehen kann. Da jeder Mensch Emotionen hat, soll ihm die Möglichkeit gegeben werden, sie auch auszudrücken.
Bei Interaktionsspielen, die sich mit den Ausdrucksmöglichkeiten des Menschen befassen, werden spielend Wirkungen geübt und erfahren. Im Wechselspiel dieser Aus- und Eindrücke lernen wir eigene und fremde Verhaltensweisen besser kennen und verstehen.

Spielvorschläge:

26 Stumme Begrüßung

A	alle
T	10–20
Z	5 Min.

Die Spieler werden gebeten, im Raum umherzugehen und sich zu begrüßen, aber hierbei weder die Stimme noch die Hände einzusetzen.

Spielintention: Erleben fehlender Ausdrucksmöglichkeiten, Entwickeln alternativer Begrüßungsformen
Reflexion: Gespräch über Begrüßungsformen und gewohnheitsmäßiges Verhalten. Was erlebte der einzelne Spieler bei den Begrüßungs-Kontakten?

27 Spiegelbild

A	alle
T	8–20
Z	10 Min.

Die Spieler stehen sich paarweise im Abstand von ca. 1 Meter frontal gegenüber. Einer der beiden Partner stellt einen Spiegel dar, der andere benützt den Spiegel und umgekehrt. Der „Spiegel“ muß dabei die Bewegungen des Spiegelbenützers nachmachen. Dabei ist zu beachten, daß der Spiegel ein virtuelles Bild erzeugt, bei dem rechts und links vertauscht sind. Die Bewegungen sollen in Zeitlupe ablaufen und die Spieler Augenkontakt zum Partner halten.

Spielintention: Genaues Beobachten, einfühlsames Verhalten, mimischer Ausdruck.

28 Statuenspiel

A	Jugendliche Erwachsene
T	8–20
Z	10 Min.

Ein oder mehrere Spieler stellen sich als „verformbarer Ton“ zur Verfügung.
Mit Gefühl formen die anderen Mitspieler aus dem „Material“ Statuen, indem einzelne Körperteile (Kopf, Arme, Beine) entsprechend in Posen und Stellungen gebracht werden.
Die geformten Statuen können Assoziationen hervorrufen. Für die entstandenen Werke lassen sich Titel finden.

Spielintention: Ideen realisieren, körperlicher Ausdruck, Spielbereitschaft wecken
Material: Evtl. Musik vom Kassettenrecorder oder Plattenspieler.

29 Wie sehe ich mich?

A	Jugendliche Erwachsene
T	8–20
Z	45 Min.

Der Spielleiter hat einen Stapel Zeitschriften mitgebracht. Jeder Spieler nimmt eine Zeitschrift, aus der er Bilder herausschneiden soll, die Situationen zeigen

a) in der er sich wiederfindet;
b) in die er nicht kommen möchte;
c) in denen er sich selbst gern sehen möchte.

Die Bilder werden auf festes Papier geklebt und in der Gruppe gemeinsam besprochen.

Spielintention: Sich der Gruppe mitteilen
Material: Für jeden Spieler ein/zwei Zeitschriften, Tapetenrolle oder Packpapier, Schere, Klebstoff.

30 Zehn Worte

Je zwei Spieler setzen sich zusammen. Einer der beiden wählt zehn Wörter, von denen er meint, daß sie für seinen Mitspieler von Bedeutung sind und in dessen Leben eine Rolle spielen.
Der Spieler, dem die zehn Wörter zugedacht sind, soll in etwa 10-15 Minuten daraus eine Geschichte schreiben und dann dem Partner vorlesen. Hierauf werden die Rollen vertauscht.

A	Jugendliche Erwachsene
T	8–20
Z	30 Min.

Spielintention: Stimulation, auf den anderen einzugehen, Anregung zum Schreiben
Reflexion: Welchen Eindruck macht die Geschichte jeweils auf den anderen?
Material: Papier und Schreibstift.

31 Traumbilder

Unsere Träume werden durch innere und äußere Reize ausgelöst. Bereits im alten Griechenland gab es Traumdeutungsversuche. Sigmund Freud baute die Traumdeutung als eine Methode der Psychoanalyse aus.
Für unser Spiel wird jeder Teilnehmer gebeten, sich an einen Traum zu erinnern und diesen in einem Bild darzustellen.
Nachdem sich jeder mit Material versorgt hat, zieht er sich in eine Ecke des Raumes zurück und beginnt zu malen. Nach etwa 20 Minuten schauen sich die Teilnehmer die Bilder jeweils zu zweit an.
Wenn der Wunsch nach einem Gruppengespräch besteht, kommen alle im Sitzkreis zusammen.

A	Jugendliche Erwachsene
T	8–20
Z	30 Min.

Spielintention: Sich Hineinversetzen, bildliche Darstellung von Empfindungen und Gefühlen
Reflexion: Was habe ich beim Malen erlebt? Wie sehe ich selbst den erinnerten Traum?
Material: Farben, Pinsel, Wasser, Papier, Unterlage zum Malen.

32 Vertauschte Rollen

A	Jugendliche Erwachsene
T	8–20
Z	45 Min.

Für Teilnehmer, die sich schon etwas länger kennen, kann dieses Spiel recht aufschlußreich und amüsant sein. Jeder Teilnehmer schreibt seinen Namen auf einen Zettel. Diese werden eingesammelt und gemischt, und jeder Mitspieler zieht einen Namen. Jeder versucht nun, etwas über „sich" zu erzählen, d. h. über denjenigen, dessen Namenszettel er gezogen hat. Die anderen versuchen jeweils zu erraten, wer gemeint ist.

Spielintention: Einfühlungsvermögen, eine andere Rolle übernehmen, Beobachtung, Wahrnehmung
Reflexion: Was teilt uns jeder über den anderen mit? Was erschien ihm dabei wichtig? Wie wird dies vom Betroffenen aufgenommen?
Material: Zettel und Schreibzeug.

33 Feuer

A	Jugendliche Erwachsene
T	8–20
Z	10 Min.

Die Spieler liegen im Raum verteilt auf dem Boden. Sie sollen bei passender Musik (evtl. auch Beleuchtung) mit ihren Körpern die Erscheinungsformen des Feuers darstellen.
Zuerst entstehen nur kleine Flammen, die wieder in sich zusammenfallen. Der Musik entsprechend werden die Flammen größer. Sie vereinigen sich mit anderen, werden immer größer und gewaltiger. Alles Brennbare wird verzehrt. Dann verlöschen die Flammen wieder allmählich.

Spielintention: Körperlicher Ausdruck, Sensibilisierung
Reflexion: Wie leicht bzw. schwer fiel mir die Darstellung des Feuers?
Material: Kassettenrecorder/Plattenspieler.

34 Partneranzeige

A	Jugendliche Erwachsene
T	8–20
Z	20 Min.

Bei diesem Spiel muß sich die Gruppe bereits etwas kennen. Durch Ziehen von Namenszetteln erhält jeder den Namen eines Mitspielers, für den er eine Anzeige zwecks Suche eines Partners formulieren soll. Nach etwa 10 Minuten werden die Anzeigen eingesammelt, gemischt und nacheinander in der Gruppe vorgelesen. Sowohl der Schreiber der Anzeige als auch der Beschriebene sind zu erraten.

Variation: Jeder Spieler formuliert eine Anzeige für sich selbst. Die Inserenten müssen dann erraten werden.
Spielintention: Wahrnehmung, Beobachtung, Einfühlungsvermögen
Reflexion: Was und wie wird geschrieben? Wie wird die Partneranzeige aufgenommen?
Material: Papier und Schreibzeug

35 Vertauschtes Sprachverhalten

A	Jugendliche Erwachsene
T	8–20
Z	20 Min.

Bei diesem Spiel eignet sich jeder Teilnehmer ein bestimmtes Sprachverhalten an, wozu der Spielleiter vorbereitete Zettel ziehen läßt, mittels derer jedem Mitspieler ein bestimmtes Sprachverhalten vorgegeben wird:

- schüchtern
- aggressiv
- überheblich
- zerstreut
- ironisch
- albern, überbetont, lustig
- weinerlich
- nervös, hektisch
- betont vornehm
- im Stil eines Marktschreiers
- viele Kraftausdrücke benutzend
- markig, zackig
- sehr gelangweilt
- gewöhnlich

Die Teilnehmer einigen sich auf ein Diskussionsthema (z. B. „Heiraten ja oder nein?" oder „Wie sollte mein Jahresurlaub aussehen?"), über das sie für ca. 10 Minuten miteinander sprechen – und zwar jeder in dem ihm vorgegebenen Sprachverhalten.

Spielintention: Sich einstellen auf eine ungewohnte Sprachrolle und Situation, Erleben sprachlichen Ausdrucks
Reflexion: Wie habe ich meine Sprachrolle erlebt? Wie habe ich auf die anderen gewirkt? Wie verlief die Diskussion?
Material: entsprechend vorbereitete Zettel

36 Händetanz

A	Jugendliche Erwachsene
T	6–16
Z	10 Min.

Je zwei Spieler sitzen mit geschlossenen Augen einander gegenüber, so daß sich ihre Hände berühren können. In Entsprechung zur Musik versuchen sie nun gemeinsam mit den Händen Bewegungen auszudrücken.

Spielintention: Sensibilisierung, Kooperation
Reflexion: Welche Empfindungen wurden ausgedrückt?
Material: Musik vom Kassettenrecorder oder Plattenspieler.

37 Eltern-Rolle

A	Jugendliche Erwachsene
T	6–16
Z	30 Min.

Der Spielleiter bittet die Teilnehmer, in die Rolle ihrer Eltern zu schlüpfen (Vater- und Mutterrolle) und sich nun über ihr Kind – d. h. über sich selbst zu unterhalten. Jeder Spieler spricht also so über sich, wie er glaubt, daß seine Eltern über ihn sprechen würden.
Das Gespräch soll mindestens 5 Minuten dauern, es kann auch wiederholt werden, indem die Spieler die Rolle des anderen Elternteils übernehmen.

Spielintention: Aufarbeitung und Bewußtmachung von Beziehungen
Reflexion: Habe ich meine eigenen Eltern in mir entdeckt? Was habe ich beim Rollentausch empfunden?

38 Verständigung mit Händen

A	Jugendliche Erwachsene
T	8–20
Z	20 Min.

Die Spieler sitzen in Kleingruppen zu jeweils 4-5 Personen kreisförmig beisammen.
Der Spielleiter bittet die Teilnehmer die Augen zu schließen, sich ganz auf sich selbst zu konzentrieren, nicht während des Spielverlaufs zu sprechen und die Augen geschlossen zu halten. Mit ruhiger Stimme sagt er dann:
„Faßt euch an den Händen und versucht, mit eurer rechten Hand die linke Hand eures rechten Nachbarn und mit der linken Hand die rechte Hand eures linken Nachbarn zu erkunden."
Nach etwa drei Minuten werden die Teilnehmer gebeten, mit ihren Händen „Neugier" auszudrücken. Alle 3 Minuten nennt der Spielleiter ein neues Gefühl, das mit den Händen ausgedrückt werden soll:

- Unsicherheit, Verwirrung
- Angst
- Arroganz
- Freude, Beglückung
- Trauer
- Zärtlichkeit.

Zum Schluß verabschieden sich die Hände voneinander, und zwar mit der Gewißheit, daß sie sich nie wieder treffen werden. Die Teilnehmer öffnen die Augen.

Spielintention: Gefühle ohne Worte ausdrücken, Erleben der Ausdruckswirkung der Hände
Reflexion: Wie habe ich die Spielrunde erlebt? Wie bin ich auf die Hände eingegangen? Welche Gefühle lassen sich mit Händen ausdrücken?

39 Telegramm

A	Jugendliche Erwachsene
T	6–20
Z	15 Min.

Je zwei Spieler sitzen sich gegenüber und schauen einander an. Jeder sagt dem anderen, was er an ihm wahrnimmt. Der Spielleiter gibt die Anweisungen:

1. Drückt die Wahrnehmung in einzelnen Wörtern aus . . . (1 Min.)
2. Keine Wörter mehr, nur noch Laute . . . (1 Min.)
3. Nur noch mimisch . . .(1 Min.)
4. Wieder einzelne Wörter . . . (1 Min.)
5. Vollständige Sätze . . . (1 Min.)

Die Spielpaare sprechen über die erlebten Eindrücke.

Spielintention: Erleben verschiedener Kommunikationsmöglichkeiten
Reflexion: Wie wurden die verschiedenen Ausdrucksweisen wahrgenommen und empfunden?

40 Rundgespräch

A	Jugendliche Erwachsene
T	10–20
Z	30 Min.

Die Spielgruppe sollte sich bereits etwas kennen. Der Spielleiter teilt in zwei gleichgroße Gruppen auf: Eine aktive Innengruppe, die über ein frei gewähltes Thema diskutieren soll und eine beobachtende Außengruppe.
Während sich der Innenkreis auf ein Thema einigt, erhalten die Mitspieler in der Beobachterrolle in einem anderen Raum genaue Instruktionen:

1. Jeder Beobachter beobachtet unauffällig nur einen Diskussionsteilnehmer. (Genau absprechen, wer wen beobachtet.)
2. Beobachtet werden Sprachverhalten, Mimik, Gestik, Dominanz, Zurückhaltung.

Die Diskussion beginnt. Sie soll etwa 10 Minuten dauern, dann geben die Beobachter ihre Rückmeldung im Zweiergespräch. Nach etwa weiteren 10 Minuten kommt die gesamte Gruppe im Stuhlkreis zum Gespräch zusammen.

Spielintention: Beobachtung, Sensibilisierung.
Reflexion: siehe oben!

41 Durchsetzungsspiel

A	Jugendliche Erwachsene
T	8–20
Z	45 Min.

„Kann ich mich durchsetzen?“ Wer hat sich diese Frage nicht schon einmal gestellt!
Für dieses Spiel bilden die Teilnehmer einen Stuhlhalbkreis. Jeweils zwei Spieler stellen im Rollenspiel eine Situation dar, in der es darum geht, sich zu behaupten.

Beispiele:

- Ein Kunde entdeckt beim Abholen seines Wagens aus der Werkstatt Kratzer im Lack.
- Ein Kunde möchte ein getragenes, mängelbehaftetes Kleidungsstück umtauschen.
- Ein Angestellter soll wieder einmal Vertretungsstunden übernehmen.
- Das Essen im Restaurant hat nicht geschmeckt.
- Eine Kundin drängt sich an der Kasse vor.
- Ein Kunde macht einem aufdringlichen Verkäufer (Vertreter) klar, daß er nichts kaufen möchte.
- Ein Hausbewohner fühlt sich ständig durch das zu laute Radio seines Nachbarn belästigt.

Jede Szene wird einzeln ausgewertet.

Spielintention: Sich behaupten und in entscheidenden Situationen durchsetzen können.
Reflexion: Wie setzten sich die Spieler durch? Wie wurde gesprochen? Welche Lösungen wurden gefunden?

42 Inselbewohner

A	Jugendliche Erwachsene
T	6–16
Z	30 Min.

Sicherlich hat schon jeder einmal davon geträumt, auf einer einsamen, aber schönen Insel zu leben – und zwar freiwillig. Bei diesem Spiel gehen wir davon aus, daß jeder Mitspieler dazu gezwungen ist, den Rest seines Lebens auf einer einsamen Insel zu verbringen.
Der Spielleiter stellt zwei Fragen:

1. Was würdest Du mitnehmen? (Bis zu sechs verschiedene Dinge, die über den elementaren Lebensbedarf hinausgehen, dürfen genannt werden.)
2. Wen würdest Du mitnehmen? (Es sind vier Personen mitzunehmen. Nicht mehr und nicht weniger! Es können beliebige Personen (auch von außerhalb der Gruppe) genannt werden.

Im Anschluß an das Spiel, das in Gruppen von 4–8 Teilnehmern durchgeführt wird, können die Spieler in ihren Kleingruppen oder vor der Gesamtgruppe über ihre Empfindungen sprechen.

Spielintention: Entscheidungen fällen, Sympathie ausdrücken
Reflexion: Wie begründe ich meine Entscheidung?

43 Party-Anzeige

A	Jugendliche Erwachsene
T	8–20
Z	20 Min.

Für dieses Spiel sollten sich die Teilnehmer bereits etwas länger kennen.

Wir wollen eine Party feiern. Das Problem ist nur, daß alle Freunde und Bekannten, die man hierzu einladen könnte, verhindert sind.

Jeder Spieler gibt deshalb eine „Zeitungsanzeige“ auf, in der er sich als Gastgeber vorstellt und seine Wünsche bezüglich der einzuladenden Gäste äußert. Dabei sollen die Spieler nicht für sich selbst, sondern für einen beliebigen Mitspieler aus der Gruppe eine Annonce aufgeben, die diesen möglichst genau charakterisiert und seine Wünsche wiedergibt. Sind alle Teilnehmer fertig, werden die „Zeitungsanzeigen“ vom Spielleiter eingesammelt und vorgelesen. Der Beschriebene soll versuchen, sich zu erkennen und dieses der Gruppe mitzuteilen, wobei er gleichzeitig den Verfasser der Party-Anzeige nennen soll.

Spielintention: Wahrnehmung des Anderen, Fremdeinschätzung und Selbsteinschätzung.
Reflexion: Erkenne ich mich in der Anzeige wieder? Was hat den Verfasser der Party-Anzeige zu seinen Aussagen bewegt?
Material: Papier und Schreibstift.

44 Was mich bewegt

A	Jugendliche Erwachsene
T	8–20
Z	30 Min.

Die Spieler werden gebeten, in Form einer Zeichnung darzustellen, was sie im Augenblick besonders beschäftigt.

Jeder sucht sich einen Platz im Raum und malt ca. 15 Minuten für sich. Danach kommen alle Mitspieler im Stuhlkreis zusammen. Wer möchte, legt sein Bild in die Mitte und äußert sich dazu.

Hinweis: Die Spieler sollten schon einige Zeit zusammengewesen sein. Es ist nicht Aufgabe des Spiels, die Bilder der anderen Teilnehmer zu interpretieren oder zu bewerten!

Spielintention: Sich mitteilen, eine Botschaft an die Mitspieler geben, sich einer Situation bewußt werden.
Material: Zeichenpapier und Filzstifte.

45 Krea-Sensi-tiv

A	Jugendliche Erwachsene
T	5–10
Z	90 Min.

Bei diesem kreativen wie auch sensitiven Spiel sitzen die Teilnehmer im Kreis. In seiner Mitte liegt ein gemischter, umgedrehter Kartenstoß mit Instruktionen. Der Spielleiter hat auch Papier und Schreibzeug bereitgelegt.

Im Uhrzeigersinn nimmt jeder Spieler nacheinander eine Karte ab, liest die Anweisung laut vor und führt sie sogleich aus. Für jeden Teilnehmer sollten 5-7 Karten im Spiel sein.

Vor Spielbeginn einigen sich die Teilnehmer auf folgende Regeln:

1. Das Spiel ermöglicht jedem Spieler Selbsterfahrungen. Es ist jedoch kein Ersatz für eine systematisch betriebene Gruppendynamik.
2. Jeder Spieler erhält für seine Spielausführung eine ehrliche und offene Rückmeldung von der Gruppe. Der Ausführende äußert sich zu den Beiträgen der Mitspieler.
3. Möchte ein Spieler eine für ihn unakzeptable Aufgabe nicht durchführen, so hat er das Recht, sie abzulehnen.

Hier nun 55 Instruktions-Vorschläge, die auf Kärtchen (DIN-A 7) geschrieben und als Spielmaterial eingesetzt werden können:

- Halte eine kurze, festliche Ansprache.
- Stelle eine „Checkliste“ für einen Besuch beim Bundespräsidenten auf.
- Formuliere für dich selbst eine Annonce als Bewerbung für deinen „Traumberuf“.
- Erzähle etwas über dich und schneide dabei kräftig auf.
- Entnimm einer beliebigen Zeitungsseite eine Begebenheit und versuche sie pantomimisch zu imitieren.
- Stelle dir vor, du wärst ein ganz winziges Teilchen und könntest deinen eigenen Blutkreislauf durchfahren. Welche „Erlebnisse“ hast du dabei. Beschreibe sie.
- Stelle pantomimisch das Aufgehen einer Blüte dar.
- Welche Dinge machen dich nervös?
- Schlage mit Stichworten eine Gedankenverbindung zwischen „Unterseeboot“ und „Goldhamster“.
- Parodiere zwei Mitspieler auf eine lustige Weise.
- Wie würdest du dich verhalten, wenn man dich in einem Kaufhaus irrtümlich als Dieb entlarven will.
- Du hast jetzt die Möglichkeit, jedem Mitspieler offen und ehrlich zu sagen, was du am liebsten mit ihm tätest.
- Imitiere die typischen Bewegungen eines Schornsteinfegers und eines Chirurgen.
- Parodiere einen bekannten Fernseh-Showmaster.
- Gewähre jedem Mitspieler eine Frage, die du ausweichend beantwortest.

- Was würdest du tun, wenn du die Zukunft anderer Menschen voraussehen könntest?
- Beschreibe eine imaginäre Begegnung mit Napoleon.
- Welche Rolle spielt die Einsamkeit in deinem Leben?
- Du bist Opernstar und trällerst in entsprechender Pose eine „Fantasie-Arie".
- Schreib einen Vierzeiler auf und lies ihn in fünf Minuten vor.
- Stelle einen Koch beim Zubereiten eines Gerichtes dar.
- Skizziere auf einem Papierbogen dein Traumhaus und stelle es in 5 Minuten vor.
- Wie sollte der Mensch beschaffen sein, mit dem du für 3 Jahre auf einer einsamen Südsee-Insel leben möchtest?
- Beschreibe den Geruch deiner Lieblingsblume. Welche Bilder und Stimmungen löst er in dir aus?
- Wenn man Begabungen kaufen könnte – für welche würdest du 500 000 Mark ausgeben?
- Stört es dich, wenn du in einem Restaurant allein am Tisch sitzt und jemand ein Gespräch anfangen will?
- Du sitzt a) einem Fotografen, b) einem Kunstmaler Modell.
- In welchem Jahrhundert würdest Du gern leben? Begründung.
- Was ist für dich bei einer Freundschaft besonders wichtig?
- Stelle 3 Körperhaltungen dar, die gelöste Selbstzufriedenheit ausdrücken.
- Gibt es eine Charaktereigenschaft, die dir schon einmal sehr geschadet hat?
- Parodiere einen Meister-Friseur beim Kreieren einer neuen Frisur.
- Wie würdest du das Wesen eines „typischen" a) Chinesen, b) Amerikaners, c) Spaniers pantomimisch darstellen?
- Sage jedem Mitspieler, was du besonders an ihm magst.
- Halte pantomimisch eine Rede vor einer Versammlung der Imker-Vereinigung.
- Sage jedem Mitspieler etwas, von dem du annimmst, daß es ihn überrascht.
- Nenne 3 Argumente, die für die Großfamilie sprechen.
- Was würdest du fragen, wenn du als Journalist „J. R. Ewing" aus der Fernsehserie „Dallas" interviewen solltest?
- Drücke pantomimisch die Gefühle aus, die Kaiser Nero als Zuschauer bei den Spielen in seinem römischen Amphitheater hatte.
- Worüber hättest du gern mit Salvador Dali sprechen mögen, wenn ein Gespräch möglich gewesen wäre?
- Welche pantomimischen Möglichkeiten hast du um zu signalisieren: „Ich möchte nicht mehr allein sein"?
- Nenne drei Argumente, die gegen die Großfamilie sprechen.
- Was hältst du vom Weinen in Gegenwart anderer?
- Stelle eine verwandtschaftliche Beziehung zwischen dir und W. A. Mozart dar.

- Äußere einem Mitspieler gegenüber einen erfüllbaren und einen unerfüllbaren Wunsch.
- Imitiere drei deiner ehemaligen Lehrer.
- Worin unterscheidest du dich von Cassius Clay bzw. von Marylin Monroe?
- Du kandidierst für eine Partei. Stelle mit einigen Sätzen dich und dein Programm vor.
- Schreibe für jeden Spieler einen Fantasienamen auf, der sein Wesen zum Ausdruck bringt. In 5 Minuten werden die Namen vorgelesen.
- Interpretiere drei beliebige Verkehrszeichen als Ratschläge für den Umgang mit deinen Mitmenschen.
- Stelle die Redegesten von zwei Politikern dar, die erraten werden sollen.
- Spiele pantomimisch einen selbstgewählten Werbespot.
- Zeichne drei Gegenstände auf einen Papierbogen, aus denen ein von dir gewählter Spieler eine Kurzgeschichte entwickeln soll.
- Beschreibe deine Kleidung, die du in 20 Jahren tragen wirst.
- Wenn es eine Pille gäbe, mit der du 250 Jahre alt werden könntest, würdest du sie nehmen und was hättest du dann vor?

Selbstverständlich kann die Spielgruppe eigene Instruktionen (Anweisungen) erfinden und ins Spiel bringen. Der Schwierigkeitsgrad der einzelnen Aufgaben ist unterschiedlich. Vor Spielbeginn können die Karten vom Spielleiter zusammengestellt werden.

Spielintention: Abbau von Hemmungen, Selbstdarstellung, sprachlicher und mimisch-gestischer Ausdruck, Kommunikation, Kritik äußern und annehmen, Ideen ausdrücken.

Reflexion: Auf Wunsch des einzelnen Spielers nach seiner Spielausführung.

Material: Pro Spieler 5-7 vorbereitete Spielkarten; Schreib- und Zeichenpapier, Filzstifte, Zeitungen.

2. DARSTELLENDE SPIELE

Definition und Funktion

Gesellige Kleinspielformen – Spontane Spiele mit Sprache, Mimik und Gestik
Pantomime
Scharaden

Stegreifspiel
- „Black-out's" – Gespielte Witze
- Sketche

Laienspiel
- Textspiel
- Kabarett

Rollenspiel
Planspiel
Handpuppenspiel
Schattenspiel

Technisch-mediales Spiel
- Hörspiel – Kassettenrecorder und Tonband
- Filmen
- „Fernsehen selber machen"

Definition und Funktion

Im darstellenden Spiel werden sprachliche und körperliche Ausdrucksmöglichkeiten ebenso angesprochen wie der Gefühlsbereich, die Spontaneität und Phantasie der Spieler. Im gemeinsamen Spiel, in der Begegnung mit anderen werden soziale Kontakte ermöglicht und gefestigt.
Zu den Formen des darstellenden Spiels gehören Pantomime und Scharade ebenso wie Stegreif- und Laienspiel, Rollen- und Planspiel; aber auch Kleinspielformen, bei denen Sprache, Mimik und Gestik eingesetzt werden.

Darstellendes Spiel ist ein ausgezeichnetes Kommunikationstraining. Es versteht sich als

- *Ausdruckstraining* (nicht-verbales Spiel)
  Gestik und Mimik werden erprobt. Die Vielfalt körperlicher Ausdrucksmöglichkeiten wird erfahren (Pantomime, Scharade, Nachahmungsspiele).
  Nachahmungsspiele erfordern eine genaue Beobachtung von Geschehnissen und Personen, um das Gesehene reproduzieren zu können.
  Durch die Nachahmung von Personen wird unwillkürlich die Aufmerksamkeit stärker auf das Verhalten der Mitmenschen gelenkt. Zum einen kann es dabei zur Typisierung kommen, indem bestimmte Verhaltensweisen überspitzt dargestellt werden, zum anderen wird die Differenzierungsfähigkeit trainiert.
  Beides ist erforderlich, um Verallgemeinerungen und Vorurteile abzubauen.

- *Sprachtraining* (verbales Spiel)
  Umgang mit der Sprache: Erfahren von Lautstärke, Tonfall (hoch und tief), Artikulation, Betonung, Sprechgeschwindigkeit und Sprechpausen; Wortschatzerweiterung.
  Das Kennenlernen der Ausdrucks- und Modulationsfähigkeit der Stimme ist eine wichtige Selbsterfahrung.
  In Diskussionen, Gesprächen oder Konfliktsituationen kann die Modulationsfähigkeit der Stimme bewußt und gezielt eingesetzt werden.
  Das Erkennen der eigenen sprachlichen Ausdrucksmöglichkeiten fördert z. B. im problemorientierten Rollenspiel die individuelle Differenzierungsfähigkeit und die Fähigkeit des Zuhörens, die für ein sinnvolles Kommunizieren unumgänglich sind. Darstellende Spiele als Sprachtraining zeigen auch Möglichkeiten auf, sich vor sprachlichen Manipulationen zu schützen.
  Im verbalen Spiel wird die Vielfalt sprachlicher Ausdrucksmöglichkeiten erlebt:

  - Emotionen werden sprachlich (und mimisch) sichtbar gemacht (Freude, Zuneigung, Ärger, Trauer, Zorn, Aufregung usw.)
  - intensives Sprechen
  - Lautstärke (Eindringlichkeit)
  - spannendes Erzählen
  - Flüstern
  - Wortschatzerweiterung und Verbalisierung der Gefühle (jeweils abhängig von der durchlaufenen Sozialisation in Elternhaus und Schule).

– *Training sozialen Handelns*
Im problemorientierten Rollenspiel wird den Spielern ermöglicht, erlebte Konflikte und Probleme zu analysieren und verschiedene Wege der Konfliktlösung zu erproben.
Die Reflexion einer fiktiven bzw. konkreten Situation hilft, Aufschlüsse über eigenes Verhalten und Reaktionen der Umwelt zu erfassen und zu erkennen.
Durch Rollentausch, der vom Spielleiter angeregt wird, können stereotype Rollenauffassungen aufgebrochen werden. Rollenspiel wird somit nicht zum Selbstzweck, sondern eröffnet konkrete Erfahrungen im Umgang mit Konflikten und möglichen Lösungsformen innerhalb der unmittelbaren Umwelt. Das problemorientierte Rollenspiel kann dem Erzieher verdeutlichen, wie die Mitglieder seiner Gruppe (Kinder, Jugendliche, Erwachsene) ihre Konflikte erleben und bewältigen.

Mit einfachen Spielformen beginnen

Um unsichere, gehemmte Spieler zu motivieren und für die Übernahme einer Rolle zu gewinnen, ist es besonders wichtig, sie an der Wahl der Spielinhalte und Spielformen zu beteiligen.
Die Thematik muß für die Spieler bedeutsam sein und ihrem Darstellungsvermögen entsprechen. Die Umsetzung eines Themas in ein darstellendes Spiel ist ein kreativer Prozeß, an dem alle – Spieler und Spielleiter – in gleicher Weise beteiligt sind.
Darstellende Spiele lassen sich frei oder gebunden spielen. Beim freien Spiel ist der Phantasie der Akteure keine Grenze gesetzt. Beim gebundenen Spiel (z. B. mit vorgegebenem Text) bestehen Regeln, die den Spielrahmen bestimmen.
Es empfiehlt sich, mit leichten Kleinspielformen und geselligen Spielszenen zu beginnen, bei denen auch „geblödelt“ und experimentiert werden darf.

Allgemeine Lernziele des darstellenden Spiels

- Freude und Vergnügen erleben
- Phantasie entwickeln und freisetzen
- Denkfähigkeit und Wissenserweiterung fördern
- Selbstsicherheit gewinnen und Selbstbeherrschung üben
- Kommunikationsschulung und Förderung der Kooperationsfähigkeit
- Förderung körperlicher und sprachlicher Fähigkeiten durch das Kennenlernen verschiedener Ausdrucksmittel
- Einfühlungsvermögen wecken und vertiefen
- Trainieren der Beobachtungs- und Kombinationsfähigkeit und des Reaktionsvermögens
- Beziehungen mit anderen aufnehmen; Miteinander-Umgehen (Geduld und Rücksichtnahme)
- selbst in Aktion treten, Selbsttätigkeit erfahren
- therapeutische Funktion des Spiels (z. B. beim Rollenspiel)

Gesellige Kleinspielformen – Spontane Spiele mit Sprache, Mimik und Gestik

Kleinspielformen sind besonders geeignet, das „Eis zu brechen", d. h. in spielungeübten Gruppen die Atmosphäre aufzulockern und die Spielbereitschaft zu fördern.

Spielvorschläge:

46 Prominententreffen

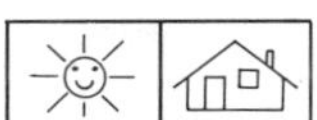

A	Jugendliche Erwachsene
T	10–20
Z	15 Min.

Bei diesem Spiel, das sich besonders als Eröffnungsspiel eignet, treffen sich sehr prominente Persönlichkeiten.
Ludwig van Beethoven kann ebenso dabei sein wie Albert Einstein, Franz Joseph Strauß, Heinz Rühmann oder Königin Elisabeth II..
So können Tarzan und Donald Duck aufeinander treffen oder sich Udo Lindenberg, Julius Cäsar und Brigitte Bardot unterhalten. Zu Beginn heftet der Spielleiter jedem Mitspieler mit einer Stecknadel eine Karte (ca. 7 × 10 cm), die den Namen einer bekannten Persönlichkeit trägt, auf den Rücken. Der Spieler selbst weiß nicht, wer er ist.
Haben alle einen Namen erhalten, suchen sie sich Gesprächspartner, um zu erfahren, in wessen „Haut" sie gesteckt wurden. Durch einen Blick auf den Rücken seines Gegenübers, weiß der Spieler, mit wem er es zu tun hat.

Gegenseitig stellt und beantwortet man sich jetzt Fragen, die Hinweise auf die „eigene“ Identität geben (z. B.: Bin ich ein Politiker? Bin ich eine Frau? Lebe ich noch? Handelt es sich bei mir um eine fiktive Figur? usw.).
Das Spiel endet, wenn sich alle Spieler selbst erkannt haben. Sollte es für einzelne „Prominente“ zu schwierig werden, sich zu erkennen, kann der Spielleiter kleine Hilfestellungen geben. Der Schwierigkeitsgrad der zu ratenden Persönlichkeiten, d. h. ihre Bekanntheit sollte auf die Gruppe abgestimmt sein.

Spielintention: Kontaktaufnahme wird gefördert, Anregung zum Gespräch.
Material: Stecknadeln, vorbereitete Karten.

47 Fototheater

A	Jugendliche Erwachsene
T	8–20
Z	60 Min.

Die Spieler sitzen im Kreis. In der Mitte liegen Abbildungen ausgebreitet, die miteinander sprechende Menschen zeigen. Je zwei Spieler einigen sich auf ein Bild und verabreden außerhalb des Spielkreises ein dazu passendes Gespräch. Nach einer Vorbereitungszeit von etwa 3 Minuten führen die Paare ihre Gespräche vor, während die anderen die Aufgabe haben, das entsprechende Foto herauszufinden.

Spielintention: Genaues Beobachten, Einfühlungsvermögen, Ausdrucksfähigkeit.
Material: 15 bis 20 aus Illustrierten ausgeschnittene Fotos, die Menschen im Gespräch zeigen.

48 Kamera läuft!

A	Jugendliche Erwachsene
T	10–25
Z	30 Min.

Bei diesem Spiel geht es recht lebhaft zu. Der Spielleiter muß sich besonders gut vorbereiten, um als Regisseur „Filmaufnahmen“ zu arrangieren. Von seinem „Drehbuch“ hängt das Gelingen ab. Alle spielen mit. Es soll eine Szene aufgenommen werden, für die der Regisseur viele Darsteller, ein Kamerateam und andere Mitarbeiter (z. B. Techniker) benötigt. Damit das Spiel allen Spaß macht und die Szene gelingt, muß der Regisseur recht streng mit seinen Darstellern umgehen.
Der Regisseur baut die Szene auf: „Ritterfilm, 4. Szene. Wald – wir benötigen einige Requisiten, z. B. einige Bäume, die sich im Wind biegen. Wir brauchen einen König, mehrere Ritter, Pferde, Hunde, Burgfräuleins . . .“. Es liegt am Regisseur, welche Personen noch benö-

tigt werden. Alle Anwesenden werden mit einbezogen. Die etwas zaghaften Mitspieler können z. B. als „Geräuschemeister“ fungieren und für einen kräftigen Wind (Donner/Gewitter usw.) sorgen, sobald solche Geräusche für die Szene benötigt werden.
Nacheinander wird nun mit den einzelnen Darstellergruppen geprobt, bis die Szene filmreif im „Kasten“ ist. Sofern der „Ton“ nicht geklappt hat, die Beleuchtung oder eine Kamera (keinen Film eingelegt) nicht funktionierte, muß die Szene noch einmal gespielt werden.
Wie gesagt: Es liegt am Geschick des Regisseurs, ob aus einer Krimi-, Abenteuer- oder Science-fiction-Szene ein Spielspaß für alle wird.

Spielintention: Improvisation, Situationskomik, Spontaneität, Ausdrucksfähigkeit.

49 Nonsens-Runde

A	Jugendliche Erwachsene
T	6–20
Z	20 Min.

Nonsens-Gespräche, d. h. sinnlose und törichte Gespräche können besonderes Vergnügen bereiten. Wenn sie einen Sinn haben, so den, verrückte Ideen zu produzieren, die freie Rede zu üben und Spaß zu machen.
Es können Rollen verteilt und Parteien gebildet werden. Ebenso kommt es vor, daß die Spieler ihre Rollen erst im Spiel suchen.
Themen für Nonsens-Gespräche können z. B. sein:

- Schleswig-Holstein erhält ein Gebirge.
- Welche Vorteile bringt die Überdachung der Ostsee?
- Was würden Sie zu Ihrem Fernsehapparat sagen, wenn er auf einem freien Wochenende bestünde?
- Hat Einstein oder Donald Duck der Menschheit einen größeren Dienst erwiesen?
- Was passiert, wenn die Uhr ins Laub fällt?

Lassen Sie sich weitere „unmögliche“ Themen einfallen und „nonsensieren“ Sie drauflos.

Variation: Ein Nonsens-Thema kann auch als „Expertenvortrag“ gehalten werden. Am Ende seines Vortrages bittet der Redner das Publikum Fragen zu stellen, auf die er mit „überlegener Sicherheit“ eingeht.
Spielintention: Redegewandtheit, Schlagfertigkeit, Humor.

50 Radio

Wie beim Schattenspiel wird zwischen Publikum und Akteuren ein Tuch gespannt (z. B. in eine geöffnete Tür). Eine Gruppe von Teilnehmern führt nun der anderen Geräusche einer kurzen Handlung vor, die von den „Radiohörern" erraten werden müssen.
Beispiele: In einer Hotelküche, beim Friseur, auf dem Bahnhof, beim Masseur, usw.
Die Hörer machen sich Notizen. Wurden die einzelnen „Sendungen" erkannt?

A	alle
T	8–30
Z	10 Min.

Spielintention: Vorstellungsvermögen
Material: Ein Laken oder eine Stellwand, Papier und Schreibzeug.

51 Standbilder

Die Spielgruppe wird in mehrere Kleingruppen aufgeteilt. Jede von ihnen soll statisch eine Szene aus einem Film oder ein Ereignis, z. B. aus der Weltgeschichte, Literatur oder Politik darstellen.
Die Akteure spielen nicht, sondern bauen sich zu einer Szene auf, wie wir sie vom Wachsfigurenkabinett her kennen (z. B. Wilhelm Tell's Apfelschuß). So verharren sie bewegungslos. Der Szenenausschnitt wird erraten oder erhält einen Titel. Die das Bild stellenden Personen antworten auf Fragen der anderen Teilnehmer.

A	Jugendliche Erwachsene
T	5–20
Z	10 Min.

Spielintention: Darstellungs- und Beobachtungsfähigkeit.

52 Münchhausen-Club

Karl Friedrich Hieronymus Freiherr von Münchhausen (1720-1797) war der Urheber höchst unglaublicher, anekdotisch gefaßter Abenteuergeschichten, die ihm den Beinamen „Lügenbaron" einbrachten. Nahezu 200 Jahre später gibt es zumindest einen Club auf der Welt, dessen Mitglieder sich in regelmäßigen Abständen treffen, um sich Lügengeschichten zu erzählen.
Versuchen Sie es selbst einmal. Ein gemütlicher Gruppenabend, er kann schon rechtzeitig als Münchhausen-Abend angekündigt werden, bringt Erzählern wie Hörern gleichermaßen Spaß. Wer erzählt mit möglichst wenigen Sätzen die unglaublichste Lügengeschichte?

A	Jugendliche Erwachsene
T	4–10
Z	120 Min.

Spielintention: Phantasie, Erzählenkönnen, Redegewandtheit.

53 Insel-Expedition

A	Jugendliche Erwachsene
T	9–15
Z	45 Min.

Die Spielgruppe ist mit einem Schiff an einer Insel, fern von jeglicher Zivilisation, gestrandet. Mehrere Kleingruppen (3 Spieler) verlassen das Schiff (und somit den Spielraum), um Beweise zu sammeln, daß hier ein menschliches Leben möglich (Variation: nicht möglich) ist. Die Beweise müssen mitgebracht und erklärt werden. Für die Expedition stehen jeder Gruppe fünf Minuten zur Verfügung.

Spielintention: Originelle Einfälle äußern.

54 Unsichtbare Masse

A	alle
T	6–20
Z	15 Min.

Der Spielleiter gibt im Stuhlkreis eine unsichtbare, verformbare Masse herum. Jeder Mitspieler formt daraus irgendeinen Gegenstand, verwendet ihn entsprechend, knetet dann die Masse wieder zusammen und reicht sie dem Nächsten.

Variation: Alle Spieler stellen ein Musikinstrument her, das anschließend im „Orchester" (mit oder ohne Geräusch) gespielt wird.
Spielintention: originelle Ideen umsetzen.

55 Marionette

A	alle
T	8–20
Z	10 Min.

Eine Marionette ist eine durch Drähte und Schnüre von oben her zu bewegende Gliederpuppe.
Für dieses Spiel sitzen die Teilnehmer zu Paaren im Raum verteilt. Ein Partner ist die Marionette, die vom anderen bewegt wird. Arme, Beine und Rumpf werden gelenkt. Beide Spieler sollten versuchen, sich intensiv aufeinander einzustellen. Nach etwa 3 Minuten erfolgt ein Rollenwechsel.
Das „Marionettenspiel" kann musikalisch untermalt werden.

Spielintention: Kooperation, Kontakt zum Mitspieler
Material: Kassettenrecorder/Plattenspieler.

56 Schmuggler-Ausreden

A	Jugendliche Erwachsene
T	8–20
Z	20 Min.

Der Spielleiter informiert die Teilnehmer: „Wir befinden uns an einer Zollstation, über die schon sehr oft Schmuggler gekommen sind. Meist wurden diese jedoch von aufmerksamen Zöllnern ertappt." So soll es auch diesmal sein.

Der Spielleiter läßt zu Beginn des Spiels Gegenstände einsammeln, die „nicht ausgeführt werden dürfen".
Die ertappten Schmuggler versuchen nun, sich möglichst originell aus ihrer Situation herauszureden, um ungeschoren durch den Zoll zu kommen.
Falls es die Spielgruppe wünscht, kann eine Jury entscheiden, ob der jeweilige Schmuggler passieren darf.

Spielintention: Schlagfertigkeit, Redegewandtheit
Material: beliebige Gegenstände (Armbanduhr, Vase, Kugelschreiber, Feuerzeug, usw.).

57 Grimassen schneiden

A	**alle**
T	**3–20**
Z	**10 Min.**

Ein uraltes Spiel, das vom Akteur viel Selbstbeherrschung verlangt.
Ein Spieler zieht eine Grimasse und streicht dann mit der Hand von oben nach unten über sein Gesicht (es kann auch ein Stück Pappe benutzt werden), als würde er eine Maske abnehmen. Die Grimasse ist gelöscht. Nun deutet er auf einen anderen Spieler, der eine neue Grimasse schneidet.

Variation: Die Grimassen werden vorher thematisch festgelegt; z. B. Übermut, Freude, Angst, Zorn, Wut, Wehmut.
Spielintention: Selbstbeherrschung, mimischer Ausdruck.

58 Gummi-Grimassen

A	**alle**
T	**2–20**
Z	**5 Min.**

Hinreißende Fratzen werden geschnitten, wenn jeder Teilnehmer einen Gummiring erhält, den er so über den Kopf streift, daß er vorne auf der Nasenspitze und hinten im Nacken liegt. Ohne die Hände zu benutzen – nur durch Grimassen – soll nun jeder Spieler den Gummiring von der Nase bis zum Hals herunterarbeiten.

Spielintention: Geschicklichkeit, Auflockerung.
Material: Pro Spieler ein Gummiring.

59 Vereinsspiel

A	Jugendliche Erwachsene
T	10–20
Z	15 Min.

Bei diesem Spiel kommt es darauf an, daß einige Spieler möglichst verschlüsselt einen Verein darstellen, der von den Mitspielern zu erraten ist. Dazu wird die Gruppe in mehrere Kleingruppen aufgeteilt, die einen „Vereinsvorstand" darstellen, indem sie sich miteinander unterhalten (ca. 3 Minuten) es den Ratenden dabei jedoch nicht zu leicht machen.

Spielintention: freies Sprechen, genaues Zuhören.

60 Wer ruft an?

A	Jugendliche Erwachsene
T	8–20
Z	15 Min.

Zwei Mitspieler verlassen den Raum. Draußen verabreden beide ein „Telefonat", bei dem jeder eine prominente Persönlichkeit darstellen soll. Es ist gleichgültig, ob diese Persönlichkeiten in ihrem wirklichen Leben jemals Kontakt miteinander hatten. So kann z. B. Claudia Cardinale mit Willi Brandt telefonieren, Helmut Kohl mit Rudi Carell, Cäsar mit Napoleon oder Udo Lindenberg mit Erich Honecker.
Die beiden Spieler betreten nach etwa 3 Minuten den Raum. Sie beginnen ihr Gespräch. Je nach Temperament der dargestellten Persönlichkeiten kann das Gespräch durch Gesten und Mimik untermalt werden. Um die Spannung möglichst lange zu erhalten, sollten die beiden Anrufer es den Mithörern nicht zu einfach machen und das Spiel langsam steigern.

Spielintention: Spannung
Material: Kindertelefon bzw. Dose oder Schuh (als Telefon).

61 Stumme und Taube

A	alle
T	8–20
Z	15 Min.

Aus dem Teilnehmerkreis werden zwei gleichgroße Mannschaften gebildet. Sie setzen sich einander gegenüber.
Da aber gibt es ein Problem! Die eine Mannschaft kann zwar hören, jedoch nicht sprechen; die andere kann sprechen, dafür nichts hören. Die „Tauben" stellen aus diesem Grund an die gegenübersitzenden Mitspieler eine Frage, die diese nun pantomimisch beantworten müssen. Fragt z. B. ein Tauber einen Stummen: „Wie hast Du gestern Deine Freizeit verbracht?", so deutet der Befragte einen Kinobesuch an. Er zeigt seinen Gang ins Kino, das Lösen der Eintrittskarte, das

bequeme Hinsetzen, interessiert auf die Leinwand blickend, mitgehend, vielleicht noch ein Bonbon aus der Tüte nehmend.
Es gibt zahlreiche Situationen, die sich für dieses Mannschaftsspiel eignen.
Nach einem Durchgang werden die Rollen gewechselt.

Spielintention: genaues Beobachten.

62 Nachrichtensprecher-Prüfung

A	**alle**
T	**6–15**
Z	**20 Min.**

Das Fernsehen sucht Nachwuchskräfte. Eine wichtige Voraussetzung für Moderatoren ist fehlerfreies Sprechen.
Mehrere Kandidaten aus der Gruppe stellen sich dem Wettbewerb. Jeder Spieler erhält einen vorbereiteten Text. Dabei kann es sich um aktuelle Nachrichten aus der Tageszeitung handeln oder um einen Zettel, der Schnellsprechsätze („Zungenbrecher") wie diese beinhaltet:

- Der Potsdamer Postkutscher putzt den Potsdamer Postkutschenkasten.
- Die Schleißer schleißen wohlgeschlissene Schleißenscheite.
- Der fließende Fluß voll Flöße mit flößenden Fischern.
- Sechsundsechzig sechskantige Sechseckschlüsselschränke besitzt der Popokatepetlhocheisenbahngesellschaftsingenieur.
- Metzger wetz Dein Metzgermesser.

Die Fehler werden festgehalten. Durch Aufzeichnung und Abspielen mit einem Kassettenrecorder erhält das Spiel zusätzlichen Reiz.

Spielintention: freies Sprechen, Konzentration
Material: Kassettenrecorder.

63 Tüten-Story

A	**alle**
T	**6–20**
Z	**10 Min.**

Sitzkreis. Der Spielleiter reicht eine Tüte herum mit der Bitte, einen Gegenstand hineinzulegen. Die möglichst gut gefüllte Tüte kommt nach diesem Rundgang zum Spielleiter zurück. Jeder Spieler greift nun der Reihe nach ein Stück aus der Tüte. Dazu soll eine Geschichte erzählt werden, bei der alle bereits im Spiel befindlichen Gegenstände eine Rolle spielen. Nach zwei bis drei Sätzen wird das Wort an den Nebenmann abgegeben.

Variation: Es können auch für jeden Gegenstand Schlagzeilen gefunden werden (z. B. für „Schlüssel": „Elektronische Signale ersetzen künftig den Schlüssel – Ein kleines Gerät macht es den Einbrechern schwer".).
Spielintention: Kombinieren, Sprachgewandtheit
Material: Eine Plastiktüte (oder Beutel), verschiedene Gegenstände.

64 Straßenhändler

A	alle
T	6–20
Z	10 Min.

Einen Marktschreier hat jeder schon einmal erlebt. Sein Metier ist es, ein Produkt möglichst wortgewandt an den Mann zu bringen.
Vor Spielbeginn läßt der Spielleiter im Teilnehmerkreis beliebige Gegenstände einsammeln. Aus ihnen können sich zwei Spieler je einen Gegenstand aussuchen, den sie nun der geschätzten Käuferschar anpreisen. Daß der angebotene Gegenstand ganz besondere Vorzüge hat, versteht sich wohl von selbst.
Wer erweist sich als besonders ausdauernder Anpreiser seiner Ware? Welcher Händler muß zuerst lachen?

Spielintention: Wortgewandtheit, Selbstbeherrschung
Material: beliebige Gegenstände wie Kugelschreiber, Kamm, Portemonnaie, Radiergummi, Handschuh, Aschenbecher.

65 Komische Oper

A	Jugendliche Erwachsene
T	8–20
Z	10 Min.

Die Teilnehmer ziehen Zettel, auf denen eine kurze Handlung skizziert ist, die nachgespielt werden soll und zwar in Form einer Opern- oder Operettenszene. Natürlich wird dabei gesungen.
So versucht z. B. ein Vertreter an der Haustür einer Hausfrau einen Staubsauger zu verkaufen oder ein Arzt teilt seinem Patienten die Diagnose mit.
Die Fragen werden im schnellen Wechsel hoch oder tief, fröhlich oder traurig, schnell oder langsam gesungen und mit pathetischen Bewegungen unterstrichen.
Der Spielleiter sollte genügend Zettel mit kleinen Handlungen für zwei bis drei Personen vorbereiten.

Spielintention: Originalität, Ausdruck
Material: vorbereitete Zettel mit kurzen Handlungen.

66 Versteckte Eigenschaften

A	alle
T	6–20
Z	5 Min.

Ein Mitspieler wird nach draußen geschickt. Die anderen Spieler suchen sich gemeinsam ein Eigenschaftswort, das der wieder hereingeholte Spieler durch Fragen erraten soll. Die Mitspieler müssen dabei in einer Art antworten, die bezeichnend für das gesuchte Wort ist. Hat sich z. B. die Spielrunde auf das Wort „nervös“ geeinigt, würden die Mitspieler ihre Antworten unkonzentriert, unruhig, eben nervös geben.

Andere Wörter können z. B. „schnell“, „unhöflich“, „überheblich“, „zurückhaltend“ oder „vornehm“ sein.

Spielintention: Ausdrucksfähigkeit, Selbstbeherrschung, Beobachtungsfähigkeit.

67 Drei Wünsche

A	Jugendliche Erwachsene
T	6–15
Z	20 Min.

Die berühmten drei Wünsche, die eine gute Fee freigibt, stehen im Mittelpunkt einer Spielrunde, die gemütlich im Stuhlkreis stattfindet.
Jeder Teilnehmer kann erzählen – und dabei träumen und phantasieren, was er tun würde, wenn er

1. Eine Million gewinnen würde,
2. die Gedanken anderer lesen könnte,
3. sich aussuchen dürfte, als was, wo und wann er nochmals auf die Welt kommen könne.

Spielintention: Wünsche und Bedürfnisse äußern können.

68 Zwei in einem

A	Jugendliche Erwachsene
T	6–20
Z	15 Min.

Ein Stegreifredner erhält zwei Themen, die möglichst nichts miteinander zu tun haben. Er hat nun die Aufgabe, innerhalb einer festgelegten Zeit (z. B. in 2 Minuten) eine sinnvolle Überleitung von dem einen zum anderen Thema zu finden.
Beispiel: Der Redner erhält die Themen „Mit dem Heim-Computer ins Jahr 2 000“ und „Trimmen durch Aerobic“.
Es empfiehlt sich, an mehrere Spieler gleichzeitig vorbereitete Themenzettel auszuteilen.

Spielintention: Kombinationsgabe, Sprachgewandtheit.
Material: vorbereitete Zettel mit verschiedenen Themen.

69 Gefriertanz

A	alle
T	10–30
Z	5 Min.

Die Spieler stehen einzeln im Raum verteilt. Der Spielleiter sagt ihnen, daß ihre Körperteile „eingefroren“ sind und erst allmählich wieder aufgetaut werden.
Zu einer rhythmusbetonten Musik werden vom Spielleiter durch Ansage die einzelnen Körperteile in Abständen von ca. 10-15 Sekunden „aufgetaut“

Vorschlag für die Reihenfolge: Stirn – Kopf – Finger – Hände – Schultern – Oberkörper – Hüften – Beine – ganzer Körper.
Die Spieler bewegen schließlich ihren ganzen Körper.
Nun erfahren sie, daß sie wieder „eingefroren" werden. Es erfolgt die Rücknahme der Bewegungen: . . . Beine – Hüften – Oberkörper . . .

Spielintention: Erleben der körperlichen Bewegungsmöglichkeiten; Erfahren der Spannung, sich nicht bewegen zu dürfen, Körperbeherrschung.
Reflexion: Wie habe ich das Spiel erlebt? Wie habe ich die Musik erfahren?
Material: Kassettenrecorder/Plattenspieler mit rhythmusbetonter Musik.

70 Versteinerungstanz

A	alle
T	10–30
Z	5 Min.

Es werden Tanzpaare gebildet, die sich zu einer flotten Musik möglichst figurenreich bewegen. Setzt die Musik plötzlich aus, so müssen die Paare in der jeweiligen Stellung bewegungslos verharren. Wer sich bewegt, scheidet aus. Die Musik setzt nun wieder ein, usw. . .
Unterschiedliche zeitliche Abstände zwischen den einzelnen Musikstücken steigern den Überraschungseffekt.
Ausgeschiedene Mitspieler können als „Schiedsrichter" mithelfen.
Da für dieses Spiel keine besonderen Fähigkeiten als Tänzer vorausgesetzt werden, ist die Gefahr, sich beim Ausscheiden blamiert zu fühlen, sehr gering.

Spielintention: Reaktionsvermögen, Überraschungseffekt.
Material: Kassettenrecorder/Plattenspieler mit flotter Musik.

71 Dem Krokodil die Zähne putzen

A	alle
T	8–20
Z	10 Min.

Der Spielleiter gibt Zettel und Schreibzeug aus. Die Teilnehmer sollen lustige Ideen aufschreiben, die sich pantomimisch darstellen lassen.
Nach dem Einsammeln der Zettel zieht jeder Spieler einen solchen und stellt die entsprechende Situation dar. Die anderen raten, worum es sich handelt.

Beispiele:

- sich über einen mit Alarmdrähten überzogenen Boden schleichen
- in einem Porzellanladen dem Angriff einer Wespe ausweichen
- einem Pferd die Hufe beschlagen
- einem Elefanten die Ohren säubern
- jemanden aus einem Sumpf ziehen
- einem Krokodil die Zähne putzen

Spielintention: pantomimischer Ausdruck

72 Geschichte aus dem Karton

A	alle
T	12–20
Z	20 Min.

Der Spielkreis wird in mehrere Gruppen zu je 4–6 Spielern aufgeteilt. Der Spielleiter stellt einen Karton auf, in dem sich eine Fülle zusammengetragener Gegenstände befinden (z. B. Kugelschreiber, Halstuch, Gabel, Hühnerei, Kerze usw.). Ein Mitglied jeder Gruppe sucht nun blind drei Gegenstände als Requisiten heraus. Zusätzlich zieht jede Gruppe beim Spielleiter einen Zettel, auf dem eine bestimmte Spielform vorgegeben wird (z. B. Komödie, Kriminalstück, Ritterspiel, Wildweststory, Märchenspiel, Drama, Liebesgeschichte).
Aufgabe jeder Gruppe ist es nun, mit Hilfe der Requisiten und der vorgegebenen Spielform innerhalb von 5–10 Minuten ein Stegreifspiel zu improvisieren.
Nach Ablauf der Vorbereitungszeit kommen die Gruppen wieder zusammen und führen ihre Stücke vor.

Spielintention: Ideen entwickeln
Material: 1 Karton, beliebige Gegenstände, vorbereitete Zettel mit Spielformen.

73 Play-back

A	alle
T	8–30
Z	15 Min.

Beim Fernsehen erleben wir fast täglich, daß Sänger nicht „live“, sondern zur „Konserve“ bzw. zum Play-back singen. Bei diesem Parodie-Spiel, für das wir freiwillige Spieler benötigen, wird ein Kassettenrecorder oder Tonbandgerät mit verschiedenen Gesangsstücken (Opernarie, Schlagerschnulze, Punk usw.) eingesetzt.
Je ein großer Star (es können auch Phantasienamen gewählt werden) wird von einem Moderator angekündigt. Er betritt in der ihm eigenen Art die (improvisierte) Bühne. Die Musik ertönt. Der „Künstler“ öffnet den Mund und bemüht sich, durch Mimik und Gestik das Publikum von seiner Kunst zu überzeugen.

Spielintention: Situationskomik
Material: Tonband/Kassettenrecorder und verschiedene Gesangsaufnahmen.

74 Wahlrede in Spinneranda

A	Jugendliche Erwachsene
T	8–20
Z	10 Min.

Auf der anderen Seite der Weltkugel, in „Spinneranda“, soll das Staatsoberhaupt gewählt werden. Der Wahlkampf hier ist ebenso merkwürdig wie das Land selbst.
Es werden zwei Redner gesucht, und zwar für die „X“ -und für die „Y“-Partei.
Das merkwürdige an der Wahlrede ist nun, daß Redner X den Vertreter der Y-Partei lobt, während Herr Y seinen vermeintlichen Kontrahenten X lobt.
Mit zweideutigen Wendungen wird nun der geschickte Redner versuchen, den Gegner zu packen, ohne daß sich jedoch etwas Negatives in die Rede einschleichen darf. Zu Beginn wird für jeden Parteienvertreter eine Vorbereitungszeit von etwa 3 Minuten gegeben und eine Redezeit von ca. 2-3 Minuten festgelegt.
Die Zuhörer achten darauf, daß keine negativen Äußerungen fallen. Wer geht besonders geschickt vor?

Spielintention: Einfühlungsvermögen, Redegewandtheit
Hilfsmittel: Uhr.

75 Kettenerzählung

A	alle
T	8–20
Z	10 Min.

Die Spieler sitzen im Stuhlkreis. Einer beginnt z. B. mit: „Als ich letzte Woche abends zum Briefkasten ging, hörte ich hinter mir immer lauter werdende Schritte. Eine Gestalt kam auf mich zu. Dann passierte . . . “
Jeder erzählt zwei, drei Sätze, an den vorhergehenden Erzähler anknüpfend, und schließt jeweils mit „ . . . dann passierte . . . “.

Spielintention: Phantasie

76 Blick in die Zukunft

A	Jugendliche Erwachsene
T	6–15
Z	30 Min.

Welche Vorstellungen haben wir von unserer persönlichen Zukunft? Pläne, Wünsche, Träume und Fähigkeiten sind der Ausgangspunkt für dieses kleine Gedankenspiel, bei dem man sich am Schluß vielleicht fragen wird: Wie fühle ich mich nach diesen Aufzeichnungen? Wie ernst nehme ich mich angesichts dieser zeitlichen Dimensionen?
Die Teilnehmer erhalten vom Spielleiter dazu einen Zettel mit zehn „Denkanstößen“.

1. Beschreibe Deine private Situation im Jahre 1988. 2. Beschreibe Deine berufliche Tätigkeit im Jahre 1990. 3. Beschreibe Deine Interessen und Wünsche im Jahre 1994. 4. Beschreibe Deinen Arbeitsplatz im Jahre 1998. 5. Beschreibe Deine Wohnung im Jahre 2000. 6. Beschreibe Deine Urlaubsreise im Jahre 2002. 7. Beschreibe Deine Freizeitinteressen im Jahre 2006. 8. Beschreibe Dein Verkehrsmittel im Jahre 2010. 9. Beschreibe eine Party mit Freunden im Jahre 2012. 10. Beschreibe ein Wochenende im Jahre 2018.

Nachdem alle Teilnehmer ihre „Zukunftsberichte" aufgeschrieben haben, kommen sie im Stuhlkreis zusammen. Jeder liest vor, was er zu den einzelnen Punkten notierte.

Spielintention: Auseinandersetzung mit neuen Ideen, Besinnung, Anregung des Vorstellungsvermögens
Material: Papier, Schreibstifte, vorbereitete Zettel (siehe oben).

77 Assoziationen

A	**alle**
T	**8–20**
Z	**10 Min.**

Unter „Assoziationen" wird eine Verknüpfung von Vorstellungen verstanden, von denen eine die andere hervorruft.
Die Spieler sitzen im Stuhlkreis. Einer nennt ein Hauptwort; der nächste Mitspieler nennt ein Haupt-, Tätigkeits- oder Eigenschaftswort, das seiner Meinung nach zu diesem Begriff paßt, bis ein Teilnehmer nicht mehr weiter weiß und ausscheidet.

Beispiel:
Schauspieler ➧ Film ➧ Produzent . . . Ein Spieler weiß nicht weiter und scheidet aus. Der nächste knüpft an: Konsument ➧ Werbung ➧ Waschmittel ➧ mittellos ➧ Losverkäufer . . .

Spielintention: Kombinationsfähigkeit.

78 Was wäre, wenn . . .

A	**alle**
T	**6–20**
Z	**30 Min.**

Dieses Spiel eignet sich besonders für einen erzählfreudigen, gemütlichen Gesprächskreis.
Ein Teilnehmer gibt eine „Was wäre, wenn . . ."-Überlegung vor, zu der alle Beteiligten weitere Überlegungen beisteuern.

Hier einige Beispiele:
– Was wäre, wenn es ab morgen keine Musik mehr gäbe?
– Was wäre, wenn unsere Lebenserwartung um 200 Jahre verlängert würde?

– Was wäre, wenn ab 1988 die Welt für drei Jahre ohne Sonnenlicht auskommen müßte?
– Was wäre, wenn Menschen sich unsichtbar machen könnten, falls sie es wollten?
– Was wäre, wenn unsere Autos nicht mehr rosteten?

Spielintention: originelle Ideen und Vorschläge äußern.

79 Expertenrede

A	alle
T	8–20
Z	10 Min.

Der Spielleiter hat verschiedene Zettel mit lustigen Themen vorbereitet, die von freiwilligen „Experten“ einem Zuhörerkreis vorgetragen werden sollen. Zur kurzen Vorbereitung erhält jeder Redner 3 Minuten Zeit.

Beispiele:

„Welche Gemeinsamkeiten haben Staubsauger und Zahnbürste?“
„Worin unterscheidet sich ein Pfannkuchen von einer Schallplatte?“.

Es könnte auch folgende Aufgabe auf einem Zettel stehen:

„Du hast einem Bekannten einen Toaster gekauft. Nun bemerkst Du, daß er bereits über einen solchen verfügt. Entwickle Ideen, wie man den Toaster noch anders verwenden könnte.“

Spielintention: originelle Ideen entwickeln, Redegewandtheit
Material: vorbereitete Zettel im DIN-A-7-Format mit Themen.

80 Reizworttheater

A	Jugendliche Erwachsene
T	6–15
Z	30 Min.

Stegreifspiele lassen sich auch ausgehend von Reizwörtern entwickeln. Dazu werden vier unterschiedlichen Oberbegriffen Wörter zugeordnet und auf Karten geschrieben.
Zu folgenden Oberbegriffen werden Karten mit „Reizwörtern“ geschrieben:

	Gegenstand	Personen	Ort der Handlung	Motiv
z. B.:	Handtasche	alte Dame	Bahnhof	Ärger
oder:	Blumenstrauß	junger Mann	Telefonzelle	nervös

In Gruppen von 2–5 Mitspielern werden jetzt die zuvor vom Spielleiter gemischten Karten (für jeden Oberbegriff) gezogen.

In den einzelnen Spielgruppen erfolgt sodann eine kurze Absprache (von etwa 5 Minuten). Dann werden die kurzen Szenen nacheinander vorgeführt.
Durch das Mischen der Reizwort-Karten ergeben sich immer neue Spielsituationen.

Spielintention: Improvisation, Situationskomik
Material: Zettel bzw. Karteikarten im DIN-A-7-Format in vier verschiedenen Farben, Schreibzeug.

81 Bandwurmsatz

A	Jugendliche Erwachsene
T	8–20
Z	10 Min.

Die Spieler sitzen im Stuhlkreis. Es soll ein (möglichst origineller) Bandwurmsatz gebildet werden, bei dem jedes Wort mit dem gleichen Buchstaben beginnt. Der Anfangsbuchstabe, z. B. „H“, wird vor jeder Spielrunde festgelegt. Reihum erweitert jeder Mitspieler den Satz um jeweils ein Wort.

Beispiel:
Hans hat heute hinterm Hotel heimlich Hotdogs hinuntergeschluckt, hierauf Himbeersaft hinterhergespült.
Wie lang wird der längste Bandwurmsatz?

Spielintention: Originalität, Wortschatzerweiterung.

82 Vier im Fesselballon

A	Jugendliche Erwachsene
T	12–20
Z	20 Min.

Vier freiwillige Teilnehmer starten zu einer Ballonfahrt. Dafür werden in der Mitte eines Stuhlkreises vier Stühle zusammengerückt. Die Ballonfahrer sitzen sich gegenüber. Nachdem der Ballon auf eine Höhe von 3 000 Metern gestiegen ist, wird festgestellt, daß sich im Ballon ein Loch befindet, was unweigerlich zum Absturz führen wird, wenn nicht vorher drei Mitfahrer der Reihe nach aussteigen.
Die Insassen des Ballons haben deshalb im gemeinsamen Gespräch Gelegenheit, ihre Mitfahrer von ihrer eigenen Wichtigkeit zu überzeugen. Es darf dabei kräftig aufgeschnitten und geflunkert werden. Nach jeweils drei Minuten entscheiden die Zuschauer, wer den Ballon verläßt, bis nur noch ein Insasse übrig ist.

Reflexion: Es empfiehlt sich, am Ende des Spiels darüber zu sprechen, nach welchen Gesichtspunkten die Zuschauer den einzelnen Ballonfahrer aussteigen ließen. Welche Gefühle kamen bei dem Spiel auf?
Spielintention: Argumentieren, sich durchsetzen, originelle Einfälle äußern
Hilfsmittel: Uhr.

83 Klamotten-Kim

A	alle
T	8–20
Z	5 Min.

Beim Klamotten-Kim sitzen alle Mitspieler in einem abgedunkelten Raum. Wenn der Spielleiter das Licht für zwei Minuten ausschaltet, verändern alle etwas an ihrer Kleidung. Wie und was verändert wird, ob eine Socke ausgezogen, die Brille abgenommen, der Schal um das Fußgelenk gebunden wird, bleibt jedem selbst überlassen.
Bei wem werden die meisten bzw. originellsten Veränderungen entdeckt?

Spielintention: Beobachtung, Wahrnehmung, Originalität.

84 Bilder-Story

A	alle
T	6–16
Z	20 Min.

Der Spielleiter verteilt im Raum eine Reihe von Bildern mit verschiedenen Motiven (z. B. Personen, Landschaftsaufnahmen, Häuser, Tiere, Maschinen).
Je zwei Spieler erhalten die Aufgabe, sich gemeinsam drei Bilder herauszusuchen und dazu eine kurze Geschichte vorzubereiten. Nach 8-10 Minuten versammelt sich die Spielgruppe wieder im Stuhlkreis. Die Paare legen ihre Bilder in der Mitte aus und erzählen ihre Geschichte.

Spielintention: Einfälle verwirklichen, Kombinationsfähigkeit
Material: Bildmaterial aus Illustrierten, Kalenderblätter.

85 Optimisten und Pessimisten

A	Jugendliche Erwachsene
T	8–20
Z	30 Min.

Es werden zwei gleichgroße Spielgruppen (2-3 Teilnehmer) gebildet, wobei die eine Gruppe Menschen mit einer sehr optimistischen und die andere Menschen mit einer recht pessimistischen Weltanschauung verkörpert.
Über ein zu Beginn festgelegtes Thema (z. B. angenehmeres Leben durch mehr Freizeit?) wird für 10 Minuten diskutiert, wobei jede Seite ihre Argumente zu vertreten hat.
Am Ende entscheiden die Zuhörer oder eine gewählte Jury über die stichhaltigsten Argumente.
In mehreren Durchläufen sollten die Redner-Hörer-Gruppen gewechselt werden.

Spielintention: Argumentieren, seiner Meinung Geltung verschaffen, das Wesentliche einer Aussage erkennen.

86 Andersrum

A	alle
T	8–30
Z	10 Min.

Man sagt, der Mensch sei ein „Herdentier“ und er brauche einen Leithammel. So gibt es zahlreiche Spiele, bei denen der Spielleiter etwas vormacht, was von den Teilnehmern nachgeahmt werden soll.
Bei „Andersrum“ sollen die Spieler sich genau gegenteilig verhalten. Lacht der Spielleiter, weinen die Spieler.
Es ist gar nicht so leicht. Versuchen Sie es einmal.

Spielintention: Beobachtung, Reaktionsfähigkeit, körperlicher Ausdruck, Selbstbeherrschung.

87 Ordensverleihung

A	Jugendliche Erwachsene
T	8–20
Z	20 Min.

Ein Teilnehmer aus der Runde hat sich – ohne es zu wissen – ganz besonders verdient gemacht. Dafür soll er mit einem Orden ausgezeichnet werden.
Bei diesem recht amüsanten Stegreifspiel verläßt der Spielleiter mit einem Mitspieler den Raum, um festzulegen, wer den Orden bekommen soll und für wen die Ansprache gehalten werden soll. Dabei sollte der „Festredner“ einige Kenntnisse über den künftigen „Ordensträger“ haben; z. B. Entwicklungsgang, Beruf, Interessen, Eigenschaften, Hobbys, Freunde, Gegner, usw. .
Die versammelte Zuhörerschaft lauscht sodann andächtig dem Redner und errät den auszuzeichnenden Mitspieler.
Vorschläge für weitere Stegreifreden: Verleihung der Ehrendoktorwürde für Medizin; Empfang eines Weltumseglers im Yachthafen; Enthüllung eines Denkmals anläßlich des 150. Geburtstages eines berühmten Mannes (einer berühmten Frau); der 85. Geburtstag; seit 50 Jahren im selben Betrieb; Ansprache an einen Lottogewinner (Hauptgewinn).

Spielintention: Originalität, Redegewandtheit, freies Sprechen
Material: Papier und Schreibzeug für Notizen; ggf. einige Papporden.

88 Parlamentsspiel

A	Jugendliche Erwachsene
T	8–25
Z	30 Min.

Bei diesem Diskussionsspiel geht es um politische, aktuelle, amüsante, aber auch um absurde Themen, die in parlamentarischer Form (nach angelsächsischem Vorbild) diskutiert werden. So kann es z. B. um die strittige „Bundeswehr für Frauen?“ gehen oder um die „Einführung eines alkoholfreien Monats in unserem Land“. Ziel des Spiels ist, durch gute Argumentation den Diskussionsgegner um die Mehrheit des „hohen Hauses“ zu bringen.

Es muß nicht die eigene Überzeugung vorgetragen werden. In erster Linie geht es darum, wie die Meinung präsentiert wird. Die Gruppe bildet das Parlament. Ein Präsident wird gewählt; zwei bzw. drei Redner (Antragsteller und Gegner) stehen sich gegenüber. Jede Partei erhält 5 Minuten Redezeit. Zwischenfragen von den „Fraktionen“ sind erlaubt. Am Schluß der Debatte läßt der Präsident abstimmen. Es können mehrere Tagesordnungspunkte erörtert werden.

Spielintention: Fair streiten können, sachlich diskutieren und rhetorisch geschickt vorgehen.
Material: Papier und Schreibzeug für Notizen; eine kleine Glocke für den Präsidenten.

89 Verdrehte Sprichwörter

A	Jugendliche Erwachsene
T	8–25
Z	10 Min.

An diesem amüsanten Spiel sollten mindestens sechs Personen teilnehmen. Ein Spieler nennt die erste Hälfte eines Sprichworts und wirft dabei ein Wollknäuel einem Mitspieler zu. Dieser muß das Sprichwort möglichst schnell, aber falsch, durch Hinzufügen eines eigenen Textes ergänzen.

Einige Beispiele:

Mein Name ist Hase . . . dem hilft keine Brille.
Eigener Herd . . . rostet nicht.
Wer anderen eine Grube gräbt . . . ist Goldes Wert.
Viele Köche . . . höhlt der Stein.
Wo man hobelt . . . beißen die Hunde.
Essen und Trinken . . . bis sich die Balken biegen.

Spielintention: Originalität, schnelles Reagieren
Material: Ein Wollknäuel oder kleiner Ball.

90 Voreingenommen?

A	Jugendliche Erwachsene
T	6–20
Z	15 Min.

Bei diesem Konversationsspiel geht es um Vorurteile. Wer hat nicht auch schon einmal gehört, daß „die heutige Jugend durchwegs bequem ist und damals alles besser war“?
Ein Spieler nennt ein beliebiges Vorurteil. Es soll von den Mitspielern ad absurdum geführt werden, während er selbst versucht, seine Aussage mit Argumenten zu untermauern.

Spielintention: Möglichkeit, über das Entstehen und die Ursachen von Vorurteilen zu sprechen.

Pantomime

A	alle
T	10–30

Die Pantomime ist eine sehr alte Spiel- und Kunstform. Das Wort selbst stammt aus dem Griechischen und heißt soviel wie „alles nachahmend". Heute wird der Begriff sowohl für den Akteur als auch für das Spiel verwendet.
Haltung und Gebärden eines Menschen können oftmals mehr als Worte aussagen. Im pantomimischen Spiel ohne Requisiten und Kostüme werden darstellerische Fähigkeiten besonders aktiviert.
Einer der berühmtesten zeitgenössischen Pantomimen ist Marcel Marceau. Zu seinen wohl besten Darstellungen gehört eine Szene, in der er das langsame Älterwerden eines Menschen zeigt.
In der Arbeit mit Schülern, Jugendlichen und Erwachsenen kann es nicht darum gehen, große Meister zu kopieren. Das pantomimische Spiel läßt sich hier aber sehr gut einsetzen, um die Spielfreude der Gruppe anzuregen, Scheu überwinden zu helfen, mimische Ausdruckskraft erfahren zu lassen und selbstsicherer zu werden.
Pantomimische Spiele, wie wir sie mit Gruppen durchführen, sind unterhaltungsakzentuierte Gesellschaftsspiele. Es können Einzel- und Gruppenaufgaben vorgegeben werden.

Regeln und Hinweise für die Durchführung

1. Da das pantomimische Spiel allein von Mimik und Gestik getragen wird, müssen alle Bewegungen betont langsam ausgeführt werden. Überflüssige Bewegungen werden weggelassen.
2. Auf Requisiten und Kostüme sollte möglichst verzichtet werden.
3. Schminke kann zur optischen Akzentuierung eingesetzt werden. Bevor Fettschminke auf die Haut aufgetragen wird, sollte unbedingt die Haut mit einer Fettcreme dünn eingecremt werden. Die Schminkfarben können so besser aufgetragen und entfernt werden. Beim Abschminken empfiehlt sich das Abwischen der Farbe mit Haushaltstüchern. Das Gesicht sollte dann mit lauwarmem Wasser und Seife von möglichen Farbresten gereinigt werden.
4. Geräusche und Musikeffekte müssen sparsam und dezent eingesetzt werden.
5. Unverbindliches pantomimisches Spiel, nicht Perfektionismus und Versuche, große Meister zu kopieren, erhält die Spielfreude und ist am besten für die Gruppenarbeit geeignet.

6. Der Akteur sollte versuchen, sein eigenes Denken und Fühlen auszudrücken.
7. Bei Solo-Pantomimen ist ein Verfolgungsscheinwerfer einzusetzen; agieren mehrere Personen auf der Bühnenfläche, so muß der Aktionsraum genügend ausgeleuchtet sein.
8. Zu Beginn der Beschäftigung mit pantomimischen Darstellungen sollten nur einfache Situationen dargestellt werden; erst allmählich die Übungen steigern und an schwierigere Aufgaben herangehen.
9. Genaues Beobachten der Bewegungen, das Bedenken und Kontrollieren des Ablaufs und das mehrfache Üben der Bewegungen führt zur deutlichen Darstellung und Spielsicherheit.
10. Pantomimisch darstellen lassen sich: Rollen, Gefühle, Charaktere, Temperamente, Unarten, Eigenheiten, Tätigkeiten, Berufe und ernste bzw. lustige Begebenheiten.

> *„Worte können trügerisch sein, aber die Pantomime ist notwendigerweise einfach, klar und direkt.* Marcel Marceau

Spielvorschläge:

91 Wie ißt man Obst?

A	**alle**
T	**10–30**
Z	**10 Min.**

Wir beginnen mit einfachen Darstellungen. Je zwei Spieler sitzen im Raum verteilt einander gegenüber und führen jeder für sich die vom Spielleiter angegebenen Tätigkeiten langsam pantomimisch aus. Die Sitzordnung dient dabei der Fremd- und Selbstbeobachtung.
Der Spielleiter:

- Wie ißt man Obst (Apfel, Pfirsich, Erdbeeren, Johannisbeeren, Banane, Ananas)?
- Wie trinkt man aus verschiedenen Gläsern (Wein-, Bier-, Sektglas)?
- Wie ziehe ich einen Mantel an und aus?
- Wie handhabe ich verschiedene Geräte (Schreibmaschine, Dosenöffner, Korkenzieher, Telefon)?
- Wie fasse ich eine Vase (Dose, einen Eimer, Stuhl, Luftballon) an?

Spielintention: Sensibilisierung, Beobachtung, erste Ausdrucksübung.

92 „Beinsprache“

Es gibt verschiedene Möglichkeiten, zu gehen. Die äußeren Bedingungen beeinflussen dabei nicht selten die Gangart. An dieser spielerischen Übung können sich alle gleichzeitig beteiligen.

A	alle
T	10–30
Z	10 Min.

Der Spielleiter gibt vor:

„Wir gehen
- wie ein alter gebrechlicher Mann,
- wie eine kinderwagenschiebende Mutter,
- wie ein Angetrunkener, der torkelnd eine Straße entlanggeht,
- wie ein Soldat,
- wie ein koffertragender Mann (mit schwerem Koffer),
- wie eine Frau, die einen sehr großen Hund ausführt,
- wie zwei Freundinnen, die einen Einkaufsbummel machen.

Wir gehen (auf unterschiedlichem Untergrund)
- barfuß über heißes Straßenpflaster,
- auf moorigem Untergrund,
- auf Glatteis,
- auf ganz klebrigem Untergrund,
- durch hohen, festen Schnee,
- durch sehr hohes Gras,
- durch eiskaltes Wasser.“

Variation: Nahezu alle Bewegungsabläufe können in ähnlicher Spielform pantomimisch geübt werden; z. B.: „Wir geben weiter . . . einen vollen Eimer Wasser – ein Wattebällchen – eine glitschige Qualle – eine Stecknadel – einen zusammengerollten Igel.

Spielintention: Wahrnehmung, Sensibilisierung, Ausdrucksübung.

93 Kettenpantomime

Etwa vier bis sechs Spieler verlassen den Raum. In der Zwischenzeit einigen sich die anderen auf eine kurze pantomimische Handlung, z. B. das Wickeln eines Säuglings.

A	alle
T	10–30
Z	10 Min.

Einer der hinausgeschickten Spieler wird hereingeholt. Ein Mitspieler führt ihm die Handlung möglichst genau vor, mit dem Hinweis, daß er dem Nächsten, der hereingerufen wird, die Szene vorspielen soll. Über den Handlungsvorgang wird nicht gesprochen. Der nächste Spieler wird nun hereingerufen, usw..

Die sich dabei verändernden Handlungsabläufe und Verwechslungen werden allgemeine Heiterkeit auslösen.

Hier einige Beispiele:

- Kohlrouladen wickeln
- einen Fahrradschlauch flicken
- in der Zahnarztpraxis

- einen Reißverschluß einnähen
- einen Staubsauger auseinanderbauen und wieder zusammensetzen
- einen Elefanten waschen
- Wäsche aufhängen
- Kaffee mahlen und aufbrühen
- einen Lattenzaun anstreichen

Spielintention: Abbau von Spielhemmungen, genaues Beobachten und Wiedergeben.

94 Wer macht was?

A	alle
T	10–30
Z	10 Min.

Fünf bis zehn Spieler sollen nacheinander eine Bewegung fortführen, die von einem ersten Mitspieler begonnen wurde. Der erste stellt z. B. pantomimisch das Fahren auf einem Motorrad dar oder das Tragen eines schweren Koffers. Der zweite Spieler nimmt die Bewegung auf, der dritte führt sie fort usw.. Am Schluß wird jeder Spieler gefragt, welche Bewegungshandlungen er durchgeführt hat.

Spielintention: genaue Beobachtung, Ideen entwickeln.

95 Auf der Pirsch

A	alle
T	10–30
Z	10 Min.

Jeweils zwei Spieler haben sich vorgenommen, an einer Jagd teilzunehmen. Sie denken sich verschiedene Szenen (mindestens fünf) aus, die sie pantomimisch darstellen; z. B.:

- Ausschau halten,
- Gewehr laden,
- anschleichen,
- auf Wildschweine stoßen,
- auf einen Hasen zielen, der im Zick-Zack läuft, usw.

Die Zuschauer raten.

Spielintention: Kooperation, Entwickeln kurzer Spielszenen.

96 Szenen für einen und zu zweit

Die folgenden Spielanregungen können als Solo-Pantomime oder zu zweit durchgeführt werden. Sie bieten genügend Möglichkeiten zur freien Improvisation und sind kleine wortlose Skizzen, die von Aktion und Emotion leben.

A	alle
T	10–30
Z	30 Min.

Anregungen:

- Eine kurzsichtige Dame sucht im Kaufhaus nach einer ganz bestimmten Ware.
- Ein zerstreuter Mann sucht seinen Kugelschreiber, den er zum Schluß in seiner Jackentasche findet.
- Geschichten um eine Drehtür: z. B.: alte Dame und junges Mädchen in entgegengesetzter Richtung, Herr findet nicht den Ausgang, Polizei verfolgt Bankräuber usw.
- Zwei Spieler stellen ein Fließband bzw. eine Maschine dar.
- Verschiedene Gäste essen unterschiedliche Menüs.
- Ein unsichtbares Paket wird ausgepackt.
- Ein alter Herr zündet eine Kerze an.
- Ein Pizzabäcker beim Herstellen einer Pizza.
- Chirurg merkt kurz vor Ende einer Operation, daß er dem Patienten das falsche Körperteil entfernt hat.
- Der Kellner serviert ein Menü in vier Gängen.
- Verschiedene Personen steigen an einer Haltestelle in einen Stadtbus.
- Eine alte Dame (ein Kind, ein Polizist, ein Straßenkehrer, ein Kurzsichtiger usw.) findet einen 50-Mark-Schein.
- Kundin im Textil- bzw. Schuhgeschäft beim Anprobieren eines zu engen/zu großen Kleidungsstücks.
- Ein Kind geht heimlich an den Kühlschrank.
- Energische Mutter gibt ihrem Kind Beispiele für richtiges Verhalten.
- Eine Fisch-, Obst- oder Käseverkäuferin bei der Arbeit.
- Ein unerzogenes Kind geht mit seiner Mutter durch ein Kaufhaus.

Entwickeln Sie in der Gruppe weitere Spielvorschläge. Überlegen Sie dabei gemeinsam, ob Sie der Pantomime eine groteske, elegische (gefühlvolle), lyrische oder tragische Note geben wollen. Aus der Idee und dem Stoff wird dann die Handlung entwickelt. Für Zweier-Pantomimen gelten die methodischen Vorüberlegungen:

- Eine Aufgabe wird gestellt oder von beiden Spielern selbst ausgesucht oder erdacht.
- Die Spielpartner sprechen den Handlungsablauf durch.
- Erstes Vorspielen der Szene.
- Gespräch über die Durchführung/Rückmeldung geben.
- Wiederholungen bzw. mögliche Variationen werden durchgespielt.

Spielintention: freie Improvisation, Koordination, Kooperation.

97 Redensarten

A	Jugendliche Erwachsene
T	10–20
Z	15 Min.

Auch Redensarten lassen sich pantomimisch darstellen. Der Spielleiter hat dazu kleine Aufgabenzettel vorbereitet, die von den Teilnehmern gezogen werden. Es wird spontan gespielt.

Beispiele:

- jemandem Hörner aufsetzen
- ins Fettnäpfchen treten
- jemanden ins Boxhorn jagen
- den Faden verlieren
- ein Auge auf den anderen werfen.

Spielintention: Assoziationsfähigkeit, bildhaftes Denken.

98 Scherzpantomime

A	alle
T	10–30
Z	10 Min.

Es werden zwei gleichstarke Gruppen gebildet. Jede denkt sich eine lustige Tätigkeit aus, die den anderen gestenreich vorgeführt wird (z. B. das Suchen und Wiedereinsetzen einer verlorengegangenen Kontaktlinse; Klebstoff verschmieren und nicht mehr von den Fingern abbekommen usw.). Das Raten und Vorführen der Szenen findet im Wechsel statt.

Variationen: Der Spielleiter läßt von jeder Gruppe Zettel ziehen, auf denen Aufgaben stehen, die pantomimisch gelöst werden sollen. Oder: Statt Tätigkeiten müssen ausgefallene Berufe erraten werden. Die Szenen lassen sich von einem oder mehreren Spielern gleichzeitig darstellen.

Spielintention: Spaß am Raten, genaues Darstellen und Beobachten.

99 Millionengewinn

A	alle
T	10–20
Z	15 Min.

Du hast im Lotto gewonnen! Jeder Spieler wird gebeten, sich jeweils 3 Unternehmungen auszudenken, die er pantomimisch darstellt.

Beispiele:

- Kauf eines großen Autos
- in der Sonne liegen unter Palmen
- Schmuckkauf
- im Flugzeug fliegen

Die Zuschauer raten.

Spielintention: Ideen entwickeln.

Scharaden

Das Scharadenspiel ist eine sehr alte Unterhaltungsform. Das Wort stammt aus dem Französischen (la charade – die Silbe). Scharaden sind gespielte Silbenrätsel.
Beim Scharadenspiel sind Darsteller und Zuschauer Partner. Es erfolgt eine unmittelbare Kontaktaufnahme, da der Zuschauer in der Rolle des Ratenden ist.
Die Scharade kann von der einfachen Spielform mit geselligem Charakter bis zur künstlerisch feingliedrigen, anspruchsvollen Darstellung reichen.
T. Budenz und E. J. Lutz schreiben in ihrem „Werkbuch für Scharadenspiele" (1964), daß bei dieser Spielform das Spielen wichtiger sei als das Raten, und heben hervor:
„Es ist wirkungslos, durch schwierige Scharadenwörter, verschleiertes Spiel oder komplizierte Szenenfolgen den Zuschauer „reinlegen" zu wollen. Vielmehr soll sich jedes Spielteam bemühen, das Rätselwort klar, sinngemäß und durchschaubar darzustellen. Es ist nicht Dummheit seitens der Zuschauer, wenn ein Scharadenwort nicht erkannt wurde, sondern Ungenügen seitens der Spieler. Deshalb wollen wir grundsätzlich beachten: Jede Scharade, die nicht erraten wird, wurde schlecht gespielt. Im Sinne einer frohen und natürlichen Geselligkeit fordert die Scharade die ständige taktvolle Bereitschaft gegenüber den als Zuschauer unentbehrlichen Partnern."
Der Schwerpunkt der Scharade liegt demnach eindeutig in der gespielten Darstellung. Sie bietet eine gute Möglichkeit, in klarer und knapper Aussage, Begriffe, Zusammenhänge und Szenen kurz und bündig, aber interessant und spielerisch bewegt darzustellen.

Es spricht dafür, Scharaden pantomimisch zu spielen, da bei improvisierten Sprechszenen die Gefahr des Zerredens und vorherigen Bekanntgebens besteht.
Die Scharade ist ein Gesellschaftsspiel, das Einfallsreichtum und Abwechslung verlangt. Sie lebt von der Überraschung.

Scharadenformen

Es gibt Wort-Scharaden (szenische Darstellung zusammengesetzter Hauptwörter), Scherz-Scharaden (launige Darstellung als Solonummer), Buchstaben-Scharaden (ein Wort wird in seine Buchstaben zerlegt) und Scharaden, die aus Redensarten, Sprichwörtern, Buch- oder Filmtiteln bestehen. Der Phantasie sind keine Grenzen gesetzt.

Welche Aufgaben hat der Spielleiter beim Scharadenspiel?

- Er gibt eine kurze Einführung in das Wesen der Scharade.
- Er motiviert das Publikum durch Beispiele und regt zum Mitdenken an.
- Er beschreibt die Art der Scharade und hilft beim Szenenaufbau.
- Wenn nötig, gliedert er die Szenen auf und faßt zusammen.
- Er gibt Hilfestellung und deutet an, wo die Lösung zu finden ist.
- Er stellt ggf. Hilfsmittel und Spielmaterial zur Verfügung.
- Er sorgt dafür, daß frühzeitiges Erraten seitens des Publikums bis zum Schluß zurückgehalten wird.

Zur Durchführung

In der Regel flüstert der Spielleiter einem einzelnen Spieler oder einer Gruppe Aufgaben zu, die spontan gespielt und von den Zuschauern geraten werden sollen. Dies verlangt vom Spielleiter, sich mit genügend Begriffen aus den verschiedenen Scharadeformen einzudecken. Die zu spielenden Begriffe können auf Zettel geschrieben und gezogen werden.

Spielvorschläge:

100 Wort-Scharaden

A	alle
T	10–30
Z	15 Min.

Für den Einstieg hat sich die szenische Darstellung zusammengesetzter Hauptwörter bewährt.

Beispiele:

Brillen/schlange
Klapper/schlange
Feder/halter
Luft/schloß
Floh/zirkus
Durch/fall
Gast/hof
Bank/raub
Brief/waage
Aschen/becher
Spiegel/bild
Spiel/leiter
Haus/schuhe
Stier/kampf

Wald/horn/bläser
Tisch/tennis/platte
Schall/platten/spieler
Wein/berg
Marter/pfahl
Löwen/zahn
Bauch/laden
Amts/rat
Schrift/steller
Buch/händler
Schnee/mann
Kinder/garten
Trink/geld

Etwas schwieriger darzustellende Begriffe:

Lebens/künstler
Hans/wurst
Blind/darm
Maß/liebchen
Kater/frühstück
Flug/schneise
Nerven/säge
Gedanken/strom
Konzentrations/störung
Ritter/sporn

Spielintention: Phantasie, Darstellungsvermögen, Kombinationsfähigkeit.
Material: Evtl. vorbereitete Zettel mit Begriffen

101 Scherz-Scharaden

A	**Jugendliche Erwachsene**
T	**10–30**
Z	**15 Min.**

Dies sind kurze, lustige Darstellungen, die meist von nur einem Spieler durchgeführt werden.

Beispiele:

Unterhaltung (ein Gegenstand wird unter den Tisch gehalten)
Lektüre (an einer Tür lecken)
Schloßbeleuchtung (ein brennendes Streichholz wird an ein Türschloß gehalten)

Entwickeln Sie in der Gruppe weitere Eulenspiegeleien.

Spielintention: Abstraktionsfähigkeit.

102 Verrückte Silbentrennung

A	**Jugendliche Erwachsene**
T	**10–20**
Z	**15 Min.**

Scharadenspieler müssen sich nicht nach dem Duden richten. Sie können bei diesem Spiel die Rechtschreibung außer Acht lassen und „gewaltsam" Silbentrennungen vornehmen.

Hier einige Beispiele:

Bar - Rock = Barock
Naht - Uhr = Natur
Aal - Teer = Alter
Roh - See = Rose
Pferd - Ei - Tiger = Verteidiger
Spinn - Naht = Spinat
Ziel - Inder = Zylinder
Kahn - Tor = Kantor
Paar - lahm - Ente = Parlamente
Brief - Vater - Ziehung = Privaterziehung
Vers - ich - Ehrung = Versicherung
Kamm - Meer - Mus - Sieg = Kammermusik
Zahn - Paß - Tee = Zahnpaste
Paß - Tor = Pastor

Spielintention: Kombinationsgabe, Abstraktionsfähigkeit.

103 Sprichwort-Scharaden

A	Jugendliche Erwachsene
T	10–20
Z	15 Min.

Sie können als Solo-Nummer oder von mehreren Spielern gemeinsam bzw. nacheinander gespielt werden.

Beispiele für Einzeldarsteller:

- Wer anderen eine Grube gräbt, fällt selbst hinein.
- Morgenstund hat Gold im Mund.
- Jeder hat sein Päckchen zu tragen. (Jeder hat seine Last.)
- Wasser hat keine Balken.

Beispiele für Gruppendarstellungen:

- Wer zuletzt lacht, lacht am besten. (Reihe bilden: der Erste lacht wenig, das Lachen steigert sich, der Letzte lacht kräftig.)
- Den Letzten beißen die Hunde.
- Sage mir, mit wem du umgehst, und ich will dir sagen, wer du bist.

Der Schwierigkeitsgrad der Sprichwörter (und Redensarten) orientiert sich an der Zusammensetzung der Spielgruppe.

Spielintention: Abstraktionsfähigkeit.

104 Titel-Scharade

A	Jugendliche Erwachsene
T	10–20
Z	10 Min.

Liedanfänge, Buch- und Filmtitel bieten eine Fülle von Anregungen für das Scharadenspiel. Sie werden in der Regel in einer Szene pantomimisch dargestellt.

Beispiele:

- Jetzt fahr'n wir über'n See . . .
- Quo vadis? (Wohin gehst Du?)
- Drei Mann in einem Boot
- Arsen und Spitzenhäubchen

Spielqualität: Einfallsreichtum, Kombinationsgabe.

105 Städtenamen

A	Jugendliche Erwachsene
T	10–20
Z	10 Min.

Städte- und Ortsnamen sind eine wahre Fundgrube für den Scharadenspieler.

Hier einige Beispiele:

Würz/burg	Pass/au
Regen(s)/burg	Frank/furt
Karls/ruhe	Wein/heim
Frei/burg	Braun/schweig
	Wies/baden

Spielintention: Originalität in der Darstellung.

106 Buchstaben-Scharade

A	alle
T	10–20
Z	10 Min.

Bei der Buchstaben-Scharade wird ein Wort in seine Buchstaben zerlegt. Es werden einzelne Szenen gespielt, deren Inhalte mit diesen Buchstaben beginnen.
Es empfiehlt sich, keine zu langen Wörter zu zergliedern, da das Spiel dann zu langatmig wird und an Reiz verliert.

Beispiele:

Anna A = Apfel / N = Nagel / N = Narkose / A = Akte
Peter P = Paß / E = Eimer / T = Taschenlampe / E = Eisenbahn / R = Roller.

Die Spielbarkeit des vorgegebenen Wortes muß vorher vom Spieler durchkomponiert werden, damit dem Zuschauer der „rote Faden" erhalten bleibt.

Spielintention: Kombinationsgabe.

Stegreifspiel

Commedia dell'arte

Das Stegreifspiel läßt sich bis ins Mittelalter zurückverfolgen. Besonders beliebt waren im 16. Jahrhundert in Italien die von Stadt zu Stadt ziehenden Komödianten, die auf schnell errichteten Bretterbühnen und mit wenigen Requisiten zur Volksbelustigung beitrugen.
Die Commedia dell'arte, auch bekannt als italienische Komödie, wurde frei nach einem Rohentwurf gespielt. Das Stück selbst lebte von der Improvisation und Situationskomik. Wo kein Text zur Verfügung stand, wurden Grimassen geschnitten oder die Glieder verrenkt.
Das Stück wurde in erster Linie vom Äußeren der Darsteller bestimmt, von ihren Bewegungen, ihrer Mimik und ihren Kostümen. In den Stücken machte man sich nicht selten über die Begebenheiten und Zustände im Ort lustig oder zog hochgestellte Persönlichkeiten ins Lächerliche.
Der Schriftsteller Charles de Brosse beschrieb das italienische Stegreiftheater als „einfach in der Handlung, natürlich und von einem großen Sinn für die Wahrheit geprägt".
Überlebt hat aus der Commedia dell'arte die Figur des „Harlekin", dem man noch heute im Zirkus und auf der Opernbühne begegnet.

Stegreifspiel in der Gruppe

Wenn im weitesten Sinne auch die Pantomime, das Scharaden-, Puppen- und Schattenspiel zum Stegreifspiel zählen können, so wird das Stegreifspiel heute stets als „dialogisches Rollenspiel" bezeichnet, an dem zwei oder mehrere Spieler beteiligt sind. Es kommt ohne besonderes Textbuch aus und wird von den eigenen Spieleinfällen getragen.
Für den Spielleiter führt der beste gangbare Weg zum Stegreifspiel über gesellige Kleinspielformen, wie sie weiter vorne beschrieben wurden. Sie enthalten dialogische und mimische Elemente und führen fast unmerklich vom Gesellschaftsspiel zum Stegreifspiel.
Das selbst erarbeitete Stegreifspiel ist eine besonders produktive Form des darstellenden Spiels. Das Gruppenerlebnis ist besonders intensiv, und die Freude über das Geschaffene festigt das Gruppengefüge. Somit fördert und fordert das Stegreifspiel kreatives und kooperatives Verhalten. Es verlangt spielwillige Teilnehmer, die ein geeignetes Thema spontan, d. h. stegreifgemäß darstellen.

Planung und Durchführung

Beim Stegreifspiel, wie beim darstellenden Spiel überhaupt, kann auf ein Gedankengerüst nicht verzichtet werden!
Die Akteure setzen sich deshalb zusammen, sprechen über Thema und Inhalt und legen den Handlungsverlauf im wesentlichen fest.
Der Spielleiter oder ein Mitglied aus der Spielgruppe protokolliert die entwickelten Ideen und Einfälle der Mitspieler. Sie bilden das Gerüst für das anschließende Spiel.
Die szenische Abfolge, d. h. der „rote Faden" muß allen Akteuren klar sein, will man nicht unkontrolliert „ins Blaue hineinspielen".

Der Spielleiter hilft beim Entwickeln der Ideen, je nachdem, wie spielerfahren die Gruppe ist, und achtet darauf, daß sich die Spieler zu kleinen Teams zusammenfinden. Ein Team sollte etwa 4-6 Spieler umfassen. Die Spieldauer sollte am Anfang bei etwa 3 Minuten liegen; sie wird sich allmählich auf 10-15 Minuten steigern.
Das Stegreifspiel steht und fällt mit dem Dialog. Für den Spieler bedeutet das:

– zuhören, mitdenken, spontan reagieren.

Die Sprache sollte nicht „geschraubt", Mimik und Gestik sollten nicht übertrieben sein. Anzustrebendes Ziel ist es, die Darsteller so miteinander sprechen zu lassen, als sei kein Publikum vorhanden.

Die Spieler sollten ihre Rollen selbst wählen. Die ersten Proben werden zeigen, ob eventuell ein Rollenwechsel notwendig ist.

Requisiten helfen dem Darsteller, sich mit seiner Rolle zu identifizieren. Sowohl bei ihm als auch beim Publikum wird dadurch die Vorstellungskraft intensiviert. Im Stegreifspiel können die Requisiten improvisiert werden; besonders dann, wenn es um heitere, kabarettartige Szenen geht. Zu einer Utensilienkiste gehören z. B. verschiedene Kleidungsstücke: Hosen, Röcke, Mäntel, Anzüge, Hüte, Tücher, Schals; ebenso Schirme, Koffer, Taschen, Brillengestelle, Nähzeug und Schminke. Nach der Durchführung einer Spielszene wird ausgewertet:

- Wurde das Thema erfüllt?
- War die Darstellung der Person glaubhaft?
- Stimmte das Zusammenspiel der Akteure?
- Wie war der Ausklang des Spiels?

Dem einzelnen Spieler helfen bei der Auswertung und Rückmeldung die Beantwortung der Fragen

- Wer bin ich? (Rolle)
- Wo bin ich? (Situation)
- Was will ich? (Handlungsaufgabe).

Spielideen

Auf der Suche nach Spielideen kann die Betrachtung von Illustriertenbildern, die Menschen in bestimmten Situationen oder Umgebungen zeigen, gute Anregungen und Anstöße geben. Die Bildthemen können beliebig in andere Situationen übertragen werden.

Weitere Grundlagen für Spielideen können sein:

- eigene Spieleinfälle
- Witze und Karikaturen
- Anekdoten
- heitere und ernste Kurzgeschichten
- Märchen und Sagen
- Zeitungs- und Illustriertenberichte
- Nachrichtensendungen

} lassen sich zu Sketchen verarbeiten

107 Black-out's – Gespielte Witze

A	Jugendliche Erwachsene
T	10–20
Z	30 Min.

Wir erleben ihn ab und zu in Unterhaltungssendungen des Fernsehens. Meist folgen Schlag auf Schlag mehrere hintereinander. Die Übergänge von einer Spielszene zur anderen werden durch schlagartige Abdunkelung des Bühnenbildes erzeugt.

Der gespielte Witz weist Ähnlichkeiten mit dem Sketch auf; er ist gekennzeichnet durch kurze, stark pointierte Darbietungen.
Jeder gespielte Witz sollte nicht mehr als 8-10 Sätze umfassen. Anregungen finden sich in Zeitungen, Illustrierten, Witz- und Karikatursammlungen. Es lassen sich nicht nur geschriebene Witze, sondern auch Illustrationen als gesprochene Szenen darstellen.
Die Figuren eines Witzes sind in der Regel Typen, die für das Spiel deutlich herausgearbeitet werden müssen.
Der Witz hat eine Pointe. Sie ist das Ziel und zugleich der Schluß des Stückes. Das Spiel vor der Pointe stellt die handelnden Personen dem Zuschauer vor. Soll der Black-out erfolgreich beim Publikum ankommen, ist eine konzentrierte, auf das Wesentliche beschränkte Darstellungsform wichtig. Auf unnötige Gebärden und überschwengliche Floskeln wird verzichtet.

Spielvorschläge:

Großes Auto

Ein Liebespaar sitzt auf der Parkbank. – „Liebling, möchtest du einmal in einem riesengroßen gelben Wagen fahren mit Chauffeur und wahnsinnig vielen PS?" – „Oh, ja, das wäre wirklich wunderschön!" – „Fein, dann nehmen wir den nächsten Bus."

Beerdigung

Am Tresen eines Dorfgasthofes. – Zwei Einheimische unterhalten sich über die Verdienste und Fehler eines Mitbürgers, der eben verstorben ist. Schließlich fragt einer den anderen: „Gehst Du morgen zu Karl's Beerdigung?" – „Nein, er kommt ja auch nicht zu meiner."

Große Maler

Bei einer Abendgesellschaft gibt eine Dame die Theorie zum besten, Maler seien selten intelligent. Darauf ihr Gesprächspartner lächelnd: „Verehrteste, ich bin selbst Maler." – Die Dame – sich entschuldigend: „Oh verzeihen Sie. Ich wollte eigentlich sagen, daß das nur für große Maler zutrifft . . . "

Auf dem Kasernenhof

Der General inspiziert die Verpflegungseinrichtung eines Standorts und fragt einen Rekruten: „Na, wie ist denn das Essen hier?“ – „Wir schlagen uns buchstäblich deswegen, Herr General.“ – „Was, so gut? – „Nicht ganz; der Verlierer muß es essen!“

Der Geldschein

Ein kleiner Junge kommt mit einem Fünfzigmarkschein in der Faust nach Hause gerannt und sagt, daß er ihn gefunden habe. – Die Mutter: „Hat den auch wirklich jemand verloren?“ –„Aber sicher, Mami! Ich hab' den Mann ja gesehen, wie er ihn gesucht hat.“

Böse Welt

Der Richter fragt den Angeklagten: „Also, Herr Meier, nun mal ehrlich; wer waren Ihre Komplizen bei dem Einbruch?“ – „Ich hatte keine, Herr Vorsitzender. Ganz bestimmt. Wem kann man denn heutzutage noch trauen!“

An der Tankstelle

„Was machen Sie denn die ganze Zeit hier?“ fragt der Tankwart einen Mann. „Sie stehen jetzt bereits seit fünf Stunden an der Tanksäule.“ – „Ach wissen Sie, ich versuche mir das Rauchen abzugewöhnen.“

Der Wilddieb

Richter: „Herr Wastelhuber, Sie stehen nun schon das achte Mal als Wilddieb vor Gericht. Ich verurteile Sie zu sechs Monaten. Wollen Sie die Strafe gleich absitzen? – „Ach bitte, Herr Rat: Ich käme lieber erst zur Schonzeit.“

Autofabrik

Zwei Bekannte treffen sich. – „Wo arbeitest Du denn jetzt, Eduard?“ – „In einer Autofabrik.“ – „Am Band? – „Nein, wir dürfen frei herumlaufen.“

Schlaflosigkeit

Ein Kaufmann leidet an Schlaflosigkeit. – Ein mitleidiger Kollege schlägt ihm vor: „Zählen Sie doch mal vor dem Einschlafen Schafe, das war schon immer ein unfehlbares Mittel. – Am nächsten Morgen – Der Kaufmann sieht noch hohläugiger aus: „Ich habe also 6 000 Schafe gezählt", klagt er. „Dann habe ich die Schafe geschoren und 6 000 Mäntel daraus gemacht. Dann tauchte das Problem auf: Wo kriege ich bloß das Futter für die 6 000 Mäntel her? Das hat mich den Rest der Nacht gekostet.

Chinesische Diät

„Christine, du bist aber schlank geworden!" – „Ja, das verdanke ich einer chinesischen Diät!" – „Verrätst du sie mir?" – „Aber gerne! Man muß drei Wochen lang Hühnerbrühe essen!" – „Mit Reis?" – „Nein, mit Stäbchen!"

Das Gehirn

Zwei Bekannte im Gespräch. – „In meinem Testament habe ich der Universität mein Gehirn vermacht und das haben sie mir eben bestätigt." – „Waren die Leute dankbar dafür?" – „Ja, sie haben geschrieben, daß sie jede Kleinigkeit brauchen können."

Im Zugabteil

Ein Fahrgast zum anderen: „Bitte, könnten Sie mir wohl den Fuß auf den Sitz heben?" – Der andere tut das. Nach einer Weile fragt der Fahrgast erneut: „Würden Sie mir bitte auch den anderen Fuß auf den Sitz heben? – Der andere tut es und fragt dann: „Sind Sie Invalide?" – „Nein, aber im Urlaub!"

Der Führerschein

Nach einem wüsten Überholmanöver wird ein betrunkener Autofahrer von der Polizeistreife angehalten. – Der Beamte: „Zeigen Sie mir bitte mal Ihren Führerschein." – „Was haben Sie nur für einen schlampigen Laden", brüllt lallend der Autofahrer, „den hab ich doch gestern schon Ihrem Kollegen gegeben.

Der Außenspiegel

Ein Fernfahrer ruft seinen Chef an: „Ich kann leider nicht mehr weiterfahren, der linke Außenspiegel ist kaputt." – Der Chef: „Mann Gottes, Sie können doch auch ohne Außenspiegel fahren?" – „Eben nicht, der Laster liegt drauf."

Whisky-Soda

Gastgeberin zum Gast: „Ein Täßchen Kaffee gefällig?" – „Keinen Kaffee, danke." – „Tee?" – „Keinen Tee, danke." – „Whisky-Soda?" – „Kein Soda, danke."

Lokal in der Wüste

„Wir bauen uns mitten in der Wüste ein Lokal." – „So ein Unsinn, da kommt doch gar keiner!" – „Aber wenn einer kommt, was meinst du, was der für einen Durst hat . . . . "

Küchenfee

„Können Sie kochen, Susanna?" – „Jawohl, gnädige Frau, auf beiderlei Arten." – „Was heißt das?" – „Je nachdem, ob Gäste kommen sollen oder nicht."

Zwei Ölscheichs

Zwei Ölscheichs kaufen einen D-Zug. – Sagt der eine: „Laß dein Geld stecken, das erledige ich schon!" – Der andere wehrt gestenreich ab: „Oh, nein! Kommt gar nicht in Frage. Du hast ja schon die Bahnsteigkarten bezahlt."

Das neue Kleid

Eine Kundin empört sich im Laden: „Sagen Sie mal, haben Sie mir nicht versichert, daß dieses Kleid, das Sie mir gestern verkauft haben, aus reiner Seide gemacht ist?" – „Ja, das stimmt." – „So? Dann schauen Sie sich mal das Etikett an, das eingenäht ist. Darauf steht: „Reine Kunstseide!" – „Stimmt, meine Dame, das tun wir immer hinein, um die Motten zu täuschen!"

Sketche

A | Jugendliche Erwachsene

Sketche sind heiter-satirische Einakter von etwa 3-10 Minuten Dauer. Es gibt in der Regel nur wenige Darsteller (2-4 Personen). Meist wird von einer besonderen Situation des Alltags ausgegangen, die mit einer unerwarteten Schluß-Pointe gelöst wird. Als Themen für Sketche eignen sich auch aktuelle Ereignisse und Anlässe, menschliche Schwächen, Mißstände und Fragwürdigkeiten.

Kulissen sind für die Durchführung von Sketchen nicht erforderlich. Der eine oder andere Darsteller sollte ein witziges Merkmal erhalten, das sprachlich oder mimisch zum Ausdruck gebracht wird. Die Kostümierung wird angedeutet; sie kann übertrieben und überzogen sein.

Vorgegebene Szenentexte bzw. Handlungsgerüste werden von den Spielern beliebig „ausgeschmückt“.

Während die Darstellerzahl beim Sketch begrenzt ist, können beliebig viele Personen als Zuschauer teilnehmen. Die Teilnehmerzahlen beziehen sich im folgenden deshalb ausschließlich auf die Mitspieler.

Spielvorschläge:

108 Das Telefon

T | 2

Ein neu zugelassener Rechtsanwalt hat seine Kanzlei im vornehmsten Viertel der Stadt eröffnet. Das einzige, was fehlt, ist die ratsuchende Klientel. Nach Tagen des zermürbenden Wartens erspäht er endlich einen Mann, der auf sein Büro zugeht. Eilig ergreift der Anwalt den Telefonhörer und beginnt zu sprechen: „Ja, hallo! Was haben Sie gesagt? Unsere Einlassung sei für Sie sehr überzeugend gewesen? Das halte ich zwar für etwas übertrieben, aber . . . “ Leutselig winkt er den Besucher mit der freien Hand herein. „Schön. Vor Gericht erscheinen wir natürlich nicht selbst. Das erledigen unsere Assistenten. Aber sicher, das sind auch sehr kompetente Anwälte. Den Fall haben wir praktisch schon in der Tasche. Morgen zurückrufen? Nein, das geht nicht, wir müssen einen Termin in Frankfurt und anschließend einen in London wahrnehmen. Aber machen Sie sich keine Sorgen. Ihre Angelegenheit ist in besten Händen. Besprechen Sie doch bitte alles weitere mit unserem Sekretariat.“

Der junge Anwalt legt auf und wendet sich dem Besucher zu: „Und was kann ich für Sie tun?“ – „Nichts weiter“, antwortet der Mann. „Ich komme vom Fernmeldeamt und soll Ihr Telefon anschließen.“

109 Beim Friseur

Eine Person zum Friseur: „Schneiden Sie das Haar auf der linken Seite bitte ganz kurz, rechts lassen Sie es lang bis übers Ohr. Oben auf dem Kopf scheren Sie mir eine fünfmarkstückgroße Tonsur aus. Den Rest kappen Sie zu kurzen Stoppeln, nur eine schmale Strähne sollte so lang bleiben, daß ich sie bis zum Kinn runterziehen kann." – „Aber so kann ich Sie doch unmöglich zurichten!" erwidert der Friseur. – Kunde: „Was heißt, Sie können nicht? Das ist ganz genau der Haarschnitt, den Sie mir das letztemal verpaßt haben!"

T	2

110 Sonderbare Ware

Der Geschäftsführer eines Warenhauses hört, wie ein Verkäufer einer Kundin erklärt: „Leider nein, meine Dame. Darauf warten wir auch schon lange, und ich fürchte, daß wir auch in nächster Zeit nicht damit rechnen können." – Entsetzt stürzt der Geschäftsführer auf die Kundin zu: „Natürlich bekommen wir den Artikel bald herein. Wir haben ihn bereits letzte Woche bestellt." – Die Dame geht. – Der Geschäftsführer nimmt seinen Verkäufer beiseite und herrscht ihn an: „Niemals, niemals dürfen Sie vor einem Kunden zugeben, daß wir irgendetwas nicht haben. Sagen Sie stets, daß die Ware bestellt und in den nächsten Tagen am Lager ist . . . Was wollte die Dame eigentlich?" – Der Verkäufer: „Regen."

T	3

111 Kopfweh

Arztpraxis. Patient und Doktor sitzen am Schreibtisch. Der Patient klagt über ständiges Kopfweh. – Der Arzt fragt: „Rauchen Sie?" „Nein, Herr Doktor. Für diesen gesundheitsschädlichen Unfug gebe ich kein Geld aus." – „Trinken Sie?" – „Gott bewahre, nein! Ich halte den Alkohol für den allergrößten Feind des Menschen. Er beraubt ihn seiner Selbstbeherrschung und führt ihn zum Bösen." – „Frauen?" – „Ich bin verlobt und achte die Ehre meiner Braut wie meine eigene." – Der Arzt setzt die Brille ab: „Bei mir sind Sie leider an der falschen Adresse. Gehen Sie zum Klempner, und lassen Sie sich Ihren Heiligenschein weiten. Er drückt."

T	2

112 Beim Zahnarzt

T	2

Zahnarztpraxis – Jemand kommt zum Zahnarzt – will die Zeitung abliefern – Der Zahnarzt ist in die Arbeit versunken. – Der Zeitungsausträger muß sich wider seinen Willen in den Behandlungsstuhl setzen. – Zahnarzt beginnt mit der Behandlung – Zeitungsausträger wird energisch – Zahnarzt fragt: „So, was haben Sie denn?" – „Nichts, Herr Doktor, ich wollte Ihnen doch nur die Zeitung bringen."

113 Baustelle

T	3

Egon und Jochen heben auf der Baustelle einen Graben aus. Sie beschweren sich lauthals über die Schinderei und schielen neidisch nach dem Polier, der die Aufsicht führt. Schließlich klettert Egon aus dem Graben und geht zu ihm. Er jammert: „Das ist doch ungerecht! Wir müssen da unten schippen, und du vergnügst dich hier oben, tust nicht viel und kriegst mehr Lohn als wir. Wieso eigentlich?" – Der Polier: „Weil ich der Boß bin. Und ich bin der Boß, weil ich etwas auf dem Kasten habe und ihr nicht." – Egon ist empört: „Willst du damit sagen, daß wir bekloppt sind?" – „Genau das, und ich werde es euch beweisen", erwidert der Polier und legt die Hand flach an einen Baum. „So, jetzt hau mal kräftig auf meine Hand." – Egon holt zu einem gewaltigen Schlag aus und – trifft den Stamm, denn blitzschnell hat der Polier die Hand weggezogen. – Der Polier höhnt: „Siehste? Total bekloppt. Und nun runter mit dir an die Arbeit!" – Egon verbindet sich mit einem Taschentuch die Hand und klettert in den Graben zurück. – „Na, was war?" fragt Jochen. – „Ich weiß jetzt, warum wir hier unten schippen müssen und er da oben die ruhige Kugel schiebt – weil wir nämlich bekloppt sind. Und du bist noch beklopter als ich, weil ich eben was gelernt habe und du nicht. Aber komm, ich zeige dir den Trick." Egon hebt die unverletzte Hand und legt sie flach auf sein Gesicht. „Los", befiehlt er Jochen, „hau mal, so stark du kannst, auf meine Hand."

114 Der Grafensketch

T	3

Dieser Sketch ist zwar „uralt“ und vielen bekannt; die Ergebnisse sind jedoch immer wieder verblüffend und amüsant. Jede Gruppe bringt nämlich neue Ideen ins Spiel.
Aus einer Gruppe von mindestens 8-10 Spielern werden drei Mitspieler für den Sketch gesucht: ein vornehmer Graf, ein gediegener Kammerdiener (bzw. ein Dienstmädchen) und ein Stallknecht.
Der Spielleiter gibt den Teilnehmern nun den Text einer kurzen Szene, die von den drei Darstellern zu spielen ist:

Kammerdiener: „Herr Graf, es hat geklopft.“ – Graf: „Sieh nach, wer draußen ist!“ – Kammerdiener: „Herr Graf, es ist der Stallknecht.“ – Graf: „Mag er kommen!“ – Stallknecht: „Herr Graf, die Pferde sind gesattelt.“ – Graf: „Nun denn, so laßt uns ausreiten.“
Die Gruppe soll den kurzen Sketch in einer bestimmten Variante spielen. Entweder als

- Komödie
- Oper
- Operette
- Musical
- Kriminalstück
- Stummfilm
- Drama
- Tragödie.

Jedes Gruppenmitglied hat die Möglichkeit, selbst zu entscheiden, welche Rolle es übernehmen will.

Variationen: Der Sketch kann auch an einem bestimmten Ort, zu einer bestimmten Zeit spielen; z. B.: – am Hofe Neros – bei einem Scheich – im Wilden Westen – im alten China/Japan – auf einem alten englischen Schloß.

Spielintention: Situationskomik, Ausdruck, Temperamente „sichtbar“ machen.

115 Situationen

A	Jugendliche Erwachsene
T	10–20

Der Spielleiter hat Zettel vorbereitet, auf denen verschiedene Orte stehen. 2-3 Spieler ziehen für sich als Gruppe einen Zettel und denken sich gemeinsam eine kurze Szene aus, die an dem von ihnen gezogenen Ort spielen könnte.
Wurde z. B. der Zettel „im Wartezimmer“ gezogen, so könnten dort folgende drei Personen zusammentreffen: Der „eingebildete Kranke“, ein leise Vor-sich-hin-Leidender und ein Besserwisser. Sie warten auf den Beginn der Sprechstunde.

Hier weitere Vorschläge:

- beim Heiratsvermittler
- an der Zollschranke
- im Treppenhaus
- auf dem Bahnhof
- auf dem Wochenmarkt
- in einer belebten Geschäftsstraße
- auf der Polizeiwache
- in der Kantine
- auf der Tribüne beim Fußballspiel
- in der Lottoannahmestelle
- im Kino
- im Kaufhaus
- in der Schule
- im Krankenhaus
- im Bus
- im Zoo
- vor Gericht
- auf einem Ozeanriesen

Spielintention: Ideen entwickeln, sich mit Rollen identifizieren und Situationen stellen

Material: vorbereitete Zettel, ggf. Verkleidungsutensilien.

116 Prüfungen

A	Jugendliche Erwachsene
T	10–20

Nicht so ernst wird es bei der Prüfungssituation zugehen, wenn sich z. B. ein nervöser Prüfungskandidat und ein zerstreuter Professor beim Medizin-Examen begegnen.
Jeweils 2-4 Spieler improvisieren eine Prüfung.

Beispiele:

Jura-Examen, Handwerksmeister-Prüfung als ... (Maler, Metzger, Fernsehtechniker, usw.), Führerschein-Prüfung.

Spielintention: Ideen entwickeln, Situationskomik.

Laienspiel

Die alten Griechen schrieben die ersten Schauspiele. Sie unterschieden sich wesentlich von den unseren: Alle Schauspieler trugen nämlich Masken, die entweder grimmig aussahen oder lächelten, und ein Chor gab Kommentare zum Geschehen.

Grundlage der Dramen war die griechische Mythologie. Götter und Sagengestalten waren die Helden dieser Stücke.

Von den oft über mehrere Tage gehenden Mysterienspielen im alten Rom über das Barocktheater mit seiner Prachtentfaltung bis zur heutigen Stilisierung und Verfremdung hat das Theater eine lange Entwicklung mitgemacht und viele Strömungen erlebt. In Deutschland entstand unter dem Einfluß der englischen Komödianten und der Commedia dell'arte erstmals ein Berufsschauspielerstand. Ursprünglich wurden die Theateraufführungen, ausgehend von Mysterienspielen, Bauerspielen und Schuldramen, von Laienspielern bestritten.

Im bewußten Gegensatz zum Berufstheater kam es nach 1900 zu einer Belebung des Laienspiels durch die Jugendbewegung.

Laienspieltheater ist eine Spielform, die Akteuren wie Zuschauern gleichermaßen Freude bereitet.

A	**Jugendliche Erwachsene**
T	**10–15**

Nicht hochgesteckte Ziele und Perfektionismus, nicht „großes Theater", sondern überzeugendes Spiel mit einer überschaubaren Darstellerzahl und relativ wenig Aufwand an Requisiten und Kostümen sollten in der Anfangsphase einer Laienspielgruppe im Mittelpunkt stehen. Nach dem Üben des freien Sprechens, dem Abbau etwaiger Hemmungen und der Beschäftigung mit Kleinspielformen, Pantomime und Sketchen, kann zu Einaktern und kleinen Stücken übergegangen werden.

Verlage, die Textspiele für Laien- u. Amateurspielgruppen herausgeben, sind z. B.:

- **Bärenreiter-Verlag,** Heinrich-Schütz-Allee 35, **3500 Kassel-Wilhelmshöhe**
- **Deutscher Theaterverlag,** Postfach 1227, **6940 Weinheim**
- **Theaterverlag Karl Mahnke,** Postfach 107, **3090 Verden/Aller**
- **Dr. Heinrich Buchner Verlag,** Postfach 43, **8000 München 19**
- **Verlag der Autoren,** Staufenstraße 6, **6000 Frankfurt/M.**
- **Ellermann-Verlag,** Romanstraße 16, **8000 München 19**

Spielleiter und Spielgruppe

Der Spielleiter und die Spielgruppe bilden ein Team. Als Regisseur soll der Spielleiter ein Konzept haben und die Handlung schaubar machen. Demnach ist es seine Aufgabe, Impulse zu setzen, Anregungen und Hinweise zu geben und zu möglichen Änderungen anzuregen. Da er mit anderen im Team zusammenarbeitet, muß er Einfühlungsvermögen, Verständnis und Geduld aufbringen und „seine" Spieler ernst nehmen.

Bei der Bildung einer Laienspielgruppe sollte unbedingt auf die Teilnehmerzahl geachtet werden. Große Gruppen sind nicht arbeits- und aktionsfähig. Es entsteht so eine gewisse Unbeweglichkeit, die die Teilnehmer die Lust verlieren läßt. Außerdem möchte ja jeder einmal mitspielen, die Darstellerzahl aber ist bei kleineren Stücken begrenzt.

Die Teilnehmer werden vom Spielleiter ihren Fähigkeiten entsprechend in die Arbeit einbezogen. In einer Laienspielgruppe sind verschiedene Positionen zu besetzen:

- Autoren, die Sketche und Stücke schreiben bzw. spielbar umschreiben
- Regisseure
- Darsteller
- Bühnenbildner, die für die Herstellung von Requisiten und für die Gestaltung des Bühnenbildes sorgen
- Techniker für Beleuchtung und Geräusche/Musik.

Das Zusammenspiel aller Beteiligten führt zum produktiven Handeln, zur kreativen Entfaltung des einzelnen und zu einem für alle nachhaltigen Erlebnis.

Der Spielleiter benötigt nicht nur Sachkenntnisse, die er durch Selbststudium, Kurse und Fachliteratur erwerben kann, sondern in besonderem Maße Menschenkenntnis.
Die Wahl zum Spielleiter durch die Gruppe ist eine verpflichtende Aufgabe. Alles besser wissen zu wollen als die Darsteller ist genauso falsch wie zu kurzes oder zu langes Proben. Wenn der Spielleiter versucht, alles selbst machen zu wollen, anstatt die Darsteller etwas selbst finden zu lassen, nimmt er ihnen Mut und Spielfreude.

Selbstreflexion kann dem Spielleiter helfen, sich seiner „Rolle" als Regisseur bewußt zu werden:

- Kenne ich meine eigenen Möglichkeiten und Grenzen/Unsicherheiten? Wie wirken sie sich auf die Darsteller aus?
- Kenne ich die Möglichkeiten und Grenzen der Darsteller? Wie gehe ich damit um?
- Kommt der Dialog zwischen mir und den Darstellern zustande? Lobe ich zu viel/zu wenig?
- Wie wirken meine Regieanweisungen auf die Darsteller? Wie kritisiere ich?
- Liegen die Umsetzungsfehler beim Darsteller oder habe ich nicht verständlich genug erklärt und vorgespielt?

Jugendtheater

Der Bund Deutscher Amateurtheater (BDAT) in Heidenheim ist die Dachorganisation der Amateurtheaterverbände in der Bundesrepublik. Mit über 600 Amateurbühnen vertritt er mehr als 50 000 Einzelmitglieder, wobei über 100 dieser Bühnen Kinder- und Jugendgruppen unterhalten.
Beim Jugendtheater steht nicht die Produktion von Theateraufführungen im Vordergrund. Vorrangig ist die Arbeit in der Gruppe, bei der es um freies Sprechen und Sichbewegen und um den Abbau von Spielhemmungen geht. Langsam und intensiv vorbereitet, geht es dann über das Rollenspiel bis zur Produktion von Aufführungen.

Textspiel

Ist der Text spielbar?

Das Angebot an Spieltexten ist groß, wobei man feststellen kann, daß die meisten Texte gekürzt, umgeschrieben oder gestrafft werden müssen.
In der Praxis hat es sich als vorteilhaft erwiesen, in der Gruppe gemeinsam einen Text zu lesen und nach folgenden Gesichtspunkten zu untersuchen:

1. Welchen Eindruck hinterließ die erste Lesung?
2. Lohnt sich der Stoff für eine Aufführung?
3. Ist der Text überzeugend? Motiviert er?
4. Hat das Stück sprachliche Qualität?
5. Überwiegt der Dialog?
6. Ist die Handlung logisch aufgebaut, lebendig und interessant?
7. Welche spielerischen Möglichkeiten stecken im Text?
8. Welche Personen tauchen in der Handlung auf? Sind ihre Charaktere klar gekennzeichnet?
9. Entspricht das Stück dem Leistungsvermögen der Spieler?
10. Ist das Stück bühnenwirksam? Reichen die vorhandenen technischen Gegebenheiten aus?

Vielleicht schreiben Sie mit Ihrer Gruppe selbst ein Stück?

Überlegungen zur Aufführung von Textstücken

Vorplanung

- Handelt es sich bei den Spielern um eine Anfänger- oder um eine geübte Gruppe?
- Wo soll gespielt werden? (In einem Gruppen- oder Klassenraum, in einem Saal mit oder ohne Bühne?)

- Was wollen wir spielen?
- Wie lange wollen wir spielen?
- Wieviel Akteure werden benötigt?
- Wie steht die Gruppe zu dem Stück?
- Für welches Publikum wollen wir spielen?

Dramaturgische Bearbeitung

- Text auf seine Spielbarkeit hin überprüfen.
- Welche Personen enthält das Stück?
- Muß die Ausdrucksweise verändert werden?
- Läßt sich die Geschichte an nur einem Ort, mit nur einem Bühnenbild spielen?
- Bühnenbild festlegen:
  - Welche Requisiten werden benötigt (z. B. Stellwände, Podeste, Grundmöbel, Stoffe, Farben, Vorhänge)?
  - Einen Grundriß aufzeichnen (Wo steht was?)
  - Bühnenbild markieren (lieber mehr andeuten als überladen; technisch unkompliziert, um schnellen Umbau zu ermöglichen).
  - Wo sollen die Requisiten stehen?
  - Requisitenliste für die einzelnen Szenen aufstellen?
  - Beleuchtung (Mienenspiel und Gestik müssen verfolgt werden können.) Sind Steckdosen im Bühnenbereich vorhanden? Gibt es festinstallierte Scheinwerfer?
- Wird ein Tonbandgerät oder Plattenspieler benötigt?
- Werden Kostüme benötigt? (Sie müssen zum Bühnenbild, zum Darsteller und natürlich zum Stück passen.)
- Schminken (Keine Fratzen- und Clowngesichter, es sei, sie gehören zum Stück.)

Probenarbeit

- Der Spielleiter befindet sich vor der Bühne; so hat er den besten Überblick.
- Leseproben zur ersten Beseitigung von Hemmungen.
- Aussprache und Betonung üben.
- Einzelne Teile werden mimisch dargestellt.
- Rollenverteilung (Wer spielt wen?); verschiedene Spielversuche durchführen.
- Auftritts-Plan erstellen. Wer ist wann an der Reihe?
- Spielproben. Sitzt der gelernte Text?
- Hineinwachsen in die Rolle
  - Sprache, Ausdruck, Tonfall, Mimik, Gestik und Bewegung kontrollieren. Daran denken: Kein Ausdrucksmittel steht für sich allein!
- Stellproben: Wer bin ich? Wo stehe ich? Wo bin ich?

Aufführung

- Spielleiter, Darsteller und technische Mitarbeiter erscheinen spätestens 30 Minuten vor der Aufführung.
- Die Requisiten müssen zur Stelle sein.
- In Ruhe umkleiden und schminken.
- Beleuchtung und Geräte (Plattenspieler/Tonband) inspizieren.
- Spielen

Auswertung

- Diskussion und gemütliches Beisammensein aller Mitwirkenden.

Kabarett

A	Jugendliche Erwachsene
T	5–8

Das Kabarett ist eine Kleinkunstform, die sich stets zeit- und sozialkritisch mit verschiedenen aktuellen Zuständen und Ereignissen auseinandersetzt.
Mit Humor, Witz, Glosse und Ironie werden Geschehnisse, Personen und Begebenheiten aufgegriffen, die dem Publikum bekannt sind oder mit dem es bekannt gemacht werden soll.
Das Kabarett arbeitet mit einer überschaubaren Spielgruppe (5-8 Darstellern). Wenn es sich um eine feste Gruppe handelt, die im Jugendzentrum, einem Gemeindehaus, in der Schule oder in einem Seniorenclub auftritt, legt sie sich auch meist einen Namen zu. Das erste deutsche, 1901 gegründete Kabarett hieß „Überbrettl".
Das Programm enthält unterschiedliche satirische Szenen und Darbietungen (Monolog, Sprechchor, Sketch, Gesang, Finale), wobei jedoch ein „roter Faden" als Gesamtthema besteht. Das Thema des Programms ist somit gleichzeitig Leitgedanke für die einzelnen Spielzenen.

Themen finden sich immer, um aufgegriffen zu werden. Die Tagespresse, Illustrierte, Rundfunk und Fernsehen sind der beste Ideenlieferant für ein Kabarettprogramm. Kommentare, Nachrichten und Notizen werden durchleuchtet und zu Monologen oder Dialogen verarbeitet.

Das Jugendkabarett sollte sich nicht ausschließlich die „große Politik" zum Thema machen, sondern sich vorrangig mit dem eigenen Lebensumkreis beschäftigen.

Die Texte sollten unbedingt von den Jugendlichen selbst geschrieben werden. Dabei sollten Objektivität, Wahrheitsliebe, Takt und Humor für einen Kabarettisten selbstverständlich sein.

Die Qualität des Programms, das von einer festen Spielgruppe erarbeitet wird, hängt im wesentlichen von folgenden Gesichtspunkten ab:

- Der Programmtitel muß treffend sein. Ähnlich wie die Schlagzeile einer Zeitung muß er auf den Kern der Sache hinweisen.
- Optische und akustische Angebote müssen sich ebenso abwechseln wie heitere und ernstere. Je nach Darstellerzahl sollten sich dabei Solo-, Duo-, Trio- und Ensembledarbietungen ablösen.
- Die Musik ist ein wichtiges Element des Kabaretts. Auf sie sollte deswegen nicht verzichtet werden. Wenn es kein Mitglied gibt, das ein Instrument (Gitarre/Klavier) beherrscht, wird die Technik (Kassettenrecorder/Tonband) eingesetzt.
- Die Beleuchtung muß intensiv sein, damit das Publikum die Mimik der Akteure gut verfolgen kann.

- Das Kabarett begnügt sich mit wenigen Ausstattungselementen. Als Bühne reicht eine mit Vorhängen oder Stellwänden abgegrenzte Spielfläche. Die Dekoration muß leicht transportabel sein. Für Requisiten, Möbel und Kostüme gilt:
  So wenig wie möglich!
- Der Raum sollte eine gewisse Intimität ausstrahlen und etwa 50 Personen Platz bieten.
- Das Kabarett benötigt ein Publikum, das mitdenkt und geistig beweglich ist, und Spieler, die ihre übernommene Rolle verkörpern und deutlich und klar sprechen können. Die Pointen müssen sitzen, damit beim Publikum der „Groschen" nicht zu spät fällt.
- Die Kabarett-Nummern werden mit Tempo angeboten. Auch für diese Spielformen gilt: „Übung macht den Meister". Bevor sich eine Spielgruppe an ein ganzes Programm wagt, wird sie sinnvollerweise erst einmal einzelne Szenen ausprobieren und an einem Gruppennachmittag oder auf einem Bunten Abend vorstellen.

„Die Kleinkunstbühne", schrieb Toni Budenz treffend in seinem gleichnamigen Buch, „lebt von einer raffinierten Primitivität. Raffiniert, weil diese Primitivität gekonnt sein muß. In ihrem Stil ähnelt sie dem totalen Theater des Kindes, dem ein Stück Holz zur Puppe, ein Stuhl zum schnellsten Auto der Welt wird."
Eine Gruppe, die Kabarett machen will, muß ihre mimischgestische Ausdrucksfähigkeit und ihre Artikulationsfähigkeit trainieren. Besonders geeignet sind hierfür Spielangebote wie die Pantomime, der Sketch, Black-out's und das Rollenspiel. Der Besuch von Kabaretts, die Auseinandersetzung mit dieser lebendigen Kleinkunstform, sind weitere Schritte auf dem Weg zum Theaterspiel mit satirischer Aussage.

Spielintention: Förderung in mimisch-gestischer Ausdrucksfähigkeit, Vorstellungen zusammen mit anderen verwirklichen, Kritikfähigkeit, Auseinandersetzung mit anderen Meinungen.

Rollenspiel

Beim Rollenspiel handelt es sich um eine sehr flexible Spielform. Der Spielverlauf ist nicht durch vorgegebene starre Regeln sondern durch auswechselbare Rollen bestimmt. In der „Als-ob-Realität" wird durch die freiwillige Übernahme einer Rolle soziales Lernen möglich und die Verarbeitung der Realität beobachtbar gemacht.
Das Rollenspiel ist zeitlos. Es kann sich sowohl an der Vergangenheit wie an der Gegenwart orientieren, indem entweder geschichtliche

Abläufe oder aktuelle persönliche, familiäre oder gesellschaftliche Ereignisse zu Spielinhalten werden.

Wir unterscheiden zwei Formen des Rollenspiels:

1. Das *soziale* Rollenspiel:
   Stegreifspiele, die einfache pantomimische und verbale Darstellungen zum Inhalt haben (z. B. Tätigkeiten, Handlungen, Geschichten, Sprichwörter, Scharaden).
2. Das *problemorientierte* Rollenspiel; es findet seine Themen in Familie, Freundschaft, Schule, Beruf und Gesellschaft. Es ist eine spontane dramatische Darstellung zum Zweck der Bewußtmachung und Klarstellung menschlicher Beziehungen.

In den vorhergehenden Kapiteln haben wir uns bereits ausführlich mit den Formen des sozialen Rollenspiels beschäftigt, so daß wir uns jetzt der zweiten Form des Rollenspiels zuwenden können.

Das problemorientierte Rollenspiel

A	alle
T	3–4

Als spontanes dramatisches Spiel vermittelt das problemorientierte Rollenspiel den Teilnehmern und Beobachtern Lernerfahrungen, die ihr Verständnis für menschliche Wahrnehmungen, Gefühle und Handlungen fördern und in ähnlichen Situationen zu einem effektiveren Verhalten beitragen sollen.
Die Spieler sind gezwungen, ihre Gefühle und Gedanken auszusprechen, so als würden sie die Person sein, in deren Rolle sie schlüpften. Dies kann beim Rollenspiel wesentlich freier geschehen als beim richtigen Theaterspielen. – Denken, Fühlen und Handeln sind beim Rollenspiel eine Einheit.
Die Absichten des problemorientierten Rollenspiels lassen sich in 6 Punkten zusammenfassen:

1. Bewußtmachung von Rollenverhalten und sozialen Konflikten.
2. Entwicklung von Strategien zur Problem- und Konfliktlösung.
3. Verständlichmachen der Gefühle der Sozialpartner (Spielpartner).
4. Unmittelbare Rückmeldung durch die Partner in der Gruppe.
5. Neues Verhalten und dessen Wirkung auf andere wird erprobt.
6. Soziale und persönliche Konsequenzen des Verhaltens werden deutlich.

Welche Themen eignen sich?

Um diese Frage zu beantworten, hilft eine kleine Checkliste, die der Spielleiter vor einer geplanten Rollenspielsitzung durchgehen sollte:

– Können durch die Thematik bestimmte Verhaltensweisen bzw. Gefühle sichtbar gemacht werden?
– Ist eine lebendige Diskussion im Anschluß an das Spiel möglich?
– Beinhaltet das Rollenspiel eine klare Zielsetzung?

- Haben die Beobachter genügend Kenntnisse über die Problematik und Hintergründe?
- Gibt es genügend Teilnehmer, die von sich aus bereit sind, die Rollen zu spielen?
- Bestehen die atmosphärischen Voraussetzungen für die Durchführung eines Rollenspiels.

Grundsätzlich sollen sich die Teilnehmer vor dem Spiel mit der Thematik auseinandersetzen, ohne die Rollen vorher starr festzulegen, da es sonst zum Theaterspiel kommt, nicht jedoch zum Rollenspiel. Die Spontaneität muß auf jeden Fall erhalten bleiben.
Hier einige Themenvorschläge für Schüler-, Jugend- und Erwachsenengruppen als Anregungen:

- Urlaub mit der Familie oder/und mit dem Freund/der Freundin
- Streit ums Fernsehprogramm
- Was trägst Du denn für eine Kleidung?
- Ich möchte bei Freunden übernachten
- Hier wird nicht geraucht
- „Szenen einer Ehe“
- Welche Anschaffungen haben Vorrang?
- „Null bock“ auf nichts
- Die Eigenarten des Partners
- Rollentausch
- Einstellungsgespräch
- Spannungen in der Klasse
- Wenn ich eine Woche allein bestimmen könnte ...
- Szenen über Beziehungen untereinander, z. B. Eltern – Sohn/Tochter, Freund – Freundin, Lehrer – Schüler, Vorgesetzter – Untergebener, Amtsperson – Antragsteller, Patient – Arzt.

Der Spielleiter beim problemorientierten Rollenspiel

- hilft den Teilnehmern, ihre Verhaltensweisen zu sehen und von ihnen angebotene Lösungen einzuordnen und zu entdecken.
- belehrt nicht, sondern hilft „richtiges Problemlösen“ zu lernen.
- verhält sich objektiv und unparteiisch und hilft somit den Teilnehmern, ihre Gefühle zu tolerieren und zu respektieren.
- gibt den Darstellern die Möglichkeit, ihre Rolle zu interpretieren, wie sie von ihnen selbst aufgefaßt wird.
- lenkt beim Auswertungsgespräch die Aufmerksamkeit der Beobachter auf mögliche Lösungsansätze in der gespielten Szene und regt zum Nachdenken an.

Zu den sicherlich nicht leichten Aufgaben des Spielleiters gehört es auch, zu erkennen, was eventuell hinter den Worten und Gesten der Akteure steckt.

Der Spielablauf

Das Rollenspiel muß gut vorbereitet werden. Die Erstellung einer Kontrolliste zum Spielablauf ist hierbei eine nützliche Hilfe:

Vorbereitung

- Gemeinsame Wahl der Thematik durch Teilnehmer und Spielleiter. Es findet eine Diskussion in der Gruppe statt. Die Spieler erörtern, inwieweit ihnen das Thema wichtig erscheint. Ein Ereignis oder ein aktueller Anlaß in der Gruppe bieten z. B. die Grundlage für ein Rollenspiel. Der Spielleiter führt zum Problem hin.
- Die Darsteller werden ausgewählt. Interesse und Wünsche sollten entscheidend sein. Zurückhaltende Spieler werden vom Spielleiter ermutigt.
- Festlegung der darzustellenden Rollen.
- Die Zuschauer werden auf ihre Rolle als kritische Beobachter eingestellt. Beobachtungsziele werden abgesprochen und vereinbart.
  Die aktive Teilnahme der Zuschauer in der Diskussion ist ganz besonders wichtig. Ohne eine Diskussion wird das eigentliche Ziel des Rollenspiels verfehlt.

Durchführung

- Die Darsteller müssen versuchen, sich in die Rollen der dargestellten Personen hineinzuversetzen.
- Spontaneität ist ebenso wichtig wie eine natürliche, realistische Sprache.
- Am Spiel sollten nicht mehr als 3-4 Personen beteiligt sein, um jedem Gelegenheit zur Teilnahme am Dialog zu geben.
- Das Rollenspiel soll in der Regel so lange dauern, bis das Problem deutlich geworden ist. Es ist abzubrechen, wenn sich die Teilnehmer langweilen.

Auswertung

- Reflexionsgespräch zwischen Darstellern und Beobachtern: Welche Gedanken und Gefühle sind zum Ausdruck gekommen? Wurden Klischees dargestellt?
- Die Darsteller erläutern, wie sie sich untereinander gesehen haben.
- Zusammenhänge zwischen Verhalten und Auswirkungen dieses Verhaltens werden deutlich gemacht.
- Neue Lösungsmöglichkeiten werden vorgeschlagen und erörtert.

Alternativen

- Falls erwünscht, werden auf der Grundlage des Auswertungsgesprächs noch andere Lösungsmöglichkeiten durchgespielt und anschließend analysiert. Dabei kann ein Rollenwechsel zwischen Beobachtern und Darstellern erfolgen.

Der große Vorzug des problemorientierten Rollenspiels liegt in der angestrebten Wirklichkeitstreue. Es stellt eine sinnvolle Beziehung zwischen Spielsituation und Alltagswirklichkeit her. Die Voraussetzungen für eine Übertragung des im Spiel Gelernten ist somit besonders günstig.

Das Auswertungsgespräch beim Rollenspiel ist von großer Bedeutung, denn neue Verhaltensweisen im Umgang mit anderen Menschen lassen sich nur verinnerlichen, wenn man zuvor erkannt hat, wie, wann, wo und mit welchen Erwartungen man sein Verhalten ändern will.

Planspiel

A	Jugendliche Erwachsene
T	10–20
Z	ab 60 Min.

Fast täglich werden wir vor Entscheidungen gestellt. In der Regel stehen sich zwei Seiten gegenüber oder es muß zwischen verschiedenen Sachverhalten gewählt werden.
Das Planspiel ist ein Simulationsspiel zur Einübung von entsprechenden (gesellschaftspolitischen) Verhaltensweisen. Es versucht, problem- und sachorientiert, komplizierte und abstrakte Zusammenhänge durch eine vereinfachte Darstellung durchschaubar und nachvollziehbar zu machen. Probleme, die eine Entscheidung erfordern, werden kooperativ gelöst.
Planspiele machen sichtbar, wie bestimmte Rollen innerhalb eines Systems funktionieren können oder müssen, wie z. B. gesellschaftliche, wirtschaftliche, juristische, soziale oder institutionelle Zwänge das Verhalten von Einzelpersonen und Gruppen bestimmen.
Im Handel sind vorgefertigte Planspiele erhältlich. Besser sind jedoch Spiele, die man gemeinsam, von den Bedürfnissen in der Gruppe ausgehend, entwickelt.
Das Entwerfen eines eigenen Spiels ist trotz des Aufwandes immer noch instruktiver als eines zu kaufen, da die Eigenbeteiligung und Aktivität der Mitspieler schon im Entwurf gefordert wird.
Gute Planspiele müssen nicht unbedingt besonders kompliziert sein. Es lassen sich Spiele durchführen, die nicht länger als eine Stunde dauern und trotzdem vielfältige Erfahrungen bringen.
Der Spielleiter bereitet gemeinsam mit dem Spielern vor, gibt ggf. Instruktionen, sorgt für einen reibungslosen Ablauf und hilft bei der Auswertung des Spiels.

Wie läuft ein Planspiel ab?

Vorbereitung

- Das Problem bzw. Thema, die Zielsetzung und die Situation werden bestimmt. Was wollen wir lernen? Fertigkeiten, Gefühle; Zusammenhänge, Systeme und Abhängigkeiten erkennen? Welche Kenntnisse soll das Spiel vermitteln?
- Material und technische Hilfsmittel werden gesichtet und zusammengestellt.
- Rollen werden festgelegt und Spielern zugeteilt (schriftlich, z. B. auf Karteikarten). Welches Verhalten sollen die einzelnen Spieler zeigen (Charakter, Gefühle, Einstellungen)?
- Es wird versucht, die reale Situation modellhaft nachzubilden (z. B. Konferenzsituation, Arbeitsplatz)
- Erstellung eines schriftlichen Organisationsplans (Spielverfahren).
  Wer muß sich mit wem auseinandersetzen? Wie interagieren die einzelnen Personen und Gruppen miteinander?

Proben/Vorversuche

- Erste Spielversuche werden durchgeführt, danach wird ggf. das Konzept überarbeitet. Wechsel der Rollen/Institutionen.

Durchführung

- Der Spielverlauf wird im wesentlichen durch die vorgegebene Thematik, die Rolleninhaber, die Situation und den Organisationsplan bestimmt.
  Der Ausgang ist in der Regel offen. Zu Beginn des Planspiels kann eine Beobachtergruppe gebildet werden.

Auswertung

- Das Planspiel wird im gemeinsamen Gespräch ausgewertet und diskutiert. Es stehen mehrere Spielformen zur Verfügung. Sie sind abhängig von der Spielbereitschaft der Teilnehmer, von materialen und räumlichen Gegebenheiten.

Spielformen und Themenbeispiele:

Planspiele lassen sich in vier Spielformen durchführen. Bei den meisten wird vor Spielbeginn der Sachverhalt kurz schriftlich umrissen.

117 Projektform

T	10–12
Z	180 Min.

Ein Modellfall wird der Realität nachempfunden und gespielt, z. B. wird unter der Leitidee „Zeitung, Nachricht, Meinung“ versucht, den Arbeitstag in einer Zeitungsredaktion nachzuspielen. Dabei wird es um verschiedene Fragen gehen: Wie entsteht ein Artikel? Welche Wirkung kann von ihm ausgehen? Wo werden Nachricht und Kommentar vermischt? Wie entsteht „Meinung“?
Die verschiedenen Aufgaben und Rollen werden in der Spielgruppe verteilt. Reportageaufträge werden an zwei „Redakteure“ gleichzeitig vergeben. Die unterschiedliche Darstellung in den Artikeln wird besprochen usw. . . Eine mögliche Rollenverteilung wäre z. B.: Verleger, Chefredakteur, Ressortleiter, Redakteure, Layouter (Text- und Bildgestalter), Leiter der Werbeabteilung, Drucker.

118 Debatte

T	8–20
Z	60 Min.

Argumente werden von zwei gegenüberstehenden Meinungsgruppen vorgetragen. Ein vor Spielbeginn gewähltes Gremium fällt nach Anhörung der beiden „Interessenvertreter“ einen Beschluß. Thema für ein

Rundgespräch könnte z. B. die Arbeitszeitverkürzung sein. Vertreter der Gewerkschaft und der Arbeitgeberverbände erörtern die 35-Stunden-Woche oder suchen nach Möglichkeiten zur Beseitigung der Jugendarbeitslosigkeit.

119 Diskussion

T	8–20
Z	60 Min.

Ein umstrittenes Thema wird von Spielern in unterschiedlichen Rollen dargestellt. Gegensätzliche Auffassungen, Wertungen und Meinungen werden zusammengetragen. Die Ergebnisse werden zusammengefaßt und analysiert. Das Thema „Strafe“ läßt sich z. B. aus pädagogisch-psychologischer, aus medizinischer, juristischer und geschichtlicher Sicht sowie aus der Sicht der Betroffenen beleuchten.

120 Verhandlung

T	8–20
Z	60 Min.

Innerhalb einer bestimmten äußeren Verhandlungsform soll ein Problem erläutert und zur Lösung gebracht werden; z. B. wird auf einer „Lehrerkonferenz“ der Disziplinarfall eines Schülers erörtert oder in einer „Gerichtsverhandlung“ werden Rechtsfälle aus dem Alltag zur Entscheidung gebracht. Ebenso kann es auf einer „Stadtverordnetensitzung“ um die Frage gehen, ob zuerst die Fußgängerzone, das Jugendfreizeitheim oder der Abenteuerspielplatz gebaut werden soll.

Spielvorschläge:

121 Gerichtsverhandlung

A	Jugendliche Erwachsene
T	10–20
Z	120 Min.

Die Gruppe nimmt sich vor, eine improvisierte Gerichtsverhandlung durchzuspielen. Das Thema der Verhandlung (z. B. Beleidigung, Körperverletzung, Diebstahl oder Verkehrsgefährdung) wird festgelegt und in groben Zügen (Delikt/Tatort/Tathergang bzw. Streitgegenstand) umrissen.

Die Rollen werden aufgeteilt: 1 Richter, 2 Schöffen, 1 Staatsanwalt, Verteidiger, Angeklagte, Zeugen, ggf. 1 Sachverständiger und Zuhörer. Die Darsteller für die einzelnen Rollen sollten sich freiwillig zur Verfügung stellen. Dem Richter ist bei diesem Spiel eine besondere Rolle als Moderator zugewiesen. Er leitet die Verhandlung, befragt Angeklagte und Zeugen und hält die Gesprächsfäden zusammen.

Der Spielraum wird zum Gerichtssaal umgerüstet. Die Spieler nehmen ihre Plätze ein. Der Richter sitzt mit den beiden Schöffen zwischen Staatsanwalt und Verteidigung. Vor ihnen sitzen die Zeugen. Der Angeklagte nimmt bei seinem Verteidiger Platz.
Der Richter eröffnet die Verhandlung und überprüft die Anwesenheit der Teilnehmer. Die Anklage wird vom Staatsanwalt vorgetragen. Der bzw. die Angeklagte wird vom Richter, dem Staatsanwalt und der Verteidigung zum Tathergang befragt. Dann werden die Zeugen aufgerufen und ebenfalls eingehend befragt. Der Angeklagte muß auf Befragung durch den Richter zu diesen Zeugenaussagen Stellung beziehen.
Auch die Schöffen, der Staatsanwalt und die Verteidigung können Fragen stellen.
Am Ende der „Beweisaufnahme" hält der Staatsanwalt sein Plädoyer. Darin faßt er für sich das Ergebnis der Verhandlung zusammen und gibt das von ihm geforderte Strafmaß bekannt. Daraufhin hält der Verteidiger sein Plädoyer für den Angeklagten.
Der Richter und die beiden Schöffen ziehen sich zur Beratung zurück und geben nach etwa 10 Minuten das Urteil bekannt. Die Entscheidung des Gerichtes wird dabei begründet.
Während das Gericht in einem anderen Raum berät, kann ein „Reporter" den Zuhörern die Frage stellen: Wie würden Sie entscheiden?

Spielintention: Eine Sache von verschiedenen Standpunkten beleuchten, Einfühlung, Betroffenheit erleben
Material: Schreibpapier und Kugelschreiber.

122 Betriebsratssitzung

A	Jugendliche Erwachsene
T	5–15
Z	60 Min.

Die Filiale der Firma Schmidt & Meyer muß aufgrund der schlechten Geschäftslage einen Mitarbeiter entlassen. Ein Vertreter der Firmenleitung sowie 3 Mitglieder des Betriebsrates haben nun die Aufgabe, zu entscheiden, welcher Mitarbeiter entlassen werden soll.
Unter diesen drei Personen ist die Entscheidung zu treffen:

1. 34jähriger, zwei Kinder. Die Arbeitsleistungen sind befriedigend. Seinen Vorgesetzten fiel er häufig durch kritische Bemerkungen auf.
2. 28jähriger, geschieden, ein Kind. Er ist schon häufiger zu spät zum Dienst gekommen und führt – wie man sagt – ein unstetes Leben. Er erbringt hervorragenden Arbeitseinsatz und sehr gute Leistungen.
3. 56jähriger, verheiratet, drei Kinder, von denen allerdings schon zwei aus dem Haus sind. Die Arbeitsleistung ist befriedigend.

Die Teilnehmer haben jetzt maximal 20 Minuten Zeit zu diskutieren und eine Entscheidung zu fällen. Nach gefallener Entscheidung wird

gemeinsam überlegt, wie es zu diesem Beschluß kam. Die Zuschauer fungieren als Beobachter.
Beobachtungshilfe: Nach welchen Gesichtspunkten werden Aussagen gemacht? Wie stark ist das Durchsetzungsvermögen des einzelnen Spielers? Läuft der Entscheidungsprozeß sachlich oder gefühlsbetont ab?
Die bezüglich Kündigung in Frage kommenden Personen (1-3) mit ihren Personalangaben sollten die Teilnehmer vor Augen haben (Zettel mit Personenbeschreibungen).
Der Spielleiter sollte darauf hinweisen, daß es günstig ist, wenn ein Mitglied aus der 4-köpfigen Spielrunde die Gesprächsführung übernimmt.
Für die Durchführung des Spiels sollte eine entspannte Atmosphäre herrschen.

Spielintention: Eine reale Situation wird reflektiert; die eigene Meinung muß vertreten werden; freie Rede, Einfühlungsvermögen, Entscheidungen treffen und abwägen
Material: Vorbereitete Zettel mit Personenangaben (1–3).

123 Das NASA-Spiel

A	Jugendliche Erwachsene
T	8–20
Z	120 Min.

Die NASA (National Aeronautics and Space Administration) ist die Nationalbehörde der USA für Luftfahrt und Raumforschung. Fachleute dieser Institution entwickelten das folgende Spiel für Astronauten. Auch ohne entsprechende Weltraumerfahrung können wir dieses Planspiel in der Gruppe durchführen. Vielleicht sind schon in den kommenden Jahrzehnten die technischen Probleme soweit gelöst, daß Weltraumreisen möglich werden . . . Bis dahin üben wir auf dem Boden von Mutter Erde.

Zur Spielhandlung

Der Spielleiter erzählt:

Du bist Mitglied des Raumkreuzers „Galaxis“, der nicht weit von der Hell-Dunkel-Grenze, jedoch auf der hellen Oberfläche des Mondes gelandet ist. Vom Mutterschiff aus bist du mit dem kleinen Raumgleiter „Galaxetta“ zu einem Erkundungsflug gestartet. Wegen technischer Schwierigkeiten ist dein Raumgleiter jedoch gezwungen, etwa 250 Kilometer vom Mutterschiff entfernt notzulanden, und zwar bereits ein Stück hinter der Hell-Dunkel-Grenze. Der Raumgleiter wird dabei zer-

stört. Du kannst nur das nackte Leben und einige Ausrüstungsgegenstände retten.
Da die Überlebenschance vom Erreichen des Mutterschiffs abhängt, müssen die wichtigsten Dinge für den 250 Kilometer langen Weg gewählt werden. Du stellst fest, daß folgende Gegenstände noch vorhanden und brauchbar sind:

- 1 Schachtel Streichhölzer
- 1 Dose Lebensmittelkonzentrat
- 25 Meter Nylonseil
- 1 größeres Stück Fallschirmseide
- 1 tragbares Heizgerät
- 2 Pistolen, Kaliber 45
- 1 Kiste Trockenmilch
- 2 Sauerstofftanks mit je 100 Litern Inhalt
- 1 Sternatlas mit der Mondkonstellation
- 1 Schlauchboot, das sich selbst aufblasen kann
- 1 Magnetkompaß
- 20 Liter Wasser
- Signalleuchtkugeln
- Notapotheke mit Injektionsnadeln
- 1 UKW-Sender und -Empfänger, der mit Sonnenbatterien betrieben wird

Jeder Spieler erhält einen Zettel, auf dem alle 15 Gegenstände aufgeführt sind.

Die Aufgabenstellung:

1. Spielphase Spielzeit: 15 Minuten

Jeder Spieler erstellt für sich allein eine Rangfolge der Wichtigkeit dieser 15 Gegenstände. Die Nummer 1 wird neben den wichtigsten Gegenstand, die Nummer 2 neben den zweitwichtigsten Gegenstand usw. bis Nummer 15 gesetzt. Das Ergebnis behält jeder Spieler für sich.

2. Spielphase Spielzeit: 45 Minuten

Nachdem jeder Mitspieler diese Rangfolge schriftlich festgelegt hat, werden Gruppen zu je 4-6 Spielern gebildet. Ziel ist das Erstellen einer gemeinsamen Rangfolge der Wertigkeit der einzelnen Gegenstände. In der Gruppe soll Einigkeit über die Bewertung erzielt werden. Die unterschiedlichen Meinungen müssen gründlich diskutiert werden, zumal es ja ums „Überleben" geht!

3. Spielphase

Die Ergebnisse aus der 1. und der 2. Spielphase werden innerhalb der Gruppe, dann mit den anderen Spielgruppen und dem Sachverständigengutachten der NASA verglichen.

Auflösung

Die NASA-Fachleute stellten folgende Rangordnung auf:

1. 2 Sauerstofftanks mit je 100 Litern Inhalt (notwendig zum Atmen)
2. 20 Liter Wasser (Trinkwasser)
3. 1 tragbares Heizgerät (auf der dunklen Seite als Kälteschutz notwendig)
4. 1 Dose Lebensmittelkonzentrat (Energiebedarf)
5. 1 UKW-Sender und -Empfänger, der mit Sonnenbatterien betrieben wird (Funkverbindung mit dem Mutterschiff)
6. 25 Meter Nylonseil (nützlich zum Abseilen, zum Klettern, um Verletzte zu unterstützen usw.)
7. Notapotheke mit Injektionsnadeln („Erste-Hilfe-Leistung" durch Injektionen und Tabletten)
8. 1 größeres Stück Fallschirmseide (Sonnenschutz)
9. 1 Schlauchboot, das sich selbst aufblasen kann (die Kohlensäureflaschen zum Aufblasen des Floßes können als Antrieb zum Überwinden von Schluchten eingesetzt werden
10. Signalleuchtkugeln (Notsignal, sobald das Mutterschiff in Sichtweite ist)
11. 2 Pistolen, Kaliber 45 (Antrieb durch Rückstoß)
12. 1 Kiste Trockenmilch (Nahrung; mit Wasser gemischt trinkbar)
13. 1 Sternatlas mit der Mondkonstellation (Orientierungshilfsmittel)
14. 1 Magnetkompaß (auf dem Mond gibt es kein polarisiertes Magnetfeld)
15. Streichhölzer (auf dem Mond völlig nutzlos)

Beobachtungshilfe:

Wie wurde die Diskussion geführt? Wie setzten die Spieler ihre eigene Meinung durch? Gab es „faule Kompromisse"?
Wie kam es zu einem Mehrheitsbeschluß?
Waren alle Spieler am Entscheidungsprozeß beteiligt? Wie lange dauerte er?

Bei der Durchführung des NASA-Spiels wird sich stets das gleiche Ergebnis zeigen: Die Gruppe weist eine wesentlich höhere Entscheidungssicherheit auf als die einzelnen bei ihren Entscheidungen. Diese Erkenntnis ist für das Entwickeln neuer Ideen von besonerer Bedeutung.

Spielintention: Erkennen des Leistungsvorteils der Gruppe; argumentieren, überzeugen; Gegenüberstellen von Beschlußfassungen und Problemlösungen

Material: Vorbereitete Zettel, auf denen die 15 Gegenstände genannt sind, Schreibstifte.

Handpuppenspiel

Das Puppentheater stellt eine eigene Gattung des Theaters dar. Die Puppe zeigt besondere Wesenszüge und kann Dinge darstellen, die nur von ihr darstellbar sind. Sie fliegt z. B., setzt vom Boden ab und verschwindet auf der Stelle.
Die Figuren sind in der Regel überzeichnet, typisiert, um so bereits dem äußeren Wesen eine eigene Prägung geben zu können.
Das nun schon klassische Kasperlespiel ist nicht nur ein Spiel für Kinder. Kasperl in der Rolle des gewitzten Narren kann sehr reizvoll von einem Spieler eingesetzt werden, um z. B. auf einem Bunten Abend oder bei einem Diskussionsspiel etwas „durch die Blume" zu sagen. Der Interpret führt einen Dialog mit der Puppe und läßt sie manches mitteilen, ohne ihr aber gleichzeitig immer zuzustimmen.
Ein Grundsatz des Handpuppenspiels lautet: Das Publikum ist nicht nur Zuschauer, sondern auch Mitspieler.
Bei Kindern ist es einfach, sie zum Mitspielen zu motivieren. Jugendliche und Erwachsene haben eher Hemmungen. Sie üben meist Zurückhaltung. Sie möchten zwar gerne mitmachen, schämen sich jedoch vor den anderen. Bei Erwachsenen bricht die Puppe das Eis, wenn sie einen Witz erzählt oder dem Publikum eine Frage stellt, die sich nur mit „ja" oder „nein" beantworten läßt; auch geht sie auf Dinge ein, die sich z. B. im Zuschauerraum ereignen. Das Stegreifspiel mit dem Publikum, das Hin- und Herwerfen von „Bällen" erfordert einen schlagfertigen Puppenspieler.

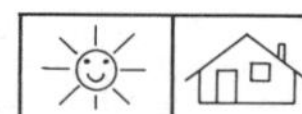

A	**alle**
T	**10–100**

Die wichtigsten Spielregeln

Zur Handlung:
- Das Mitspielen des Publikums sollte von vornherein eingeplant werden.
- Die Handlung muß klar strukturiert und originell (Spannungsbogen) sein. Es muß einen leitenden Gedanken, den „roten Faden" geben.
- Je nach sprachlichem Talent der Akteure eignen sich für die Arbeit mit Jugendlichen und Erwachsenen z. B. folgende Themen:
  a) Die Puppen agieren zu Musik von der Schallplatte (Opern- oder Singspiele)
  b) Parodien, gespielte Witze
  c) Märchen (Verwandlungen, Stimmungsbilder)
  d) Textspiele

Beleuchtung, Bühnenbild und Requisiten sind dabei auf das jeweilige Thema abzustimmen.

Zur Spieltechnik

- Der Spieler bestimmt, wie seine Puppe auftreten soll und was mit ihr geschieht. Die Charaktere der Figuren sind durch ihr äußeres Erscheinungsbild in bestimmter Weise festgelegt; sie können z. B. „gut“, „böse“, „einfältig“ oder „lustig“ sein.
- Nicht jede Stimme paßt zu einer bestimmten Puppe. Soll sie tief, schrill, fistelnd, ängstlich, weinerlich sein oder gar Dialekt sprechen? Der Spieler muß sich auf das vorgegebene Äußere der Puppe einstellen. Bei einer Sprechprobe mit der Puppe merken wir schnell, ob Stimme und Puppe eine Einheit bilden.
- Es sollte deutlich, nicht überhastet gesprochen werden.
- Damit die Puppe eindrucksvoll „leben“ kann, streifen wir sie über die ausgestreckte Hand und unseren Unterarm. Handrücken und Unterarm müssen dabei eine gerade Linie ergeben. Der Zeigefinger wird in den Puppenkopf gesteckt, Daumen und kleiner Finger (!) ergeben die Arme. Durch diese Fingerverteilung erhält die Puppe ausgeglichene Proportionen.
- Die ersten Bewegungsversuche werden unternommen:
  Bewegen des Kopfes: Bejahen, verneinen, nachdenklich am Kopf kratzen. Ein Gegenstand wird gegriffen. Gehen: Gebrechlich, würdevoll, schleichend, lauernd. Zwei Puppen bewegen sich zusammen: Begrüßung, tanzen.
  Damit die Puppe beim Gehen stets zwei Drittel über der Spielleiste steht, winkeln wir den Arm beim Spielen leicht an.
- Die Harmonie von Sprache und Bewegung ist der wichtigste spieltechnische Grundsatz. Dies gilt insbesondere, wenn mehrere Puppen zusammenspielen. Sie müssen klare sprachliche Unterschiede aufweisen. Auch aus ihren Bewegungen muß dem Zuschauer deutlich werden, wer gerade spricht.

Anschriften

Das Puppenspiel wird nicht nur an Fachschulen und Fachakademien für Sozialpädagogik, an den Fachhochschulen und Pädagogischen Hochschulen gelehrt, sondern auch an eigens dafür vorgesehenen Institutionen.

Zwei besonders bekannte Einrichtungen sind das **„Deutsche Institut für Puppenspiel“,** Bergstraße 115 **4630 Bochum** und die **„Landesarbeitsgemeinschaft Puppenspiel e. V.“,** Tulpenbaumweg 7, **5300 Bonn-Bad Godesberg.** Wer sich intensiver mit dem Puppenspiel beschäftigen möchte, kann sich auch an den **„Verband Deutsche Puppentheater e. V.“,** Wiesenau 8, **6000 Frankfurt/M. 1,** wenden.

Schattenspiel

Das Schattenspiel ist eine alte Form des darstellenden Spiels. Es kam von China und Java über die orientalischen Länder nach Italien und von dort im 17. Jahrhundert nach Deutschland. Hier wurde es besonders von den Romantikern gepflegt. Achim von Arnim und Eduard Mörike verfaßten z.B. Schattenspiele.

Wir unterscheiden das Figuren- und das Menschenschattenspiel. Beim erstgenannten handelt es sich um eine besondere Form des Puppenspiels. Es wird mit beweglichen Scherenschnitten hinter einer mit weißer Seide bespannten, ca. 60 x 100 cm großen Bühne gespielt. Die Figuren sind flach und von der Konstruktion her auf die Wirkung der Silhouette angelegt. Die Figuren werden aus schwarzem Karton ausgeschnitten. Für die Gelenke werden Bindedraht und Musterklammern benutzt. Zur Führung wird die Figur an feste Drähte oder Holzstäbe geklebt.

A	alle
T	10–50

In der Arbeit mit Jugendlichen findet das Menschen-Schattenspiel eine größere Resonanz. Die Gemeinsamkeit mit dem Figurenspiel liegt im Spiel mit der Fläche. Es wird von der Umrißform bestimmt. Die Darsteller spielen lautlos mit verlangsamten, stilisierten Bewegungen. Es wird nicht gesprochen. Sprache, Geräusche und Musik werden von außen in das Spiel gebracht. Entweder es wird ein Text von einem außen neben der Bühne sitzenden Spieler zu jeder Szene vorgelesen oder er wird vom Tonband/Kassettenrecorder dazu gespielt.
Für das Menschen-Schattenspiel benötigen wir natürlich eine entsprechend größere Spielfläche.

Recht schnell entsteht eine Bühne, wenn man einen Türrahmen mit einem Bettlaken bespannt und etwa 2-3 Meter hinter dem Laken eine starke Lichtquelle (200-500 Watt) installiert. Die Spielfläche muß voll ausgeleuchtet sein. Eine größere Spielfläche bietet mehr Spielmöglichkeiten. Dafür wird eine Bahn aus ca. 2 x 4 Meter weißem, reißfesten, dünnen Leinenstoff (oder Nessel) auf einen Holzrahmen gezogen. Sollte es Beschaffungsschwierigkeiten beim Stoff geben, so können eventuell mehrere Laken zusammengenäht werden.

Der Aufwand für den Bühnenbau lohnt sich ohnehin nur, wenn die Spielgruppe beabsichtigt, sich dem Schattenspiel für einen längeren Zeitraum zu widmen.

Regeln zur Durchführung des Menschen-Schattenspiels

1. Der Ablauf der Szenenfolge wird zu Beginn schriftlich festgelegt.
2. Die einzelnen Szenen müssen klar erkennbar und übersichtlich aufgebaut sein.
3. Der Schatten des Spielers wird zur Spielfigur und übernimmt seine Rolle. Die Spieler müssen sich im Bühnenraum außerhalb des Lichtkegels bewegen.
4. Der Szenenwechsel findet durch Ausschalten des Lichtes statt.
5. Die Kostüme müssen formprägnant sein, da es auf die Form- bzw. Umrißwirkung ankommt. Kreppapier und Tücher helfen bei der Verfremdung eines Kostüms. Letztlich kann alles verwendet werden, was interessante Schatten wirft.
6. Um unliebsame Nebengeräusche zu vermeiden, sollten die Spieler Turnschuhe tragen.
7. Als Requisiten eignen sich angefertigte Papp-Attrappen, die beim Spiel stets parallel zur Leinwand aufgestellt sein müssen. Natürlich werden ebenso leicht aufzubauende und verwandlungsfähige Möbel (Stuhl, Tisch, Kiste) eingesetzt.
8. Die Rahmenkulissen für eine Spielszene (z. B. Bäume, eine Tür oder Säulen) können als Papp-Attrappen hergestellt werden. Wirkungsvoll und zudem wenig aufwendig, lassen sich Kulissen auch durch Diapositive projizieren. Hierfür wird zwischen zwei 24 x 36 mm große (dünne) Glasplatten ein zuvor mit der Stechfeder sorgfältig herausgearbeiteter Scherenschnitt gelegt und mit dem Projektor wie ein Dia projiziert. Durch entsprechenden Abstand zur Bühne ergeben sich schnell die richtigen Größenverhältnisse zwischen Spielern und Kulissen.

Spielvorschläge:

124 Seltsames und Zauberhaftes

A	alle
T	1–5
Z	10 Min.

Als Spielvorlage eignen sich für das Menschen-Schattenspiel seltsame, phantastische und zauberhafte Begebenheiten. Hier einige Themen:

- mittelalterliche Operation oder Zahnbehandlung
- Operation, bei der wundersame Dinge aus dem Bauch des Patienten an das Tageslicht befördert werden
- Spaziergang durch einen Geisterwald
- Zirkusvorstellung; z. B. Auftritt von Säbelschlucker, Gewichtheber und Schlangenbeschwörer
- gespielte Sprichwörter
- Liebesszene (schüchternes Paar)
- ein Allesfresser hält Mittagstisch
- Dämonen mit sechs Armen erscheinen (drei Spieler hintereinander)
- Zaubereien (Dinge tauchen auf und verschwinden)
- Schattenpantomime (siehe auch unter »Pantomime«)
- Schattenplastik (Statuen werden dargestellt)
- die Schatten bekannter Persönlichkeiten aus der Vergangenheit. Zusätzliche Requisiten werden eingesetzt. Die Zuschauer raten.

Spielintention: Phantasie und körperlicher Ausdruck werden angeregt.
Material: Schattenbühne, Requisiten, Musik.

125 Ganovenjagd

A	alle
T	8–16
Z	10 Min.

Für dieses Schattenspiel wird der Raum abgedunkelt und durch die Zimmermitte eine Leinwand (Bettlaken) gespannt. In einiger Entfernung dahinter wird eine Lampe angebracht. Zwei Gruppen werden gebildet. Bei der ersten Gruppe handelt es sich um die gesuchten »Ganoven«, die - bis zur Unkenntlichkeit verkleidet - hinter der Leinwand an der zweiten Gruppe, den Detektiven, vorbeiziehen. Diese sollen nun die Ganoven identifizieren. Natürlich kann auch mehrfach hintereinander dieselbe Person in verschiedener Aufmachung (Hut, Kleidung, Körperhaltung) auftreten. Lassen sich die Detektive irreführen? Nach einem Durchgang wird gewechselt. Welche Gruppe erkennt die meisten Ganoven?

Material: Bettlaken, Lichtquelle (2 x 100 W.-Birnen), Utensilien.

Technisch-mediales Spiel

Im technisch-medialen Spiel erfahren die Teilnehmer die unterschiedlichen Ausdrucksmöglichkeiten und Wirkungsweisen des Tonbands, des Films und der Videoaufzeichnung.
Neben dem Experimentieren und Üben mit der Technik lernt die Spielgruppe, von Personen und Situationen getragene Handlungsabläufe in die »Sprache« des jeweiligen Mediums umzusetzen

Das Hörspiel

A	alle
T	3–6

Im Gegensatz zur Bühnenaufführung ist das Hörspiel beweglicher in der Szenenverknüpfung. Eine Szene entwickelt sich aus der anderen. Wie beim Bühnenstück bedarf es einer Niederschrift des geplanten Handlungsablaufs, aus dem z. B. die Personen, Situationen (Ort der Handlung) und die notwendigen Geräusche hervorgehen. Auch die Hilfsmittel, die für die Erzeugung der Geräusche benötigt werden, sollten im Regiebuch stehen.
Jeder Spieler erhält eine Durchschrift des Regiebuches. Ein 20-minütiges Hörspiel umfaßt etwa 20 DIN-A-4-Seiten. Um Nebengeräusche während der Aufnahme zu vermeiden, blättern wir das Manuskript nur

sehr vorsichtig um, ohne mit dem Manuskript den Mund zu verdecken. Die Aufnahmequalität könnte dadurch beeinträchtigt werden.
Um kleine Fehler in den Griff zu bekommen, wird erst einmal vor dem abgeschalteten Mikrofon geübt.
Die Sprache der Akteure muß beim Hörspiel ausdrucksstark und konzentriert sein, da im Gegensatz zur Bühne Gestik und Mimik nicht sichtbar werden. Die Sprache soll die einzelnen Szenen in Spannung halten.
Damit der Zuhörer der Handlung folgen kann, muß sie übersichtlich und geradlinig aufgebaut sein. Rundfunkjournalisten wissen, daß das geschriebene Wort etwas anderes ist als das gesprochene. Kunstvoll verschachtelte und konstruierte Sätze wirken beim Hörspiel unecht und ermüden den Zuhörer.
Geräusche führen den Hörer in die Umgebung ein, sie erzeugen Stimmungsbilder und wecken seine Phantasie. Ein Zuviel an Geräuschen kann aber irritieren. Sie sollten deshalb nur zu Beginn und am Ende einer Szene zu hören sein.
Im Handel sind entsprechende Schallplatten und Kassetten mit unterschiedlichsten Geräuschen erhältlich. Natürlich kann man diese auch selbst erzeugen.
Hier einige *Beispiele* aus der »Trickkiste des Geräuschemachers«:

Regen: Trockene Erbsen werden auf einem Sieb hin- und hergerollt. Das Mikrofon wird dicht an das Sieb gehalten.
Wind: Zwei Papierkanten werden möglichst nahe am Mikrofon angeblasen.
Sturm: Gegen den Rand einer steifen Pappe blasen, die man vor den Mund hält.
Wasserfall: Mehr oder minder stark in das Mikrofon hineinblasen.
Brandung: Am Badewannenrand mit leichten Bewegungen das Wasser plätschern lassen.
Donner: »Theater-Donner« wird erzeugt, indem dünne Blechplatten in einigem Abstand vor dem Mikrofon geschüttelt werden.
Feuer: Zellophanpapier wird direkt vor dem Mikrofon zusammengeknüllt.
Pistolenschuß: Für ein Kriminalhörspiel wird der Schuß durch eine Latte erzeugt, die wir dicht neben dem Mikrofon auf eine Tischplatte schlagen.
Quietschende Bremsen: Eine Gabel wird über eine Glasplatte gezogen.
Schritte: Nahe vor dem Mikrofon wird Kunststoff-Folie im Schritt-Rhythmus gedrückt.
Telefonieren: In ein leeres Wasserglas hineinsprechen.

Kassettenrecorder und Tonbandgerät

Beide Geräte sind ideale Hilfsmittel zur Erstellung von Reportagen und Hörspielen und jedem vertraut.
Kassettenrecorder sind für normale Sprachaufnahmen bestens geeignet. Gute Geräte kosten zwischen 150,- bis 200,- Mark.

Ein Spulen-Tonbandgerät ist nicht nur teurer in der Anschaffung, sondern auch unhandlicher. Man wird es nur dann einsetzen, wenn später, nach der Aufnahme unergiebige oder überflüssige Passagen herausgeschnitten werden sollen.
Auch ein Radiorecorder, bei dem sich Radio und Kassettenrecorder in einem Gerät befinden, kann für Aufnahmen eingesetzt werden. Diese Geräte verfügen über ein eingebautes »Bordmikrofon«. Dieses hat den Nachteil, zu weit von den einzelnen Sprechern entfernt zu sein; auch werden so eher unerwünschte Nebengeräusche aufgenommen.
Besser ist auf jeden Fall die Verwendung eines Handmikrofons, das sich auf ein (Tisch-) Stativ setzen läßt. Ein brauchbares Handmikrofon ist für 30,- bis 40,- Mark erhältlich.

Spielvorschläge:

Um vorhandene Spiel- und Sprechhemmungen abzubauen, beginnen wir mit einfachen spielerischen Übungen.

126 Geräusche-Quiz

A	**alle**
T	**3–5**
Z	**90 Min.**

Mit dem Kassettenrecorder und Tonbandgerät lassen sich eine Fülle unterschiedlicher Umweltgeräusche aufnehmen als auch künstlich gestalten.
Der Schwierigkeitsgrad der akustischen Quizaufgaben richtet sich nach dem Zuhörerkreis.
Eine Spielgruppe von ca. 3 - 5 Personen kann z. B. folgende Quizspiele herstellen:

- Umweltgeräusche aus dem Alltag, aus der Welt der Technik oder einem bestimmten Arbeitsfeld werden aufgenommen und von den Hörern erraten.
- Künstlich erzeugte Umweltgeräusche müssen ebenso wie ihr Zustandekommen (welche Hilfsmittel wurden benutzt?) geraten werden.
- Schwieriger: Die Hörer sollen aufgenommene Körpergeräusche (z. B. Fingerklopfen, Händereiben, Nägelschnipsen, Haare streichen, Zähnemahlen usw.) erkennen.

Gelöst werden können die Rätsel in der Gruppe (mit Zeitnahme), als Wettbewerb Gruppe gegen Gruppe oder durch je zwei Spieler, die gegeneinander antreten.

Spielintention: Ratespaß, Konzentration
Material: Kassettenrecorder, Tonbandgerät, beliebige Gegenstände zur Geräuscherzeugung.

127 Comic-Hörspiel

A	Jugendliche
T	3–5
Z	90 Min.

Die Gruppe möchte Comic-Szenen als Hörspiel aufführen. Jeder Spieler erhält ein Comic-Heft gleichen Inhalts. Wer keine Sprecherfunktion hat, übernimmt eine Geräuschrolle.

Nach dem Abhören der Aufnahme erfolgt die Nachbesprechung, bei der gemeinsam überlegt wird, welche Aufnahmesequenzen gelungen oder mißraten sind, ob der (Comic-) Inhalt für den Zuhörer nachvollziehbar ist und die Tontechnik den Vorstellungen entspricht.

Spielintention: Bildfolgen »hörbar machen«
Material: Comic-Hefte

128 Acht Mini-Hörspiele

A	Jugendliche Erwachsene
T	2–5
Z	60 Min.

Nicht alle Textvorlagen eignen sich für eine Hörspiel-Bearbeitung, um so mehr macht es den Teilnehmern Spaß, kurze Spielszenen, die vom Einfallsreichtum und der Spontaneität der Sprecher getragen sind, zu improvisieren.

Die folgenden Mini-Hörspiele können zu einem bunten Programm zusammengestellt werden:

- Der weltbekannte Filmschauspieler Toni Tonleitner ist auf dem Frankfurter Flughafen eingetroffen, um am Abend bei der Premiere seines neuen Films persönlich dabei zu sein. Ein Reporter interviewt ihn ... (Flugplatzgeräusche).
- Ein Mitarbeiter der Firma Bohlmann und Co sucht den Personalchef auf, um für sich eine Gehaltserhöhung auszuhandeln ... (Telefongeräusch bzw. Sprechanlage kündigt den Mitarbeiter an).
- Der Verkäufer in einer Fußgängerzone preist dem Publikum redegewandt ein Produkt an ... (Straßengeräusche).
- Professor Dr. Wach gibt den verehrten Zuhörern Ratschläge zur richtigen Behandlung der sogenannten »Frühjahrsmüdigkeit« ... (Vielleicht wird der Professor am Ende selbst müde? Als Vortragsausklang könnte z.B. ein Schlaf- oder Wiegenlied erklingen).
- Die Vorsitzende eröffnet die Jahreshauptversammlung ihres Vereins und zeichnet drei Mitglieder für besondere Leistungen aus ... (Die Rednerin erhält eine Glocke).
- Ein Sportreporter kommentiert ein aufregendes sportliches Ereignis (z. B. den Kampf im Schwergewicht um die Weltmeisterschaft im Ringen) ... (Gong!)
- Ein Rundfunkreporter befragt verschiedene Passanten über ... ein frei gewähltes Thema. Die »Passanten« weisen unterschiedliches Sprachverhalten auf (z. B. besonders vornehm und gewählt im Ausdruck; viele Kraftausdrücke benützend; verschüchtert; sehr zerstreut; sehr undeutlich sprechend usw.).
- In der Verkehrsleitstelle der Polizeidirektion gehen verschiedene Meldungen ein ... (Telefongeräusche).

Spielintention: Improvisieren, Situationskomik
Material: Beliebige Utensilien zur Geräuscherzeugung.

Filmen

Die technische Ausrüstung

A	Jugendliche Erwachsene
T	5–10

Auch im Zeitalter der Video-Technik ist das Arbeiten mit der Super-8-Kamera eine Liebhaberei, die von den Akteuren eine Menge Idealismus verlangt und Freude an schöpferischer Phantasie voraussetzt.
Für den Umgang mit dem Medium Film sollten persönliche Initiative und gute Ideen wichtiger sein als eine ausschließlich auf Perfektion ausgerichtete Technik.
Wer bisher fotografiert hat, wird zwar bildgestalterische Erfahrungen mitbringen, jedoch merken, daß sich die beiden Medien grundlegend unterscheiden. Film nämlich heißt in erster Linie Bewegung.
Da das Filmmaterial nicht billig ist und nachträgliche Korrekturen ausgeschlossen sind, müssen die gestalterischen Mittel gleich zu Beginn auf ihre optimale Wirkung abgestellt werden.
Die Filmgruppe sollte nicht mit filmischen »Bandwürmern« von 30 Minuten Dauer und mehr beginnen, sondern mit kleinen Kurzfilmen von 3 1/2 (eine Kassettenfüllung) bis 10 Minuten. Ein 3 1/2-minütiger Film läßt etwa 30 Szenen zu. Für den Anfang ist das schon sehr viel. Eine geübte Laienspielgruppe wird sich an eine längere Laufzeit (ca. 20 Minuten) heranwagen.
Die Palette der Super-8-Schmalfilmkameras reicht von einfachen Ausführungen für etwa 150,– Mark bis zu teuren Tonfilmkameras mit Spiegelreflexsucher für 1000,– Mark und mehr. Die Anschaffungskosten für eine Stummfilmausrüstung (Kamera, Stativ, Projektor, Klebepresse, Kleinmaterial) liegen bei ca. 900,– Mark, für eine Tonfilmausrüstung müßte man das Doppelte dazurechnen. Das Filmmaterial für einen 30minütigen Stummfilm liegt bei 100,– Mark, beim entsprechend langen Tonfilm bei 160,– Mark.

Welche Geräte werden benötigt?

Für die Aufnahme:

- Super-8-Kamera (möglichst mit Zoomobjektiv)
- Profilstativ mit Mittelsäule und Kinopanorama-Knopf (Umhertanzende Leinwandbilder lösen nur selten Begeisterung aus. Gerade für Aufnahmen im Telebereich ist das Stativ besonders geeignet.)
- Filmleuchte mit 220 V/1000 Watt bzw. 220V/500 Watt.
- S-8-Filmkassetten (Filmlänge 15 m). Je nach Kamera sind die Filme mit oder ohne Tonspur oder mit der Möglichkeit zur direkten Tonaufnahme im Handel erhältlich.
- Ersatzbatterien für die Kamera.

Für die Bearbeitung nach der Filmentwicklung:

- Filmklebepresse und Klebematerial
- Für den Filmschnitt ist ein »Filmbetrachter« eine nützliche Hilfe. Er verfügt über eine Filmbildeinstellung und über eine Markierungsstanze, die dem »Cutter« die Arbeit wesentlich erleichtert.
- Je nach Art der Vertonung wird ggf. ein Kassettenrecorder oder ein Tonbandgerät benötigt.

Zur Vorführung:

- Filmprojektor (mit Halogenlampe)
- ggf. Kassettenrecorder oder Schallplattenspieler
- Leinwand

Vor der Anschaffung sollte sich die Gruppe genau über Preise, Leistung und Ausstattung der Geräte informieren. Preisvergleiche lohnen sich.

Film-Idee und Filmgestaltung

Man kann schon mit relativ kleinen Schmalfilm-Erfahrungen einen Film drehen. Am Anfang sollte keine Szene unter sechs Sekunden liegen. Groß- und Ganzgroßaufnahmen wirken auf Schmalfilmen mehr als Panoramaaufnahmen.
Damit der »rote Faden«, der die Filmhandlung ausmacht, nicht verlorengeht, ist es wichtig einen Film-Plan aufzustellen, einen Spielleiter als Regisseur und natürlich Darsteller zu haben.
Der Regisseur führt die »Schauspieler« mit leichter Hand und gewährt ihnen - wie beim Laienspiel beschrieben - genügend Spielraum für die eigene Auffassung von der Rolle. Im Gegensatz zum Bühnenpathos wird beim Film der Aufwand an Mimik und Gestik reduziert.
Die Szenen werden mehrfach geübt, bevor sie im »Kasten« sind. Sprache, Geräusche und Musik werden, sofern nicht mit einer Tonfilmkamera gearbeitet wird, später am Tisch bearbeitet, wobei besonders die Mono- und Dialoge genau auf die Lippenbewegungen der Darsteller abgestimmt werden müssen.
Neben den Rollen müssen auch die auf die Technik bezogenen Funktionen in der Spielgruppe eingeübt werden. Jeder findet eine seinen Neigungen und Wünschen entsprechende Aufgabe als

- Autor
- Regisseur
- Darsteller
- Maskenbildner
- Kameramann
- Beleuchtungstechniker
- Tontechniker
- Cutter (sorgt nach der Entwicklung für den Filmschnitt)

Als Themen und Anregungen eignen sich viele der in diesem Kapitel beschriebenen Spielformen und Spielvorschläge.

Drehbuch und Drehplan

Um alle für die Dreharbeiten notwendigen Hilfsmittel und Materialien zur Hand zu haben, sollten auf dem Deckblatt des Drehbuches oder auf einer Extraseite alle erforderlichen Zubehörteile genau aufgeführt sein. In einer Utensilienliste werden alle Gegenstände, Kleidungsstücke und Requisiten aufgeführt, die im Film zum Einsatz kommen sollen.

Für die Filmgestaltung gilt die Regel: Einleitung - Höhepunkt - Ausklang. In der Einleitung wird gezeigt, wer was, wann, wie, wo spielt und um was es geht. Der Höhepunkt bringt die Spannung bzw. das Wesentliche des Filmthemas, die Aussage. Und der Ausklang führt - bitte nicht abrupt - zum »Ende«.

Am Anfang stehen die zündende Idee, ein realisierbares Konzept und Spieler, die frei und glaubhaft vor der Kamera agieren.
Beim Filmen ist die kurze Spieldauer der Kassette zu berücksichtigen. Durch eine gute Organisation und Planung kann von vornherein verhindert werden, daß später zu viel herausgeschnitten werden muß.

Von der Rahmenhandlung wird ein Drehplan erstellt:

Szene Nr.	Dauer der Szene	Ein-stellung	Ort/Darsteller/ Handlung Regieangaben	Text	Ton Geräusche/ Musik

Einstellungen können z. B. sein:

- Weitaufnahme (W) = besonders große Übersichtsaufnahme
- Totale (T) = Übersichtsaufnahme
- Halbnah (HN) = nähert sich dem Aufnahmeobjekt
- Nah (N) = Ausschnitt des Aufnahmeobjektes
- Großaufnahme (G) = z. B. Kopf, Hände, Füße
- Froschperspektive (FP) = aus dem Tiefpunkt heraus
- Vogelperspektive (VP) = Draufsicht

Vertonung

Die Stummfilmzeit ist längst vorbei. Auch bei den Schmalfilmern. Den Tonteil eines Films kann man verschieden gestalten. Wenn die Filmgruppe »nur« über eine Stummfilmkamera verfügt, so kann sie das Film-Thema mit Musik und Umweltgeräuschen untermalen, die separat vom Kassettenrecorder oder Tonband kommen. Genauso lassen sich natürlich auch erklärende Texte - wie wir sie vom Stummfilm her kennen - verwenden. Seit etwa 1975 sind Super-8-Kameras auf dem Markt, bei denen der Ton auf Tonfilmkassetten aufgenommen wird. Der mitgeschnittene Ton kann bei diesen Geräten mit Hilfe eines Kopfhörers sofort kontrolliert werden.

Filmschnitt

Der Schnitt beim Schmalfilm ist ein besonderer Vorteil gegenüber der Videotechnik. Nach der Entwicklung des Films wird sofort der Filmschnitt vorgenommen, bei dem - Selbstkritik vorausgesetzt - die nicht so gelungenen Szenen herausgenommen werden und der Film seine Endfassung erhält.
Hierfür wird nochmals ein »Schnittplan« erstellt, in den die beabsichtigte Szenenfolge eingetragen wird.

Informationen für Super-8-Filmer

Stadt-, Kreis- und Landesbildstellen verleihen kostenlos bzw. gegen eine geringe Gebühr geeignete Super-8-Filme, die sich mit dem Filmemachen (Technik, Regie, Filmtricks) beschäftigen. Bücher zu diesem Thema finden Sie in der Literaturliste unter der Rubrik »Hilfen für die praktische Arbeit«.

»Fernsehen selber machen«

Die Videotechnik

Die Videotechnik wird zunehmend zur Konkurrenz für Schmalfilmkameras. Auch in der Gruppenarbeit mit Schülern, Jugendlichen und Erwachsenen werden heute vielerorts Farbkameras und tragbare Recorder eingesetzt. Die Anschaffung der Geräte setzt Investitionen von etwa 3000,- bis 6000,- Mark voraus. Die laufenden Kosten sind relativ gering. Der Stückpreis für eine Kassette liegt je nach Spieldauer und System zwischen 20,- und 50,- Mark. Sie können beliebig oft gelöscht und mit neuen Aufnahmen bespielt werden.

Die erzielten Ergebnisse, die man sich dann auf dem Bildschirm ansehen kann, sind aber leider oft enttäuschend.
Da man bei der Videotechnik im Vergleich zum Schmalfilm die Ergebnisse sofort betrachten und auch wieder löschen kann, liegt hier das hauptsächliche Kaufkriterium für Videokameras. Die Praxis zeigt, daß trotz des hohen Anschaffungspreises die Aufnahmen vieler Videokameras in Schärfe und Farbqualität den Schmalfilmkameras unterlegen sind.
Gruppen, die sich zur Anschaffung einer Videokamera mit Recorder entschlossen haben, sollten sich im Fachhandel genau umsehen und die Gebrauchsanleitungen der verschiedenen Fabrikate gründlich studieren.
Auch die häufig wechselnden, uneinheitlichen Kassettenformate bei den Recordern sollten bei einer derartigen Investition unbedingt mit in die Überlegungen einfließen.
In den meisten Fällen wird man wegen der hohen Kosten auf eine Anschaffung verzichten, zumal auch bei den Gruppen nach einiger Zeit das Interesse nachläßt. Besser ist es, sich bei Bedarf eine Anlage auszuleihen. In Frage kommen hierfür Einrichtungen der Jugendarbeit, z. B. Jugendämter, Jugendringe und Jugendfreizeiteinrichtungen, Stadt- Kreis- und Landesbildstellen, Verbände und krichliche Bildungseinrichtungen. In den meisten größeren Orten gibt es Videoclubs, Videotheken und Fernseh-Fachgeschäfte, die gegen eine entsprechende Gebühr Kameras und Videorecorder verleihen.
Die in der Literaturliste unter »Hilfen für die praktische Arbeit« genannten Bücher zur Videotechnik bieten dem Interessierten wertvolle Informationen und Anregungen.

Gewöhnung an das Spiel vor der Kamera

A	**Jugendliche Erwachsene**
T	**5–20**

Um mit der Videotechnik zu experimentieren und »Fernsehen selber zu machen«, wird genügend Zeit benötigt; am besten ein langer Nachmittag oder sogar ein ganzes Wochenende. Während es manchem Teilnehmer schon am Anfang großen Spaß macht, vor der Kamera zu agieren, sind andere zunächst zurückhaltend, beklommen und verkrampft oder sie flüchten sich erst einmal in die Albernheit.
Bei zahlreichen Wochenendseminaren, auf denen wir mit der Videokamera arbeiteten (z. B. bei Diskussionstrainings) legten sich die anfänglichen Hemmungen fast von allein.
Die Gewöhnung an das Spiel vor der Kamera wurde durch eine besondere Aufmerksamkeit erfordernde Aufgabenstellung (z. B. Diskussion, Stegreifspiel, Sketch) beschleunigt. Die Teilnehmer waren

derart in Anspruch genommen, daß die aufzeichnende Kamera für sie gar nicht mehr da zu sein schien.
Als Themen eignen sich die meisten Spielvorschläge dieses Buches. Bevor die Gruppe an ein größeres Projekt herangeht, sollte sie Erfahrungen mit der Technik gesammelt haben. Für den Anfang eignen sich z. B. Sketche und Parodien.
Die folgenden Spielvorschläge sind besonders als Einstieg geeignet.

Spielvorschläge:

129 Werbespots

T	6–10
Z	60 Min.

Werbesendungen werden parodiert; z. B. wirbt ein Spieler für das alkoholische Produkt »Jonny's Dry Gin«. Da der Moderator mehrmals am Tage als »Pausenfüller« vor die Kamera geschickt wird, wird die Flasche natürlich nach jedem Werbespot etwas leerer. Die Stimme des anfangs glänzend formulierenden Werbefachmanns wird allmählich schwerer und schließlich muß er nach vier Auftritten betrunken das Fernsehstudio verlassen.

Variationen: Natürlich kann für alle beliebigen Produkte geworben werden, z. B. für Waschmittel, Schokolade oder Schönheitswässerchen (»Vor und nach der Anwendung«).
Spielintention: freies Bewegen vor der Kamera, mimischer Ausdruck
Material: Requisiten, soweit erforderlich.

130 Talkshow

T	5–6
Z	60 Min.

Schon seit langem gehören Talkshows zum Fernsehprogramm. Für eine Talkshow-Parodie schlüpft der Spielleiter oder ein anderer Mitspieler in die Rolle des Talkmasters, der mit drei bis vier anderen Spielern als »prominenten Gästen« plaudert.
Eine gewisse rhetorische Gewandtheit des Talkmasters und ein spontanes Reagieren auf Fragen nach dem »Berufs- und Privatleben« sind eine wichtige Voraussetzung für das Gelingen der »Talkshow«.
Zur Typisierung der dargestellten Prominenten reichen wenige Utensilien und die Überzeichnung charakteristischer Merkmale (Lächeln, Gestik, Aussprache).

Spielintention: sich in eine Rolle hineinversetzen und zum Ausdruck bringen
Material: Verkleidungen.

131 Hitparade

Wie im »echten« Fernsehen kündigt ein wortgewandter Ansager »Schlagerstars« an, die im Playback-Verfahren (Mundbewegungen zur Musik vom Plattenspieler bzw. Tonband) ihre Schlager präsentieren.

T	6–12
Z	60 Min.

Variation: In einer kleinen »Fernsehshow« treten auf: Ein Showmaster, eine Assistentin, zwei Kandidaten (die drei mehr oder minder schwere Aufgaben lösen müssen), zwei Showstars (die im Playback-Verfahren singen), ein großer Filmschauspieler (der nach seinem allerneuesten Filmprojekt befragt wird). Zum Schluß werden an die beiden Kandidaten die Preise verliehen (die Preisverleihung wird dabei ausgedehnt). Handelt es sich um eine Parodie auf amerikanische Shows, so wird in kurzen Abständen Werbung »eingeblendet«.

Spielintention: Rollenkompetenz, Ausdruck

Material: Verkleidungen

132 Nachrichtensendung

Eine parodierte Nachrichtensendung, z. B. über den eigenen Wohnort, wird von einem seriös auftretenden Nachrichtensprecher gestaltet. Aufgelockert wird die Sendung durch »Korrespondentenberichte vor Ort« und den Kommentar eines »Gastmoderators«.

T	3–6
Z	30 Min.

Spielintention: Parodie, alltägliche Situationen karikiert darstellen

Material: Requisiten je nach Situation.

133 Reportage - Dokumentation - Selbstbeobachtung

Die Videotechnik ist ein gut geeignetes Medium, wenn es um das Erstellen von Reportagen und Dokumentationen geht. Eine Bandaufnahme vom gelungenen Spielfest, von einer Lagerolympiade oder einer Mitspielaktion macht nicht nur den Akteuren Spaß, sondern dient sowohl der Auswertung als auch der Planung weiterer Veranstaltungen dieser Art.

Der Einsatz der Videokamera eignet sich auch überall dort, wo für das Erlernen und Einüben bestimmter Fertigkeiten die Selbstbeobachtung wichtig ist z. B. bei der Pantomime, dem Handpuppenspiel und anderen Theaterproben.

3. GESTALTENDES SPIELEN

Definition und Funktion

Überraschung, Freude, Neugier, Wagnis, Entfaltung der Sinne und die Anwendung geistiger, emotionaler und manueller Fähigkeiten sind die natürlichen Spieleffekte gestaltenden Spielens. Es besitzt harmonisierende Kraft und stellt Abwechslung und Ausgleich zur Arbeit dar, die vorrangig Anpassung verlangt.

Gestaltendes Spielen bedeutet:

- Freude am (gemeinsam) Geschaffenen.
- selbstschöpferisches Tun statt passives Konsumieren.
- Verwirklichen, Erleben und Trainieren sprachlicher und bildnerischer Ausdrucksmöglichkeiten (z. B. Reimen, Parodieren, Schreiben, Zeichnen, Malen, Formen, Verändern).
- Mitteilen von Gefühlen und Gedanken.
- sinnliche Auseinandersetzung mit der Umwelt.
- Wahrnehmungen und Empfindungen werden angeregt und intensiviert.
- gelerntes Sachwissen wird auf alltägliche Situationen übertragen und für Entscheidungen verfügbar gemacht.
- Persönlichkeitsentfaltung.

Gestaltende Spielformen haben nicht nur hohen Erlebnischarakter, sie vermitteln auch Grundkenntnisse über Materialien und Techniken und regen zum intensiven Experimentieren an. Die Gruppenerlebnisse beim gemeinsamen Gestalten steigern die Freude am Geschaffenen.
Wegen der besonderen Ausdrucksmöglichkeiten, die von Materialspielen ausgehen können, haben viele von ihnen auch therapeutische Funktion.

Der Spielleiter

muß sich beim Gestaltenden Spiel vor der Durchführung einer Spielsequenz folgende Frage stellen:

- Wie setzt sich die Gruppe zusammen?
- Was soll gestaltet werden?
- Welche Materialien will ich einsetzen?
- Reicht das Material zur schöpferischen Entfaltung aus?
- Soll es sich um Einzel-, Partner- oder Gruppenaktivitäten handeln?
- Wie rege ich an?
- Muß bestimmten Spielern Mut gemacht werden?
- Welche Schwierigkeiten können durch die vorgegebene Aufgabenstellung beim Spielen auftreten?

Gestalten kann man
mit und ohne Thema,
ineinanderübergreifend,
an Einzeltischen,
in einer langen Tischreihe,
auf dem Fußboden oder
im Stuhlkreis

Gestalten kann man
allein
zu zweit
mit vielen

Schreibspiele – Dichten, Reimen, Parodieren

Spielvorschläge:

134 Mann und Frau

A	alle
T	6–20
Z	15 Min.

Der Spielleiter gibt Papier und Schreibzeug aus. Dann läßt er die Spieler einen männlichen und einen weiblichen Vornamen aufschreibern. Die beschriebene Zeile wird nach hinten geknickt und das Blatt dem Nachbarn weitergereicht. Dieser schreibt nun auf, wo sich beide treffen. Das Blatt wird wieder nach hinten umgeknickt und an einen Nachbarn weitergereicht. So werden noch folgende Fragen beantwortet:

- Was sagt er?
- Was sagt sie?
- Was wird daraus?

Nachdem so eine sechszeilige Geschichte entstanden ist, werden die Zettel nacheinander vorgelesen. Die Ergebnisse lösen in der Regel große Heiterkeit aus.

Anregung: Um vorheriges Durchlesen der Geschichten zu vermeiden, sammelt der Spielleiter die Zettel ein und liest sie vor.
Spielintention: Auflockerung
Material: Papier und Schreibzeug.

135 Adjektiv-Story

A	alle
T	4–20
Z	25 Min.

Jeder Spieler erhält zwei Bogen Papier und einen Stift. Auf den einen Bogen soll eine kleine Geschichte geschrieben werden, in der zwölf Eigenschaftswörter vorkommen. Diese dürfen jedoch nicht hingeschrieben, sondern müssen durch Punkte gekennzeichnet werden.
Auf das zweite Blatt schreibt jetzt jeder Spieler zwölf Eigenschaftswörter, die nicht im Zusammenhang mit der Geschichte stehen. Die Zettel mit den Eigenschaftswörtern werden untereinander ausgetauscht. Aufgabe jedes einzelnen ist es nun, die so erhaltenen Eigenschaftswörter in die eigene Geschichte einzubauen. Die Geschichten werden dann vorgelesen.

Spielintention: Kombinieren
Material: Papier und Schreibzeug.

136 Horoskop-Geschichten

Täglich finden wir in Tageszeitungen und Illustrierten Horoskope. Der Spielleiter hat aus alten Zeitungen Horoskope ausgeschnitten. Jeder Spieler zieht sich eines - es muß nicht das eigene sein - und entwickelt hieraus eine kleine Geschichte, die er aufschreibt. Die Form wird vorgegeben; z. B. Märchen, Krimi, Dialog.
Nach einer festgelegten Zeit (ca. 10 Minuten) werden die Geschichten vorgelesen.

A	Jugendliche
T	6–20
Z	20 Min.

Zwillinge 21. 5.–21. 6.

*Sie haben freiwillig eine Aufgabe übernommen – heute erledigen. Jemand erwartet Ihre Hilfe. Abends entspannen, morgen kann es anstrengend werden.

Krebs 22. 6.–22. 7.

*Vorsicht! Mit einer Meinung machen Sie sich nicht unbedingt Freunde. Sie sollten mehr Gefühl zeigen. Ein aufregender Mensch tritt morgen in Ihr Leben.

Löwe 23. 7.–23. 8.

*Tun Sie, was Ihr Partner von Ihnen erwartet. Ein Streit lohnt sich nicht. Nehmen Sie sich Zeit, Ihre Finanzen in Ordnung zu bringen.

Schütze 23. 11.–21. 12.

*Nutzen Sie die Chance für eine Veränderung – Sie werden sich richtig wohl fühlen. Bei einem Spiel eine Schlappe wegstecken – dann ist der Sieg möglich.

Steinbock 22. 12.–20. 1.

*Heute einen Besuch machen. Vorher genau überlegen, was Sie sagen. Ab Mittag scheint für Sie in jeder Beziehung die Sonne. Auch morgen.

Wassermann 21. 1.–20. 2.

*Eine Reparatur läßt sich dieses Wochenende erledigen. Denken Sie an ein Geschenk. Sie finden die Lösung für ein privates Problem.

Spielintention: Phantasie, Originalität

Material: Horoskop-Ausschnitte, Papier und Schreibzeug.

137 Telegramm aufgeben

Die Spieler sitzen im Stuhlkreis. Jeder hat ein Blatt Papier und einen Schreiber in der Hand. Durch Zuruf werden sechs beliebige Wörter gesammelt, die vom einzelnen Spieler zu einem sinnvollen Telegramm verarbeitet werden sollen. Außer den festgelegten Wörtern darf das Telegramm nur noch bis zu fünf Füllwörter enthalten. Die Ergebnisse werden vorgelesen.

A	Jugendliche
T	6–20
Z	10 Min.

Spielintention: Kombinationsfähigkeit
Material: Papier und Schreibzeug.

138 Wörter zusammensetzen

A	alle
T	8–20
Z	10 Min.

Es werden Wörter gesucht, an die sich mindestens fünf verschiedene andere Hauptwörter anhängen lassen und auf diese Weise als zusammengesetze Hauptwörter einen neuen Sinn ergeben.

Beispiele:
Haus (Tür/Dach/Mann/Freund/Eingang)
Garten (Zaun/Tor/Beet/Zwerg/Haus)
Auto (Fahrer/Garage/Fenster/Lackierer/Panne).

Spielintention: Wortschatzübung
Material: Papier und Schreibzeug.

139 Neue Wörter

A	alle
T	2–6
Z	30 Min.

Bei diesem Tischspiel schreibt jeder Spieler ein möglichst langes Wort von oben nach unten und einmal von unten nach oben. Die so entstehenden Lücken zwischen den Buchstabenreihen müssen nun so ausgefüllt werden, daß neue sinnvolle Wörter entstehen.

		G				
		E				
K	A	M	E	R	A	D
		Ä				
		L				
		D				
		E				

Variation:
Ein Gittermuster wird hergestellt, aus dem die Spieler ein Kreuzworträtsel entwickeln.
Spielintention: Kombinieren
Material: Papier und Schreibzeug.

140 Ärger mit der Schreibmaschine

A	alle
T	6–20
Z	20 Min.

Die Teilnehmer erfahren vom Spielleiter, daß schnell eine Nachricht (oder: ein Artikel, eine Bestellung, ein Reisebericht) geschrieben werden müsse. Leider ist die Schreibmaschine defekt. Drei Buchstaben fallen immer aus.
Es werden Gruppen zu je 3-4 Spielern gebildet, die nun die Aufgabe erhalten, ein Schriftstück anzufertigen, bei dem drei Buchstaben (z. B. n, l und a) nicht verwendet werden dürfen, weil diese mit der defekten Schreibmaschine nicht geschrieben werden können.
Eine Spieldauer wird festgelegt. Am Ende liest jede Gruppe ihren Text vor. Welche hat die originellsten Zeilen verfaßt?

Spielintention: Kombinationsfähigkeit
Material: Papier und Schreibzeug.

141 Relolef

Der Spielleiter fragt in die Runde, wer eine „Relolef“ kennt. Niemand wird so schnell darauf kommen, daß es sich hier um eine „Forelle“ handelt.
Es werden zwei (oder mehrere) Kleingruppen gebildet, die jeweils 15 Begriffe auf diese Weise verfremden und auf einen Zettel schreiben (z. B. Urumwalf (Maulwurf), Mahrest (Hamster).
Nach einer festgelegten Zeit werden die Zettel unter den Gruppen ausgetauscht. Wer entwickelt bzw. erkennt die originellsten Namensschöpfungen. Wer (er)findet innerhalb von 8 Minuten die meisten Begriffe?

A	alle
T	2–20
Z	20 Min.

Spielintention: Kombinationsfähigkeit
Material: Papier und Schreibreiz.

142 See-Gebirgs-Geschichte

Sitzkreis. Der Spielleiter gibt einen großen Papierbogen aus, auf den jeder Mitspieler ein Wort schreibt. Aus den aufgeschriebenen Wörtern (8–20) soll nun jeder eine ca. 15–20zeilige Geschichte erfinden, die entweder an der See oder im Gebirge spielt.
Nach etwa 10 Minuten werden die Geschichten von ihren Autoren vorgelesen.

A	alle
T	8–20
Z	20 Min.

Spielintention: Phantasie, Originalität
Material: Ein größeres Blatt Papier, Schreibpapier und Schreibzeug.

143 Chef und Sekretär

Zwei gleichstarke Gruppen (bis zu je 6 Spielern) sitzen sich in genügend großem Abstand gegenüber. Jeder »Chef« hat die Aufgabe, seinem »Sekretär« einen Text zu übermitteln, der von diesem notiert werden soll. Alle »Chefs« erhalten einen gleichlangen, jedoch inhaltlich unterschiedlichen Text. Gemeinsam wird angefangen, den Text zu diktieren.
Da alle »Chefs« aber gleichzeitig diktieren, gibt es ein sprachliches Durcheinander und lustige Wortverdrehungen. Wer hat seinen Text zuerst aufgeschrieben? Die Ergebnisse werden vorgelesen und mit dem diktierten Originaltext verglichen.

A	Jugendliche Erwachsene
T	12–20
Z	15 Min.

Spielintention: Konzentration
Material: Vorbereitete Texte (z. B. Zeitungsnachrichten), Papier und Schreibzeug.

144 Abkürzungsfimmel

A	alle
T	2–20
Z	10 Min.

Die Zahl der Abkürzungen in unserem Alltagsleben ist unüberschaubar, und sind nicht immer aufzuschlüsseln.
Um eine Verballhornung, d. h. lustige Neuerklärung von Abkürzungen geht es bei diesem Spiel.
Alle Teilnehmer einer Spielrunde nennen Abkürzungen, die jeder einzelne nacheinander aufschreibt. In einer zweiten Runde, die etwa 5 Minuten dauert, soll jeder möglichst ausgefallene Interpretationen für die notierten Abkürzungen finden, die anschließend zum Vergnügen aller vorgelesen werden.
Hier einige Beispiele:

BMW = Brotmaschinenwaschanlage
UNO = Unser Notopfer
EWG = Einer wird gewinnen
FKK = Frische Kürbiskerne

Spielintention: Originalität
Material: Papier und Schreibzeug.

145 Lückenstory

A	alle
T	8–20
Z	10 Min.

Der Spielleiter hat einen Text vorbereitet (Kurz-Krimi, Zeitungstext, Märchen usw.). Die im Text auftretenden Eigenschaftswörter hat er weggelassen. Die Mitspieler werden nun gebeten, Eigenschaftswörter zu nennen, die der Spielleiter in die einzelnen Lücken schreibt. Die so veränderte Geschichte wird dann vorgelesen.
Dieses Spiel ist eine reizvolle Variante der „Adjektiv-Story".

Spielintention: Spaß, Spannung, Zufallskomik
Material: Ein vorbereiteter Buch- oder Zeitungstext.

146 Ratschlag von Frau Barbara

A	Jugendliche Erwachsene
T	10–15
Z	20 Min.

In vielen Zeitschriften findet sich eine Rubrik für Ratsuchende. Die Leser erhalten dann eine mehr oder minder befriedigende Antwort.
Bei diesem Gruppenspiel, an dem alle ihre wahre Freude haben werden, geht es um originelle Fragen und Antworten.
In der ersten Spielphase suchen alle Spieler Rat (mehrere Fragen sind zulässig) z. B. „Was kann ich gegen Schluckauf machen?", „Was empfehlen Sie gegen Wühlmäuse in meinem Garten?", „Wie kann ich mich vor schlechtem Wetter schützen?" oder „Mein Freund möchte im Urlaub keine Kokosnüsse vom Baum schütteln. Was soll ich tun?"
Die Fragen werden laut vorgelesen. In der zweiten Spielphase schreibt jeder Spieler einen entsprechenden Ratschlag auf (z. B. „Besonders

hilfreich ist eine Sauerkraut-Hefe-Milch-Kur." – „Probieren Sie es einmal mit klassischer Musik. Vergraben sie einen Kassettenrecorder und stellen Sie daneben eine Mausefalle auf.").
Die Fragen und Ratschläge werden auf getrennte Zettel geschrieben. Nach dem Mischen ergeben sich neue Kombinationen. Sie werden vom Spielleiter oder einem Mitspieler vorgelesen.

Spielintention: Phantasie
Material: Kleine Zettel, Schreibzeug.

147 Merkwürdige Berufe

A	Jugendliche Erwachsene
T	8–20
Z	20 Min.

Der Spielleiter erzählt, daß es recht merkwürdige Berufe gibt und nennt als Beispiel den „Zwiebelschneider" und den „Rauchverzehrer".
Hat die Spielidee erst einmal die Anwesenden gepackt, werden sie nicht mehr zu bremsen sein.
Innerhalb einer festgelegten Zeit soll jeder Spieler mindestens drei merkwürdige Berufe aufschreiben. Wichtig ist dabei, daß er danach der Spielrunde seine Berufe näher erläutert. Beim „Eierkocher" dürfte dies noch leicht fallen. Aber was macht z. B. der „Doppelstecker"?

Hier einige Beispiele:

Handtuchhalter – Haubentaucher – Tonleiter – Türöffner – Hosenträger – Wagenheber – Ladenhüter – Scheibenwischer – Hühnerleiter – Geigerzähler – Flaschenwärmer – Tropfenspender – Sockenhalter – Haartrockner – Alleskleber – Fleckenentferner – Unkrautvertilger – Wassererhitzer – Korkenzieher – Kirschentkerner.

Spielintention: Phantasie, Originalität, Sprachgewandtheit
Material: Papier und Schreibzeug.

148 Stabreime

A	alle
T	6–20
Z	10 Min.

„Wind und Wetter", „Himmel und Hölle" sind Stabreime (gleicher Anlaut der betonten Silben aufeinanderfolgender Wörter).
Innerhalb einer festgesetzten Zeit sollen möglichst viele Stabreime aufgeschrieben werden. Es können Punkte für jeden verteilt werden, wobei die Mitspieler zusätzlich Punkte für Stabreime erhalten, die kein anderer gefunden hat.
Hier noch einige Beispiele: Mann und Maus, dann und wann, Haus und Hof, Kimme und Korn.

Spielintention: Sprachgefühl
Material: Papier und Schreibzeug.

149 Phantasiegericht

A	Jugendliche
T	8–20
Z	20 Min.

Der Spielleiter gibt an jeden Mitspieler Papier und Schreibzeug aus. Es soll für ein extravagantes Drei-Sterne-Restaurant eine Speisekarte erstellt werden. Der Phantasie des einzelnen »Küchenchefs« sind dabei keine Grenzen gesetzt.
Nach einer festgelegten Zeit werden die Gerichte, die nicht unbedingt »genießbar« sein müssen, in der Spielrunde vorgestellt.

Variation: Die Zubereitung eines einzigen Gerichtes wird beschrieben. Neben „Man nehme . . ." wird auch die Verarbeitung beschrieben; z. B.: „Die einzelnen Salatblätter werden mit dem heißen Bügeleisen geglättet, die Knoblauchzehen, bei mit Wäscheklammer zugedrückter Nase, mittels einer Nagelfeile zu kleinen Kugeln abgerundet . . ."

Spielintention: Phantasie

Material: Papier und Schreibzeug.

150 Liedermontage

A	Jugendliche Erwachsene
T	6–15
Z	30 Min.

Das Verändern von Liedern und Schlagern kann besonderen Spaß bringen. Bei Liedermontagen oder -parodien werden bekannte (auch aktuelle) Melodien mit neuen Inhalten gefüllt und entweder nach formalen oder textlichen Gesichtspunkten miteinander verbunden.
So gab es 1982 zahlreiche Textparodien auf das (un)sinnige wie einfältige Lied „Da, da, da. . . Sie liebt mich doch, sie liebt mich nicht."
Als „Ganovengesang" wurde daraus: „Ihr kriegt mich doch, ihr kriegt mich nicht."

Im weißen Rössel am Wolfgangsee. . .
da hing der Grauschleier 'raus.
Man ließ das Rössel weichen,
es mußte in Ariel bleichen. . .

Die neuen Texte werden gemeinsam gesungen. Sie können auch gezielt für Nachmittags- bzw. Abendprogramme oder eine Kabarettaufführung zusammengestellt werden.

Spielintention: Originelle Einfälle verwirklichen

Material: Schreibzeug und Papier für jeden Spieler, Liedertexte, Schallplatten mit Gesangaufnahmen.

151 Reimspiele

A	Jugendliche Erwachsene
T	6–15
Z	25 Min.

Es entspringt der menschlichen Neigung, mit der Sprache zu spielen, also auch zu reimen.
Vom kleinen Kind, das sich über Abzählverse freut, bis zur großen Dichtung Goethes sind dem Reimspiel keine Grenzen gesetzt.
Zwei- und Vierzeiler sind ebenso wie Limericks besonders für Reimspiele geeignet. Die Teilnehmer müssen dabei auf die geforderte Form achten. Es ist natürlich jedem freigestellt, ob die Endergebnisse einen witzigen, unsinnigen oder gar ernsten Charakter haben sollen. Dominieren dürfte jedoch im Spiel das komische Element.
Die Durchführung kann unterschiedlich verlaufen:

1. Jeder Teilnehmer erhält die Aufgabe, innerhalb einer festgesetzten Zeit einen Zwei- oder Vierzeiler zu verfassen.
2. Ein Leitwort oder ein Thema werden vorgegeben.
3. Jeweils ein Spieler entwickelt einen Vers auf die vorgegebene Zeile eines Mitspielers.
4. Der Spielleiter gibt die erste Zeile eines Vierzeilers vor. Die restlichen drei Zeilen werden nun von jedem Mitspieler selbständig verfaßt.

Bei allen Spielvariationen werden die Ergebnisse zum Schluß der Spielgruppe vorgelesen. Wenn auch in einigen Fällen der Satz »Reim dich oder ich freß dich« zutreffen mag, so dürfte doch der Spielspaß im Vordergrund stehen.

Spielintention: Reimen, Parodieren, Spaß am Wortspiel
Material: Papier und Schreibzeug.

152 Ein Pferd mit . . .

A	Jugendliche Erwachsene
T	6–15
Z	15 Min.

Die Spieler sitzen im Kreis. Es soll gereimt werden, wobei jeder Vers mit „Ein Pferd mit. . . “ beginnt. Der Reihe nach reimt jeder Spieler einen Vers. Der Spielleiter beginnt

z.B.: „Ein Pferd mit viel Geschicklichkeit,
verläuft sich nicht bei Dunkelheit.“ oder:
„Ein Pferd mit einem Hexenschuß
ist für den Reiter kein Genuß.“

Wenn die „Luft raus ist“, werden neue Anfänge gefunden, z. B.

„Ein Hering ohne Schwanz und Gräten,
macht jeden Fischfreund sehr betreten“.

Die lustigsten Zeilen können aufgeschrieben werden.

Spielintention: Originalität, Witz
Material: Papier und Schreibzeug.

153 Limericks tüfteln

A	Jugendliche Erwachsene
T	4–10
Z	60 Min.

Irgendjemand meinte einmal, die Limericks seinen die Volksdichtung der Intellektuellen. Ob das stimmt, sei dahingestellt.
Fest steht, daß es sich bei einem Limerick um eine Gedichtform handelt, die äußerlich durch fünf Zeilen gekennzeichnet ist. Das Reimschema lautet dabei aa - bb - a. Die beiden ersten Zeilen und die letzte haben den gleichen Reim. Die dritte und die vierte Zeile sind in der Regel kurz. Die muntere Versbastelei ist somit an eine strenge Form gebunden. Hinzu kommt, daß das erste der drei Reimwörter stets eine Stadt, ein Land oder eine geographische Bestimmung sein muß. Zum Limerick gehört also ein Ortsname, auf den sich die zweite und die fünfte Zeile reimen muß.
Limericks zu basteln kann sehr ansteckend sein. Als wir an einem Gruppenabend einmal mit solchen Wortspielereien anfingen, wollte das Tüfteln von hintersinnigen Versen kein Ende mehr nehmen.

Drei Beispiele:

Es lebte ein Lehrer in Schieder,
der pflegte im Garten den Flieder.
Als Gärtner durchschnittlich,
pädagogisch unerbittlich,
ansonsten wirkte er bieder.

Es war mal ein Räuber in München,
den wollten die Marktfrauen lynchen.
Doch mit sehr viel Geschick
verschwand er im Knick,
da blieb er noch einige Stündchen.

Es aß ein Fräulein in Posen
von früh bis spät Aprikosen.
Der Bauch tat ihr weh,
was ich gut versteh,
denn sie aß sie alle samt Dosen.

Spielintention: Sprach- und Reimgefühl, Phantasie
Material: Papier und Schreibzeug.

154 Märchenparodien

A	Jugendliche Erwachsene
T	6–20

Volksmärchen können und dürfen verändert werden. Moderne Schriftsteller und Kinderbuchautoren haben davon immer wieder Gebrauch gemacht. In der Arbeit mit Schülern, Jugendlichen und Erwachsenen lassen sich neben Märchen auch andere Literaturformen (Gedichte und Kurzgeschichten) umändern.
Für alle, die Spaß am Wortspiel und an der Veränderung haben, bieten Märchen ungeahnte Möglichkeiten.

Das folgende *Beispiel* ist eine Parodie auf das Grimmsche Märchen „Rotkäppchen“ von Thomas Belker, der es aus der Sicht des Wolfs dargestellt hat:

Der Wolf erzählt:

Eines Tages lief ich durch den tiefen, dunklen Wald, um ein kleines Reh zu fangen. Als ich an die große, bunte Wiese kam, sah ich plötzlich Rotkäppchen. Ihr kennt ja alle dieses ungezogene, böse kleine Mädchen, das alle Tiere im Wald ärgert und quält, wann es nur kann. „Rotkäppchen“, fragte ich es, „was tust du hier?“ – „Hau ab, du blödes Vieh, ich pflücke Blumen für meine kranke Großmutter, die dir vorige Woche noch das Fell versohlt hat“, schrie Rotkäppchen wütend. „Aber Rotkäppchen“, sagte ich, „laß uns doch gute Freunde werden! Wir Tiere im Wald wollen immer nur lieb zu dir sein.“ – „Ach, was für ein blödes Geplapper, du stinkender, dreckiger Wolf! Ich hole den Jäger, damit er aus dir mit seinen Kugeln ein Sieb macht“, schimpfte Rotkäppchen und stampfte vor Wut mit den Füßen auf den Boden.

„So ein freches Kind muß doch einen Denkzettel bekommen“, dachte ich, rannte zur Großmutter und fraß sie auf. Kurz darauf lag ich als Großmutter verkleidet im Bett der Großmutter.

Plötzlich stieß Rotkäppchen die Tür auf, knallte das Körbchen auf den Tisch und brüllte los: „Meine Güte, Großmutter, wie scheußlich siehst du denn aus? Was hast du für große Elefantenohren?“ – „Damit ich dich besser hören kann“, murmelte ich. – „Was hast du für greuliche Glotzaugen?“ – „Damit ich dich besser sehen kann“, flüsterte ich. „Was hast du für grausige Tatzen?“ – „Damit ich dich besser packen kann“, knurrte ich. „Was hast du für eine riesengroße Schnauze?“ – „Damit ich dich besser fressen kann“, brüllte ich und verschlang den frechen Balg mit einem Happen.

Als der Jäger kam und mich schnarchen hörte, befreite er die Großmutter und das ungezogene Rotkäppchen.

Zum Glück habe ich es überlebt, daß der Jäger mir den Bauch aufgeschnitten hat. Rotkäppchen ist ein liebes Kind geworden. Ich aber bin ein Feind des Menschen geworden – und deshalb erzählen manche Leute das Märchen „Rotkäppchen“ ganz anders.

(Aus: Thomas Belker: Rotkäppchen. In: Gebt uns Bücher, gebt uns Flügel. Almanach 8; F. Oetinger, Hamburg 1970)

Spielintention: Spaß an der Veränderung und an Wortspielen
Material: Papier und Schreibzeug.

155 Zeitungsmärchen

A	Jugendliche Erwachsene
T	6–20
Z	25 Min.

Nicht immer stimmt alles, was wir in den Zeitungen lesen. Deshalb jedoch von einer Märchenzeitung zu sprechen, wäre sicherlich eine zu große Verallgemeinerung.

Bei diesem Spiel geht es allerdings darum, bekannte Märchen als 15–20zeilige Zeitungsmeldung zu formulieren. Das Märchen muß von den übrigen Mitspielern jeweils erraten werden. Durch entsprechende Verfremdungen kann man dies der ratenden Spielgruppe unterschied-

lich schwer machen. So könnte z. B. die Zeitungsschlagzeile lauten: »Junges Mädchen wurde Opfer eines Wolfes!«. Der märchenhafte Ursprung ist in diesem Fall sehr leicht zu erraten.
Jeder Spieler erhält den Auftrag aus einem der ihm bekannten Volksmärchen innerhalb einer festgelegten Zeit eine Zeitungsnotiz zu erstellen.

Variationen: „Rotkäppchen" („Hänsel und Gretel" usw.) als Festvortrag, als politische Rede vor dem Bundestag oder als Werbesendung für ein Waschmittel.
Außer Märchen eignen sich auch Schlager, Abenteuer-, Heimatromane, Gedichte, Volkslieder und Dramen für eine parodistische Veränderung.

Spielintention: Spaß am Parodieren und Verändern, Originalität
Material: Papier und Schreibzeug.

156 Gesucht wird . . .

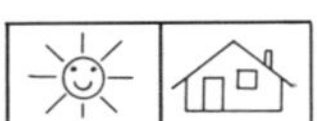

A	Jugendliche Erwachsene
T	10–20
Z	15 Min.

Die Spieler erhalten Papier und Schreibzeug. Innerhalb von 5 Minuten soll jeder Spieler seinen eigenen Steckbrief anfertigen.
Die Zettel werden zusammengefaltet, eingesammelt, gemischt und wieder ausgegeben.
Die steckbrieflich gesuchten Personen sollen ausfindig gemacht werden. Den ratenden Mitspielern sollte dies aber nicht zu leicht gemacht werden.

Spielintention: Beobachten, Beschreiben, Wortgewandtheit
Material: Papier und Schreibzeug.

Spiele mit Papier und Zeichenstift

Spielvorschläge:

157 Schildermaler

A	Jugendliche
T	6–15
Z	20 Min.

Sprachkenntnisse helfen bekanntlich, sich schnell in einem fremden Land vertraut zu fühlen. Wenn diese nicht vorhanden sind, ist man dankbar, für jedes Zeichen und Symbol, das zur Verständigung beiträgt.
Der Spielleiter gibt jedem Spieler Papier und Filzschreiber. Dann läßt er

jeden Spieler einen vorbereiteten Zettel ziehen, auf dem ein Begriff steht) z. B. Kasse, Fahrstuhl, Rolltreppe, Fotograf, Taxistand, Cafe, Zollamt, Feueralarm, Warteraum usw.).
Die Spieler sollen nun »Hinweisschilder« für einen internationalen Kongreß erarbeiten, durch die die Sprachenprobleme überwunden werden können. Die Zeichen müssen eindeutig und leicht einzuprägen sein. Das Wesentliche soll klar in optische Formen hingesetzt werden.
Nach Fertigstellung der Schilder kommen die Spieler zusammen, sehen sich die Symbole gemeinsam an und versuchen, sie zu identifizieren.

Variationen: Die Spieler erfinden weitere Zeichen, z. B. neue Verkehrszeichen.
Oder: Die Zeichen werden nicht symbolisch, sondern pantomimisch dargestellt. Die Mitspieler sollen die entsprechenden Symbole erraten.

Spielintention: Einfühlungsvermögen, Vorstellungskraft, Ideen entfalten

Material: Papier und Filzschreiber; genügend vorbereitete Zettel mit verschiedenen Begriffen.

158 Kartonportrait

A	alle
T	8–20
Z	10 Min.

Die Teilnehmer bekommen Kartons wie eine Maske um den Kopf gebunden. Das Gesicht ist bedeckt. Jeder Spieler erhält nun einen Filzstift, um nach Anweisung des Spielleiters ein Gesicht auf den Karton zu malen.
Der Spielleiter nennt in beliebiger Reihenfolge die zu malenden Gesichtsteile: rechtes Ohr, Nase, Mund, Haare, Zähne, rechtes Auge, linkes Ohr, Bart, Brille, linkes Auge.
Wenn das Gesicht fertig ist, wird es in der Gruppe bewundert. Die »Künstler« werden über ihre Ergebnisse erstaunt sein.

Spielintention: Überraschungseffekt

Material: Pro Spieler ein Kartonblatt im DIN-A-3-Format und einen Filzschreiber, Gummibänder.

159 Ostfriesischer Psychotest

A	Jugendliche Erwachsene
T	8–20
Z	10 Min.

Daß die Ostfriesen Humor haben, ist bekannt. Seit einigen Jahren bieten mehrere Badeorte an der friesischen Küste den Erwerb des „Ostfriesen-Abiturs“ an, das schon von zahlreichen Kurgästen mit viel Spaß absolviert wurde. Neben der Beantwortung „komplizierter“ Fragen (z. B. Welches Wort wird immer falsch geschrieben? FALSCH) stehen auch praktische Übungen wie Krabbenpulen und Teebeutelweitwurf auf dem Programm.

Für den ostfriesischen Psychotest erhält jeder Spieler Papier und Schreibzeug.
Aus drei Formen – Kreis, Dreieck und Quadrat, soll eine menschliche Figur gezeichnet werden. Elf Formen sind insgesamt zu verwenden. Jedem Teilnehmer ist es selbst überlassen, welche Formen er hierfür verwendet.
Die Bedeutung der Symbole gibt der Spielleiter erst bekannt, wenn alle Zeichnungen fertig sind!

Die Bedeutung der Symbole lautet:

Kreis = Gefühl
Dreieck = Verstand
Quadrat = Körperkraft

Wer nun z. B. seine Figur aus sechs Quadraten und vier Dreiecken zusammengesetzt hat, ist demnach sehr kräftig, besitzt eine gute Portion Verstand, aber so gut wie kein Gefühl.

Variation: Bei diesem, wirklich nicht ernstzunehmendem „Test" können auch beliebige Eigenschaftswörter eingesetzt werden (z. B. vornehm, zurückhaltend, aggressiv, geduldig, nervös, einfühlsam usw.).
Spielintention: Auflockerung
Material: Papier und Schreibzeug.

160 Elefantenspiel

A	alle
T	8–20
Z	10 Min.

Bei diesem bekannten Zeichenspiel geht es darum, gemeinsam einen beliebigen Gegenstand, einen Menschen oder ein Tier auf eine Tapetenrolle zu zeichnen. Vor Spielbeginn einigt man sich z. B. auf einen Elefanten.
Ein Spieler malt links auf die Tapetenrolle den Kopf des Tieres. Die anderen Spieler dürfen hierbei nicht zusehen. Nachdem er fertig ist, wird das Tapetenstück gefaltet an den Nachbarn weitergegeben. Nur zwei kleine Striche, die den Halsansatz angeben, dürfen zu sehen sein. Auch der nächste Spieler zeichnet für seine Mitspieler nicht sichtbar. Der letzte malt das Hinterteil. Am Ende darf gestaunt werden, wie der »Gemeinschaftselefant« aussieht. Vielleicht muß das entstandene Fabelwesen einen neuen Namen erhalten?

Spielintention: Kooperation, Teamarbeit
Material: Eine alte Tapetenrolle und ein dicker Filzschreiber.

161 Erfinderspiel

A	Jugendliche Erwachsene
T	6–20
Z	15 Min.

Der Spielleiter erzählt, daß großer Mangel an Maschinen besteht, die besondere Aufgaben erfüllen können.
Jeder Mitspieler erhält ein großes Blatt Papier und einen Filzschreiber. Er soll nun seiner Phantasie freien Lauf lassen und eine Nonsensmaschine, einen „verrückten“ Apparat konstruieren. Nach einer festgelegten Zeit kommen alle Erfinder zusammen und stellen ihre Maschinen vor.

Hier einige Konstruktionsvorschläge:

Schmerzempfindungsabschreckmaschine, Intelligenzbesteuerungsmaschine, Traubenpflückwaschpreßkühlmaschine, Augenbrauenzupfundlippenmalmaschine, Stimmungsaufhellungsundlachmaschine, Miß-World-Entwicklungsmaschine, Hundeflohentfernungsmaschine, Personenputzkosmetikankleidemaschine, Waldameisenzählmaschine, Frühstückseiservierlaufbandmaschine, Luftentschmutzungsschönduftapparat, Freudefriedeeierkuchenmaschine.

Spielintention: Phantasie
Material: Pro Spieler 1 Bogen Malpapier und einen dicken Filzschreiber.

Zwei Beispiele zum »Erfinderspiel», die von Teilnehmern eines Familienbildungsseminars angefertigt wurden:

Elefantensäuberungsundrüsselputzmaschine

Braunebäumewiedergrünmachmaschine

A	Jugendliche Erwachsene
T	10–20
Z	30 Min.

162 Drudeln

Das Drudeln macht vor allem in größerer Runde Spaß. Drudel sind Bilderrätsel, die eine bestimmte Situation zeigen.
Für unser Drudel-Spiel erhält jeder Teilnehmer zum Zeichen solcher Drudel einen oder mehrere DIN-A-4-Bogen. Gemeinsam werden die Drudel angeschaut und geraten, bevor der jeweilige Zeichner die Auflösung gibt.

Einige Beispiele:

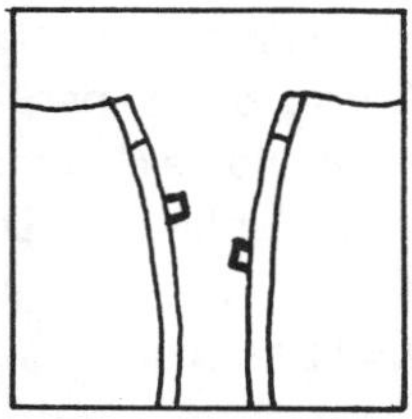
Ein Reißverschluß mit Zahnausfall

Zahnpasta aus einer Tube, auf die jemand getreten ist

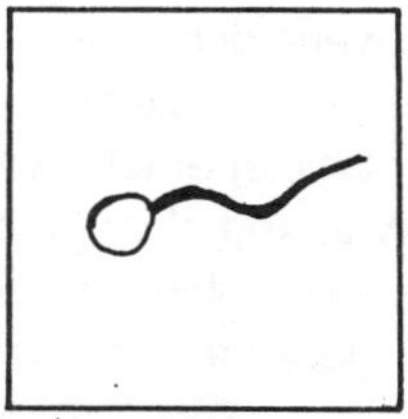
Fahnenmast mit flatternder Fahne von oben gesehen

Ein turnender Regenwurm

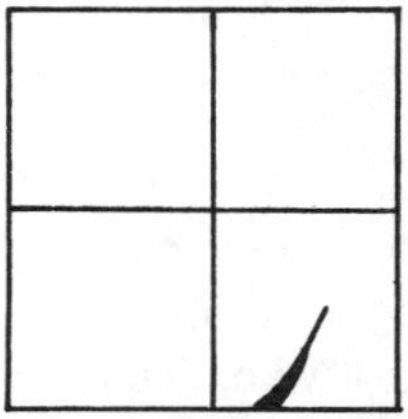
Dackel geht am Fenster vorbei

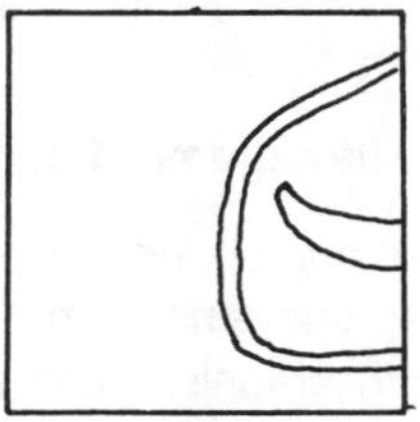
Abzug eines Revolvers

Strohhalm, der an Stelle eines Nagels in die Wand geschlagen wurde

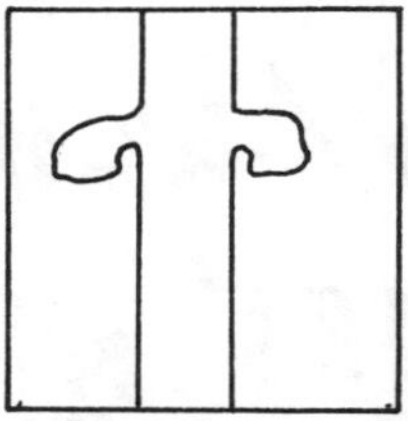
Giraffe, die einen Telefonhörer verschluckt hat

Kürbis, Melone, Apfel und Kirsche spielen Bremer Stadtmusikanten

Für jeden Drudel findet man bestimmt zehn und mehr Lösungsmöglichkeiten. Durch gezielte Anmerkungen verhindern wir, daß die Raterei ins Uferlose geht.

Spielintention: Phantasie, Originalität, Spaß
Material: Papier und Filzstifte.

163 Luftschloß

A	Jugendliche Erwachsene
T	5–20
Z	20 Min.

Wer hat nicht schon einmal davon geträumt, in einem besonders schönen, mit allen Annehmlichkeiten ausgestatteten Haus zu leben? Auch wenn der erwartete Lottogewinn ausbleibt, und unser Traumhaus ein Luftschloß bleibt, macht es Spaß, auf dem Papier zu träumen.
Jeder Spieler erhält dazu einen großen Papierbogen und Zeichenmaterial. Während einer halben Stunde kann nun vom Keller bis zum Dach der Entwurf eines Hauses „phantasiert" werden.
Die Ergebnisse werden gemeinsam betrachtet und besprochen.

Variation: Das „Luftschloß" kann auch als reine Collage oder als Mischbild (Zeichnung und Collage) angefertigt werden.
Spielintention: Phantasie, Wünsche ausdrücken
Material: Große Zeichenbogen (DIN A 3), Bleistifte, Radiergummis, Filzmaler, Buntstifte, ggf. alte Illustrierte.

164 Ideogramm-Spiel

A	Jugendliche Erwachsene
T	1–10
Z	10 Min.

Ideogramme sind Bildwörter. Sie versuchen, zwischen Ausdruck und Bedeutung eine Beziehung herzustellen, indem die Vorstellung (der Begriff) graphisch dargestellt wird. Dieses Spiel eignet sich auch als Solo-Spiel, wenn man z. B. im Zug oder im Wartesaal sitzt.
Hier einige Beispiele:

Finden Sie weitere Ideogramme?

Spielintention: spontanes Erfassen bildhafter Elemente, Verbalisieren. Ideogramme können Anlaß für Gespräche sein.
Material: Papier und Schreibzeug.

165 Kuhmaler

Die Teilnehmer sitzen am Tisch. Jeder erhält einen Filzschreiber und ein Blatt Papier. Dann werden allen die Augen verbunden. Die Aufgabe lautet: Zeichne eine Kuh!
Nachdem alle »Künstler« fertig sind, werden die Augenbinden abgenommen. Ähnelt's einer Kuh?

A	alle
T	3–20
Z	5 Min.

Variation: Der Spielleiter läßt andere Objekte malen.
Spielintention: Konzentration
Material: Papier und Filzschreiber.

166 Punkte-Kunst

Die Teilnehmer sitzen im Stuhlkreis (nicht zu eng zusammen) und haben vor sich eine Schreibunterlage. Jeder Spieler erhält ein Stück Papier und einen Filzstift. Auf Anweisung des Spielleiters setzt jeder Teilnehmer zehn Punkte auf sein Papier. Diese kann er beliebig verteilen; sie sollten jedoch nicht zu eng beieinander liegen. Anschließend tauscht jeder Spieler seinen Zettel mit dem des Nachbarn aus.
Nun müssen die Spieler versuchen, eine Zeichnung (Figur oder Gegenstand) zu erstellen, in die alle Punkte mit einbezogen werden müssen. Das Thema für die Zeichnung kann der Spielleiter oder ein Spieler vorgeben.
Beim Zeichnen darf nicht miteinander gesprochen werden, auch sollte jeder nur auf sein eigenes Blatt schauen.
Nach etwa 6 Minuten werden die fertigen Bilder nebeneinander ausgebreitet und gemeinsam betrachtet.

A	alle
T	6–20
Z	10 Min.

Variationen:
1. Anstelle der zehn Punkte werden z. B. Striche, Kreise, Drei- und Vierecke in entsprechender Anzahl verwendet.
2. Mit den vorgegebenen zehn Punkten versucht jeder Spieler seinen Nachbarn zu portraitieren.

Spielintention: Einfallsreichtum, Konzentration, räumliches Sehen
Material: Pro Spieler ein Baltt Papier und ein Filzstift.

167 Fünf-Wörter-Bild

Die Spieler suchen sich einen Platz im Raum, an dem sie ungestört ein Bild malen können. Der Spielleiter gibt jedem Teilnehmer einen Bogen Papier mit Filzschreiber und kündigt an, daß er alle 4 Minuten ein Wort nennen wird, das in das Bild mit einbezogen werden muß. Insgesamt wird er 5 Wörter nennen, das erste 4 Minuten nach Spielbeginn.
Die Wörter können z. B. Gegenstände benennen (Auto, Haus, Blume),

A	Jugendliche Erwachsene
T	8–20
Z	25 Min.

Eigenschaften (stark, freundlich, hilfsbereit), Lebewesen (Mann, Frau, Kind, Katze) oder mystische Begriffe sein (Gott, Engel, Fee, Teufel).
Am Ende werden die Bilder aufgestellt und in der Gruppe besprochen, z. B. „Was geschah als die jeweils genannten Wörter fielen?", „Welche Stimmung strahlt das Bild aus?", „Welche Bedeutung hat es für mich als Zeichner/Maler?"

Variationen: 1. Zu zweit wird gemalt. Der Partner nennt Worte, von denen er meint, daß sie für den anderen von Bedeutung sind.
2. Je zwei Spieler malen zusamen ein Bild.

Spielintention: Phantasie, Einfühlungsvermögen, Eingehen auf neue Anweisungen (Flexibilität), Entspannung

Material: Pro Teilnehmer 1 Papierbogen, Filzschreiber oder Buntstifte.

168 Montagsmaler

A	alle
T	8–20
Z	20 Min.

Dieses Zeichen-Spiel ist durch die gleichnamige Fernsehsendung besonders populär geworden.
Es werden zwei gleich große Mannschaften gebildet. Jede entsendet jeweils einen Spieler. Er muß einen Begriff oder ein Sprichwort, das ihm der Spielleiter zuflüstert (oder auf einer Karte zeigt), zeichnerisch so darstellen, daß er bzw. es von seiner Gruppe möglichst schnell erraten wird.
Es werden mehrere Runden gespielt, wobei jeder einmal in der Rolle des Zeichners sein sollte.
Gemalt wird auf großen Papierbogen oder an einer Tafel. Der Spielleiter stoppt die Zeit, in der die einzelnen Begriffe erraten wurden. Als maximale Ratezeit kann von der Gesamtgruppe vor Spielbeginn z. B. eine Minute für jeden Begriff festgelegt werden.
Der Schwierigkeitsgrad der Aufgaben richtet sich nach der Zusammensetzung der Teilnehmergruppe. Nicht leicht sind z. B. folgende Begriffe zeichnerisch darzustellen: Ärger, Zufriedenheit, Nervosität, Teilnahmslosigkeit, Dankbarkeit, Zorn, Gleichgültigkeit, Wut, u.ä.

Spielintention: Begriffe bildhaft darstellen, Kombinations-, Reaktionsfähigkeit

Material: Ca. 40 Bogen Papier (DIN A2), dicke schwarze Filzschreiber oder: Tafel und Kreide; 40 vorbereitete Kärtchen (DIN A 7) mit Begriffen, Redensarten und Sprichwörtern, Stopp- oder Armbanduhr.

Materialspiele und Materialaktionen

Materialien haben hohen Aufforderungscharakter; sie regen Eigenaktivität an, reizen zum Probieren und Experimentieren.
Im Umgang mit Materialien gewinnen die Teilnehmer verschiedene Einsichten:

- Information über die Beschaffenheit und den Zustand des Materials;
- Manipulierbarkeit des Materials durch Verändern, Variieren und Verformen;
- Bildnerische Ausdrucksmöglichkeiten des Materials;
- Wahrnehmung, Beobachtung und Selbstkritik werden gefördert;
- Erlernte Arbeitsweisen und Techniken werden verfügbar und können wiederholt werden.

Kleine Materialsammlung

Die hier zusammengestellten Materialien finden Verwendung bei den Material-Spielen dieses Buches. Eine umfassende Materialsammlung enthält die Veröffentlichung von Beyer/Knötzinger: „Wahrnehmen und Gestalten" (1976), eine Anleitung zur Kunst- und Werkerziehung für Eltern und Erzieher.

Papiere:

Zeichenpapier (weiß bis elfenbein): viele Formate, glatte bis rauhe Oberfläche
Bunt- bzw. Glanzpapier: gibt es mit glatter oder matter Oberfläche in allen Formaten
Transparentpapier: sehr dünnes, durchscheinendes Papier zum Durchpausen
Seidenpapier: in vielen Farben erhältliches, dünnes, leichtes Papier
Japanpapier: ist besonders weich und zäh zugleich. Es eignet sich für Batik und Drucke
Plakatkarton: mit unterschiedlichen Farben beschichteter dünner Karton (Einzelbogen)
Aufziehkarton: schwerer, in verschiedenen Formaten und Farben erhältlicher Karton
Tapete: eignet sich für fortlaufende Zeichnungen; ermöglicht großflächiges Malen und Ausschneideasbeiten.

DIN-Formate

A 0 = Vierfachbogen (84l x 1189 mm)
A 1 = Doppelbogen (594 x 841 mm)
A 2 = Bogen (420 x 594 mm)
A 3 = Halbbogen (297 x 420 mm)
A 4 = Blatt (210 x 297 mm)
A 5 = Halbblatt (148 x 210 mm)
A 6 = Viertelblatt (Postkarte: 105 x 148 mm)
A 7 = Achtelblatt (74 x 105 mm)

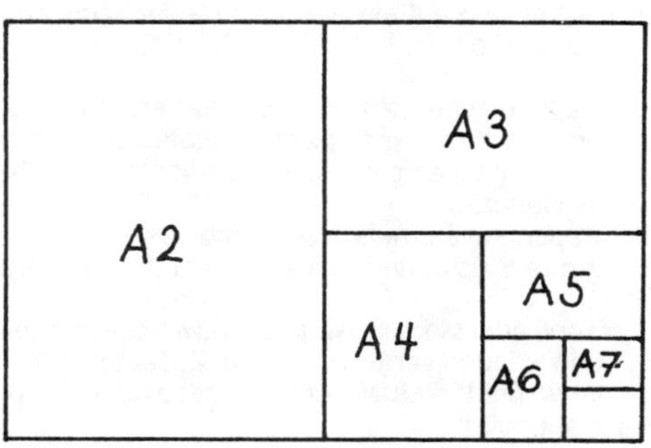

Mal- und Schreibstifte:

Filzschreiber haben sich bei Mal- und Schreibspielen bersonders bewährt. Es gibt sie in großer Auswahl mit verschiedenen Strichstärken, mit keilförmigen oder schrägen Spitzen. Um die Schreiber vor dem Austrocknen zu schützen, müssen sie stets mit der beigefügten Kappe nach dem Benutzen verschlossen werden.

Flüssige Farben:

Wasserfarben sind als „Tuschkasten"-Sortiment oder auch einzeln erhältlich. Es gibt Malkästen mit Deck- und Aquarellfarben.
Plakatfarben gibt es in Tuben und Gläsern. Dabei handelt es sich um flüssige Wasserfarben aus der Gruppe der Dispersionsfarben; sie sind untereinander mischbar und vielseitig zu verwenden.
Ölfarben stehen in großer Farbauswahl zur Verfügung. Die Farben auf Ölbasis gibt es in Tuben; sie glänzen nach dem Trocknen. Als Verdünnungsmittel wird Terpentinöl benutzt.
Nitrolacke trocknen extrem schnell. Sie sind in Dosen oder Sprühdosen im Handel. Zur Verdünnung wird Nitroverdünner benutzt.
Acrylfarben können für das Bemalen von Glas benutzt werden; anschließend muß Besprühen mit farblosem Lack erfolgen, um vor Feuchtigkeit zu schützen. Spezialfarben für Glasmalerei gibt es in Hobbyläden, Mal- und Lackgeschäften.

Modelliermassen:

Ton ist bereits fertig aufbereitet als Töpferton zu kaufen. Er muß jedoch in einem Spezial-Brennofen gebrannt werden.
Selbsthärtender Ton trocknet bereits in etwa einer Woche bei Zimmertemperatur völlig aus und kann mit Dekorfarben, Zapon- oder Kunstharzlack bemalt werden.
Modelliermasse hat die wichtigsten Eigenschaften des Tons und kann bei Plätzchentemperatur in jedem Haushaltsbackofen gebrannt werden. Das Spezialmaterial gibt es in vielen leuchtenden Farben. Die fertiggebrannte Masse kann mit einem Speziallack weiterbehandelt werden.
Plastikform ist eine auf Holzbasis hergestellte Modelliermasse, die an der Luft trocknet und gut bemalbar ist.

Plastilin ein knetbares Material, das recht empfindlich ist, da es nicht aushärtet. Es eignet sich gut als Basis für Papiermachéarbeiten, z. B. für das Anfertigen von Puppenköpfen.

Papiermaché stellt man selbst her, indem Streifen aus Zeitungspapier in dick angerührten Tapetenkleister getaucht werden. Nach dem Trocknen läßt sich Papiermaché mit wasserlöslichen Farben bemalen und anschließend farblos lackieren.
Pappmaché erhalten wir durch das Zerreißen von leeren Eierkartons in pfennig-große Stücke und Einweichen in dick gerührtem Tapetenkleister.

Knet- oder Modellierwachs: Das weiche und geschmeidige Material läßt sich gut mit den Händen verarbeiten. Zum Zusammenfügen einzelner Teile wird Klebewachs verwendet. Das Material ist besonders für die Herstellung von Puppenköpfen geeignet.

Kunststoffe:

Schaumstoff leicht formbares, gummiähnliches Material, das sich besonders zum Gestalten von Puppen (Unterfüttern/Ausstopfen) eignet.
Styropor Hartschaummaterial, das zu Verpackungszwecken verwendet wird. Es eignet sich besonders zum Gestalten von Figuren und zum Bauen.

Naturmaterialien:

Äste, Wurzeln, Tannenzapfen, Baumrinde, Moos, Bucheckern, Kastanien, Nußschalen, Blätter, Kork, Bambusrohr, Schilfrohr, Stroh, Kokusschalen, Körner, Sand, Muscheln, Steine, Eierschalen, Federn.

Wertlose Gegenstände:

Gemeint sind industriell gefertigte Materialien, die im Haushalt nicht mehr benötigt werden, sich jedoch noch gut fürs Gestalten eignen, z. B. Garnrollen, Gefäße, Tontöpfe, Eierkartons, alte Stoffe, zerlegte alte Wecker und Radios, Zeitschriften, Perlen aus Kunststoff, Plastik- und Installationsrohre, Metallfolien, Kleidungsstücke usw.

Kleber:

Für Papier und Karton eignen sich Papierkleber, Klebstifte und Kleister; für Stein, Glas und Holz Alles- und Kontaktkleber; für Styropor wird am besten Styroporkleber benutzt.

Werkzeuge:

Schere ist nicht gleich Schere. Papierscheren sind länger als Haushaltsscheren. Bastelscheren sind handlich. Für Scherenschnitte werden spezielle Scheren benutzt. Um saubere Kanten zu erzielen, müssen sie stets scharf geschliffen sein.

Schneidefeder: Die scharfgeschliffene Feder wird in einen Federhalter gesteckt und wie ein Bleistift gehalten. Sie eignet sich besonders für Ausschneidearbeiten.

Universalmesser: Gibt es in zahlreichen Formen und Stärken, z. B. als Klingenmesser mit versenkbaren Klingen für Papier- und Werkarbeiten.

Spiele mit Zeitungen und Comics

Spielvorschläge:

169 Zeitung vielseitig

A	Jugendliche Erwachsene
T	8–20

Nicht nur der Inhalt, auch die Verwendung von Tageszeitungen (und Illustrierten) kann sehr vielseitig sein.
Der Spielleiter bringt einen Stapel alter Zeitungen mit.
Was können wir damit machen?

Gemeinsam werden z. B. folgende Spiele durchgeführt:

- Wieviel Spieler passen auf eine Zeitungsseite?
- Zeitungsseiten werden zu Puzzles zerschnitten und wieder zusammengefügt.
- Es werden gleichgroße Gruppen gebildet, die dicke, ungeordnete Zeitungen wieder richtig zusammenlegen müssen.
- Titelblätter werden collagiert oder durch Übermalen verfremdet.
- Ein Text wird durch Fotomontagen in seiner Aussage verändert.
- Kleinstnachrichten werden ausgeschnitten und von Sprechern als „Tagesschau“-Nachrichten gesprochen.
- Mit Hilfe von Stecknadeln wird in Gruppen für einen Mitspieler aus einer normalen Tageszeitung ein Kostüm angefertigt.

Spielintention: Die Zeitung als vielseitiges Spielmaterial erfahren
Material: Alte Tageszeitungen oder Illustrierte, Scheren, Kleber, Buntstifte, Stecknadeln.

170 Zeitungsredakteur

A	Jugendliche Erwachsene
T	8–20
Z	15 Min.

Jeder Spieler erhält eine Zeitungsseite und einen Filzschreiber. Innerhalb von zwei Minuten sollen auf dieser Seite 20 Wörter angestrichen und dann an den Nachbarn weitergereicht werden. Aus den angestrichenen Wörtern soll dieser dann eine kurze Geschichte entwickeln. Bindewörter dürfen eingeflochten werden. Für das Schreiben der Geschichte erhält jeder Spieler fünf Minuten Zeit.
Im Anschluß daran findet im Stuhlkreis die „Dichterlesung“ statt.

Spielintention: Phantasie, Kombinationsfähigkeit
Material: Pro Spieler eine Zeitungsseite, Filzschreiber und Papier.

171 Werbeagentur

Der Spielleiter hat bunte Werbeanzeigen ausgeschnitten. Um die Phantasie der Spieler nicht zu beeinträchtigen, wurden die Namen der Produkte aber vorher überklebt oder mit Deckweiß überpinselt.
Die Spielgruppe wird in mehrere Kleingruppen aufgeteilt. Jede erhält gleichviele Anzeigen, große Papierbogen, Filzschreiber und Klebstoff. Aufgabe jeder „Werbeagentur" ist es, für bereits bestehende Produkte, die noch keinen Markennamen haben, Anzeigenentwürfe zu erstellen. Natürlich sollten diese völlig anders lauten als alles, was bisher schon von der »Konkurrenz« angeboten wird.

A	**Jugendliche Erwachsene**
T	**8–20**
Z	**30 Min.**

Spielintention: originelle Einfälle verwirklichen
Material: Pro Spielgruppe 5–10 möglichst ganzseitige Annoncen, je 1 Bogen Tonpapier, Filzschreiber u. Alleskleber.

172 Bildgeschichte

Die Spieler kommen im Stuhlkreis zusammen. In der Mitte liegt ausgeschnittenes Bildmaterial aus Tageszeitungen und Illustrierten.
Es werden Kleingruppen gebildet, die sich jeweils ein Bild heraussuchen, zu dem sie sich eine Geschichte ausdenken und aufschreiben. Nach einer festgelegten Zeit werden die Bilder und Geschichten vorgestellt und – falls gewünscht – besprochen.

A	**alle**
T	**8–20**
Z	**10 Min.**

Spielintention: Phantasie, Fabulieren
Material: Etwa 20 Bildausschnitte aus Zeitungen oder Illustrierten.

173 Zeitungsexperiment

Es werden mehrere Kleingruppen gebildet. Jede von ihnen erhält drei Zeitungen und den Auftrag, ein Spiel zu erfinden, bei dem die Zeitung die Hauptrolle spielt. Als Experimentier- und Ideenfindungszeit werden 10–15 Minuten festgelegt.
Wenn es die Mitspieler am Anfang noch für unmöglich halten, ein „neues" oder „abgewandeltes" Spiel zu entwickeln, oder wenn sie gar eine Protesthaltung einnehmen, so werden sie schon nach kurzer Zeit sehen, wie schnell sich etwas mit dem vorgegebenen Zeitungsmaterial entwickeln läßt.

A	**alle**
T	**8–20**
Z	**20 Min.**

Spielintention: Phantasie, Experimentieren
Material: Alte Zeitungen.

174 Zeitungsente

A	Jugendliche Erwachsene
T	8–20
Z	10 Min.

Die „Zeitungsente" als Bezeichnung für eine gedruckte Falschmeldung kennt man seit etwa 1850. „Blaue Enten" für „Lügen" sagte man jedoch bereits im 16. Jahrhundert.
Der Spielleiter bereitet aus den Schlagzeilen oder verschiedenen Kurzberichten einer Tageszeitung einen Artikel vor, in dem viele muntere „Zeitungsenten" planschen. Der Schwierigkeitsgrad kann beliebig variiert werden.
Wer findet die meisten Fehler?

Variation: Die Spieler müssen die wirklichen (ursächlichen) Geschehnisse anhand des vorgegebenen „Enten"-Artikels rekonstruieren.
Spielintention: Aufmerksamkeit, Konzentration
Material: Vorbereitete „Enten"-Artikel.

175 Bildtexter

A	Jugendliche Erwachsene
T	5–15
Z	20 Min.

Die Spieler sitzen am Tisch und erhalten vom Spielleiter je drei ausgeschnittene Zeitungs- oder Illustriertenbilder ohne Text.
Jeder Mitspieler hat die Aufgabe, zu diesen Bildern jeweils einen Text zu entwerfen.
Der Originaltext kann danach zusätzlich vorgelesen werden. Nicht selten wird so deutlich, mit welchen Manipulationsmöglichkeiten Massenmedien arbeiten.

Spielintention: Zusammenhang und Wirkung von Bild und Text erkennen
Material: Pro Spieler drei Zeitungsfotos ohne Bildtext.

176 Schlagzeilensalat

A	Jugendliche Erwachsene
T	5–15
Z	30 Min.

Wer gestaltet den originellsten Zeitungsartikel?
Um diese Frage zu beantworten, werden unter den Spielern alte Tageszeitungen verteilt. Jeder Mitspieler soll aus ca. 8–10 Zeitungsüberschriften einen neuen Artikel (Meldung/Kommentar) zusammenstellen, ohne dabei die einzelnen Überschriften zu verändern!
Die einzelnen Überschriften werden ausgeschnitten, entsprechend geordnet und aufgeklebt, und der so entstandene Artikel anschließend in der Runde vorgelesen.

Variation: 1. Es werden keine ganzen Überschriften, sondern nur einzelne Wörter ausgeschnitten und zu Aussagen zusammengeklebt.
2. Der anzufertigende Artikel wird unter ein Thema gestellt; z. B. Wetterbericht, Schönheitswettbewerb, Sportreportage.

Spielintention: Wortgefühl, Spaß an der Parodie

Material: Pro Spieler eine Zeitung, Schere, Klebstoff und ein Blatt Papier.

177 Bild-Manipulation

A	Jugendliche
T	10–20
Z	30 Min.

Um die Bewußtmachung von Manipulationsmöglichkeiten und die Tatsache, daß Sympathie und Antipathie technisch manipulierbar sind, geht es bei diesem Spiel.
Es werden Kleingruppen von 3–5 Mitspielern gebildet, die je 8 gleiche Großaufnahmen (Portraitaufnahmen), Retusche, Retuschierpinsel und Material für die Fotomontage erhalten. Jede Gruppe bekommt zwei Arbeitsaufträge:

1. Die Gruppe soll die abgebildete Person so negativ wie möglich darstellen.
2. Die Gruppe soll die Person so positiv wie möglich darstellen.

Die veränderten Fotos werden gemeinsam besprochen, verglichen und im Gespräch ausgewertet.

Spielintention: Bewußtmachen technischer Manipulationsmöglichkeiten (Sympathie/Antipathie), kritisches Betrachten von Abbildungen

Material: Illustrierte, Retusche, Retuschierpinsel, Klebstoff, Scheren.

178 Comics-Spiele

A	Jugendliche
T	5–10
Z	20 Min.

Comics spielen im Alltagsleben aller Altersgruppen eine wachsende Rolle. Man kann über Comics sprechen, sich ihre formalen und inhaltlichen Schemata bewußt machen, widersprechende Effekte verdeutlichen und versuchen zu klären, welche Motivationen von Comics ausgehen, was die Leser so fasziniert . . .

Comics sind aber auch eine originelle Grundlage für kreatives Spielen, wie die folgenden 10 Spielvorschläge zeigen.

1. Handlungsmotive und Figuren werden aus Comics ausgeschnitten und zu einer neuen Geschichte zusammengesetzt.
2. Comic-Strips-Elemente werden mit anderem Bildmaterial vermischt, wobei neue, lustige Effekte zustandekommen.
3. Eine neue Geschichte entsteht, indem Einzelelemente aus verschiedenem Bildmaterial ausgeschnitten und durch eigene Zeichnungen ergänzt und ausgeschmückt werden.
4. Völlig neue Bildergeschichten werden erfunden, eigene Ideen ohne Vorlage realisiert. Die Spieler zeichnen Figuren. Es können, je nach Talent, auch Strichmännchen sein.
5. Mit bekannten Figuren verschiedener Comics werden neue Geschichten erfunden.
6. Zum Anfang und Ende einer Comic-Geschichte wird ein neues Zwischenstück erfunden.
7. Comic-Geschichten werden in Prosa wiedergegeben (Aufteilung in Kleingruppen bis 4 Personen. Die Ergebnisse werden vorgelesen.).
8. Die Sprechblasen werden neu formuliert.
9. Pantomimen-Comics erhalten einen Text.
10. Eine besonders originelle Einladung zu einem Fest ist das Verschicken einer Comic-Seite mit leeren Sprechblasen. Die Gäste sollen daraus eine Geschichte machen und sie zur Feier mitbringen. Die Geschichten werden vorgelesen.

Spielintention: Phantasie, Spaß am Parodieren und Verändern von Bild und Text

Material: Comic-Hefte, Papier, Deckweiß, Scheren, Filzschreiber und Klebstoff.

Collagen und »Ready-Made«-Spiele

Spielvorschläge:

179 Collagen

A	alle
T	6–15
Z	90 Min.

Die Collage ist eine Erfindung der Maler des Kubismus, einer modernen Kunstrichtung, die von Cézanne ausging und seit 1907 unter anderem von Picasso, Braque und Feininger vertreten wurde. Diese entdeckten Zeitungspapier und Tapeten als Bildmaterial, schnitten interessante Motive aus und fügten sie zu einem Bild zusammen. Die Klebebilder wurden dann mit Pinsel und Farben weiterbearbeitet.
Für Collagen lassen sich die verschiedensten Materialien verwenden. Heute werden nahezu alle Materialien und Gegenstände zu Collagen verarbeitet; z. B. Steine, Holz, Textilien, zerlegte Wecker und Radios, Metall, gesammelte Naturmaterialien. Als Befestigungsunterlage werden Stoff, Holz- oder Styroporplatten benutzt.

Hier einige Beispiele, die sich gut in Kleingruppen von 3–4 Teilnehmern durchführen lassen:

1. Eine Collage wird unter ein bestimmtes Thema gestellt, z. B. Großstadt, Zukunft, Träume, Menschen, Wünsche, Werbung.
2. Für die Anfertigung einer Collage werden nur Bilder (oder: nur Schriften) verwendet.
3. Aus realistischen Abbildungen soll ein abstraktes Bild gestaltet werden. Die Collage wird zusätzlich bemalt.
4. Zu einem Thema werden zwei Collagen erstellt: Pro + Contra.

Für die Fertigstellung der Collagen wird jeder Gruppe genügend Zeit gelassen. Die fertigen Ergebnisse werden gemeinsam besprochen und eventuell als Raumschmuck oder Denkanstoß im Gruppenraum, Jugendzentrum oder Gemeindehaus angebracht.

Spielintention: Phantasie, verschiedene Materialien sinnvoll miteinander verbinden
Material: Bildmaterial aus Illustrierten und Kalendern; Scheren, Klebstoff, Karton (oder Tonpapier im DIN-A-2-Format), Filzstifte.

180 Zeitungscollage

A	**alle**
T	**6–15**
Z	**30 Min.**

In Kleingruppen von je 3 Personen werden Figuren oder Formen aus Zeitungspapier ausgerissen oder ausgeschnitten. Erlaubt ist, was gefällt (z. B. abstrakte Formen, Tiere, Blumen, Wolken). Die ausgeschnittenen Figuren werden auf einem Packpapierbogen oder auf einer Tapetenfläche arrangiert und mit Tapetenkleister festgeklebt.
Im Anschluß erhält das Bild von der Gruppe einen Titel.

Variation: Das fertige Bild wird in die Mitte eines Stuhlkreises gelegt. Hierzu wird eine kleine Geschichte erfunden und erzählt.
Spielintention: flächiges Gestalten
Material: Zeitungen, Packpapier (bzw. Tapete), Scheren, Kleister, eventuell Farbstifte für Umrandungen.

181 Werbung

A	**Jugendliche**
T	**6–15**
Z	**30 Min.**

Die Werbung will bei uns Bedürfnisse wecken uns uns bestimmte Produkte „schmackhaft" machen.
Je zwei Spieler erhalten die Aufgabe, aus Bildern und Überschriften zu diesem Thema eine Collage anzufertigen. Die Bilder sollen ausgeschnitten und mit neuen Texten versehen werden, damit neue Aussa-

gen entstehen und z. B. der Sinn bzw. Unsinn mancher Werbetexte deutlich wird.

Variation: Illustrierte, Frauen- und Jugendzeitschriften bieten zahlreiche Themen, die sich zu Collagen verarbeiten lassen; z. B. „Bravo“ und Stars, oder: „Bravo“ und Lebenshilfe.
Spielintention: Kritische Auseinandersetzung mit der Werbung
Material: Illustrierten-Inserate, Klebstoff, Scheren und Tonpapier (DIN A 2).

182 Stoffcollage

A	alle
T	5–15
Z	60 Min.

Die Teilnehmer werden in Kleingruppen aufgeteilt. Jede Gruppe erhält eine farbige Unterlage (z. B. einen einfarbigen Stoffrest, Naturkarton oder einfarbige Jute).
In freier Gestaltung – ein Thema kann sich die Gruppe selbst stellen – schneiden die Teilnehmer aus bereitgelegten Stoffresten Figuren und Formen aus und befestigen sie mit Klebstoff auf der Unterlage.
Mit der Klebe sollte sehr sparsam umgegangen werden, da sie sonst durch den Stoff dringt.
Mit drei Schleifen kann die fertige Stoffcollage auf einer Holzleiste aufgehängt werden.

Spielintention: Kooperation
Material: Fester Karton (DIN A 2), Stoffreste (gemischte Stoffe, Brokat-, Spitzen- und Tüllreste), Scheren und Klebstoff; ggf. Nadel und Faden zum Annähen der Schleifen.

183 Decollage

A	alle
T	5–15
Z	30 Min.

Bei der Decollage werden keine Stücke aufgeklebt, sondern aus einem größeren Stück herausgerissen oder -geschnitten. Die so entstandenen Löcher unterklebt man mit farbigem Papier (bzw. mit Tonpapier, Zeitung oder Stoff). Die unterklebten Flächen können dann selbst wieder mit Löchern versehen und nochmals andersfarbig unterklebt werden.

184 Ready-made

A	Jugendliche
T	8–20
Z	120 Min.

Beim Ready-made, einer Kunstform der Pop-Art, werden Teile eines Gegenstandes aus ihrem Zusammenhang genommen und zu einem neuen Gebilde komponiert. So können z. B. serienmäßig von der Industrie hergestellte Gegenstände (z. B. ein Radio) in ihren Teilen neu

angeordnet, eigenständigen ästhetischen Wert bekommen. Auch aus Naturmaterialien kann ein Ready-made entstehen. Wichtig ist dabei, daß mit dem „Kunstwerk“ etwas zum Ausdruck gebracht wird.
Die Spieler erhalten den Auftrag, sich acht Gegenstände unterschiedlicher Materialbeschaffenheit zu besorgen. Dieses kann z. B. bei einem Spaziergang geschehen, wenn sich die Gesamt- oder Kleingruppe geeinigt hat Naturmaterialien oder Sperrgut-Gerümpel zu sammeln.
Ist das Material vorhanden, werden aus den gefundenen Gegenständen gemeinsam »Ready-made«-Kunstwerke gebaut.
Für die Zusammenfügung der einzelnen Objektteile dürfen Hilfsmittel wie Draht, Klebeband und Nägel benutzt werden. Die entstandenen Kompositionen werden besprochen und als Raumschmuck aufgestellt.

Variationen:
1. In einem Raum befinden sich einfache Stühle. Sie sollen von jeweils 3 Spielern innerhalb von 15 Minuten zu einem Thron umgestaltet werden. Dafür erhält jede Dreier-Gruppe vom Spielleiter Kreppapier, Alufolie und Klebeband. Jeder Thron erhält einen Namen.
2. Aus Teppichresten, Wellpappe, Holzstücken, Strohhalmen und Styropor sollen Hütten oder Baumhäuser gebaut werden.
3. Ein Gerümpel-Bild soll in Gemeinschaftsarbeit angefertigt werden. Als Materialien werden benötigt: alle möglichen Abfallprodukte, Korken, Dosen, Flaschenverschlüsse, leere Garnspulen, Teile aus alten Weckern und Radios. Themen könnten z. B. sein: Traumbilder, Phantasielandschaft, Phantasietiere, Masken oder Blumen.

Spielintention: Teilnehmer werden aktiviert, sich künstlerisch zu betätigen; Fähigkeiten im bildnerischen, räumlichen und sprachlichen Bereich werden erprobt, gemeinsame und persönliche Entscheidungen werden getroffen
Material: siehe Spielbeschreibung.

185 Objet trouvé

A	Jugendliche
T	6–15
Z	60 Min.

Das „Objet trouvé“, eine Montagekunst, die um 1960 erste Aufmerksamkeit erlangte, ähnelt dem Ready-made. Hier werden Gegenstände des täglichen Gebrauchs (z. B. Küchengeräte) durch den „Künstler“ aus ihrem ursprünglichen Verwendungsbereich gelöst und zum Kunstwerk umgestaltet. Dabei interessiert nicht mehr die praktische Verwendungsmöglichkeit, sondern ausschließlich die ästhetische Aussage.

Spielintention: Phantasie, Gebrauchsgegenständen eine neue Bedeutung geben
Material: Gegenstände des täglichen Gebrauchs z. B. (nicht mehr benötigte) Küchengeräte und Geschirr; Draht, Klebeband, Klebstoff; ggf. Werkzeug.

186 Picassospiel

A	Jugendliche
T	8–12
Z	20 Min.

Der Spielleiter legt in der Mitte des Spielkreises das folgende Material aus: Einen großen Bogen Tonpapier, Stoffreste, Prospekte, Zeitungen, Bast, Kordel, Buntpapier, Watte, Strohhalme. Als Hilfsmittel liegen Scheren und Klebstoff bereit.
Jeder Spieler kann sich etwas vom vorhandenen Material nehmen und dieses phantasievoll auf das Tonpapier kleben. Der nächste setzt das „Werk" seines Vorgängers fort. Wenn das Material-Gemälde fertig ist, sucht die Gruppe gemeinsam einen Namen dafür.

Spielintention: Vorgegebenes aufgreifen und erweitern, sich auf den andern einstellen.
Material: siehe Spielbeschreibung.

187 Patchwork

A	Jugendliche
T	6–10
Z	60 Min.

Wandbilder können in der Gruppe geplant und als Gemeinschaftsarbeit ausgeführt werden.
Beim Patchwork werden gemusterte Stoffe in verschiedene Formen zerschnitten und wieder so zusammengeklebt, daß sich ein neues Muster ergibt. Dabei sollte auf den Helldunkelkontrast geachtet werden. Als Klebeunterlagen eignen sich Stoffbahnen oder Papierbogen im DIN-A-3-Format.
Eine Patchwork-Gruppe sollte etwa 3–5 Teilnehmer umfassen.

Spielintention: Kooperation, flächiges Gestalten
Material: Pro Kleingruppe ein Tonpapierbogen (DIN A 3), verschieden gemusterte Stoffe, Scheren u. Klebestoff.

188 Papier-Mosaike

A	alle
T	1–20
Z	60 Min.

Mosaike (Einlegearbeiten) aus Glas und Stein kannten bereits die alten Griechen und Römer. Eine der berühmtesten Mosaikarbeiten befindet sich in der Kirche San Vitale in Ravenna.
Unser Mosaik-Spiel hat mit der Kunst der alten Römer aber weniger zu tun. Ein Bogen Tonpapier (Tapete oder Packpapier) wird auf den Tisch oder Fußboden gelegt. Farbige Versandkatalog- oder Illustriertenseiten werden in kleine Schnipsel gerissen oder geschnitten. Auf das Tonpapier werden jetzt Umrisse einer geplanten Mosaik-Figur gemalt. Die Figur wird dünn mit Kleister bestrichen, die farbigen Schnipsel werden aufgeklebt.

Die Spielgruppe sollte in Kleingruppen von 3–4 Spielern aufgeteilt werden.

Spielintention: flächiges Gestalten, Gefühl für Form und Farbe
Material: Versandkatalog bzw. mehrere Illustrierte, Tonpapier (bzw. Tapetenstück oder Packpapier), Klebstoff, ggf. Scheren.

189 Styropor-Kunst

A	Jugendliche
T	6–15
Z	120 Min.

Wahre Styropor-Berge türmen sich als Verpackungsabfall von Fernsehapparaten, Kühlschränken, Waschmaschinen, Radios, Kameras und Küchengeräten.
Die Spielgruppe teilt sich in Kleingruppen von 3–4 Spielern auf.
Mit etwas Formgefühl und Phantasie werden die vorgegebenen Elemente zu Skulpturen arrangiert. Mit Wasserlack bemalt oder mit Lack besprüht, wirken die Elemente besonders attraktiv.
Vertiefungen im Styropor können mit Moltofill-Masse gefüllt werden, in die dann blitzende Teile aus dem Kramkasten (z. B. Steine, Perlen, Knöpfe, Flaschenkorken usw.) „eingegipst" werden. Nach dem Trocknen nehmen die „Styropor-Künstler" noch Verfeinerungen mit dem Pinsel vor.

Spielintention: Phantasie, ästhetisches Empfinden, Formgefühl
Material: Styropor-Verpackungsmaterial, Klebestoff, Moltofill, allerlei Kleinkram, Wasser- bzw. Sprühlack.

190 Büroklammer-Golf

A	alle
T	1–5

Der Name des Spiels sollte nicht darüber hinwegtäuschen, daß es sich um ein Freizeitspiel handelt, auch wenn es an fast allen Orten allein gespielt werden kann.

Eine Büroklammer hat man stets zur Hand. Wir biegen sie zu einem kleinen Golfschläger (s. Abb.), formen kleine Papierkügelchen zu Golfbällen und bauen aus Kugelschreibern, Radiergummis und anderem Büromaterial kleine Hindernisse und Bahnen.

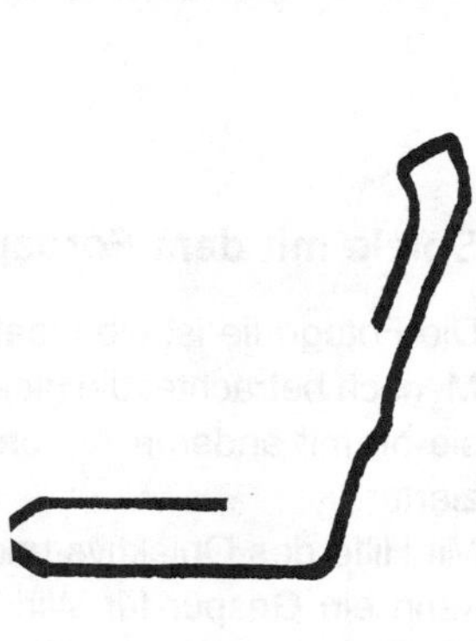

Spielintention: Spiele aus vorhandenem Büromaterial entwickeln
Material: Pro Spieler eine Büroklammer; Büromaterial.

191 Wundertütenspiel

A	Jugendliche
T	5–10
Z	30 Min.

Jeder Teilnehmer erhält vom Spielleiter einen verschlossenen Briefumschlag. Sein Inhalt: Vier Karteikarten (DIN A 6), zwei Pfeifenreiniger, 8 Büroklammern, 2 Gummibänder und ein Bleistift.
Aufgabe jedes einzelnen Spielers ist das Erfinden eines Sole-Spiels innerhalb eines festgelegten Zeitraums. Danach stellt jeder das erfundene Spiel vor.

Spielintention: Phantasie, Ideen entwickeln.
Material: siehe Spielbeschreibung.

192 Eier-Objekte

A	alle
T	5–15
Z	60 Min.

Die Spielgruppe hat Eierkartons besorgt, um hieraus dekorativen Wandschmuck herzustellen.
Eierkartons wirken sehr plastisch und können durch Bemalen mit Deckfarben und Bekleben mit Buntpapieren interessant gestaltet werden.

Variation: Die Eierkartons werjden mit Plakatfarben angestrichen. In den Vertiefungen werden Gegenstände z. B. Glaskugeln, Perlen, Teile aus einem alten Wecker oder Radio befestigt.
Spielintention: Form- und Farbgefühl entwickeln
Material: Eierkartons, Buntpapier, Deckfarben.

Spiele mit dem Fotoapparat

Die Fotografie ist ein ideales Mittel der Selbstdarstellung. Der kreative Mensch betrachtet die gleichen Dinge, wie andere auch, jedoch sieht er sie oft mit anderen Augen. Seine Wahrnehmungsfähigkeit ist differenzierter.
Mit Hilfe des Objektivs und des auswählenden Blickes des Fotografen kann ein Gespür für Wirklichkeit entwickelt werden, das z. B. bei der Nahaufnahme „in den Kern der Dinge dringt". Fotografieren kann mehr als »knipsen« sein.

Spielvorschläge:

193 Table-top-Bilder

A Jugendliche Erwachsene

Die Fotografie kann nicht nur ein Motiv wiedergeben, sondern auch Stimmungen und Gefühle ausdrücken. Der bekannte Fotograf Andreas Feininger versteht die Fotografie als „Komposition", wenn er von wirkungsvollen Bildern spricht.

Wer seine Phantasie gern spielen lassen und sich einmal in der Regieführung versuchen möchte, findet in der Table-top-Fotografie, einem Zweig der Nahaufnahme, viel Spielraum. Mit geringem Aufwand werden auf einem Tisch oder auf einer Platte Objekte zu kleinen Stilleben arrangiert, z. B. Spielzeug, Konsumabfälle, (Schachteln, Dosen, Verpackungen), Naturmaterialien usw. Die Aufnahmen können eine ganz persönliche Note erhalten: Wasser läßt sich z. B. durch Verwendung von Folie oder Cellophan simulieren; Schneewirkung erhält man durch Watte oder feinkörniges Salz. Dem Einfallsreichtum des Fotografen sind keine Grenzen gesetzt.

Um eine besondere Wirkung zu erhalten, sollten nicht zu viele Gegenstände auf einem Foto oder Dia abgebildet sein.

Material: Fotoapparat, der Nahaufnahmen zuläßt (möglichst Spiegelreflexkamera), Blitzlicht oder Fotoleuchte, beliebige kleine Gegenstände.

194 Dia-Spiele

A Jugendliche Erwachsene

Alltäglichen Dingen kann man ganz nah mit dem Fotoapparat (Spiegelreflexkamera) auf die Haut rücken. Da sehen Zapfen einer Kiefer wie Gebilde von einem anderen Stern aus, da werden die Samenkapseln des Löwenmauls zu Fabelwesen, Eierkartons zur Kraterlandschaft.

Aus Nah- und Makroaufnahmen kann ein reizvolles Dia-Quiz entstehen. Auf Fotopapier abgezogen und gerahmt sind sie ein origineller Raumschmuck und als Fotokarten geben sie vielleicht Anreiz, dazu eine Geschichte zu erfinden.

Nahaufnahmen sind mit fast jeder Kamera möglich. Für Makroaufnahmen ist jedoch eine Spiegelreflexkamera mit Balgengerät und Zwischenringen notwendig.

Für Mikroaufnahmen wird auf jeden Fall ein Mikroskop mit einem Anschlußring benötigt. Nah- und Makroaufnahmen machen längere Belichtungszeiten erforderlich. Bei einem Abbildungsmaßstab von 1:1

ist bereits die vierfache Belichtungszeit erforderlich; bei 2:1 die neunfache und bei 4:1 bereits die 25fache. Bei dieser Größenordnung wird meistens der Elektronenblitz eingesetzt.

Variationen: Dia-Gläser können mit transparenten Glasfarben bemalt werden, so daß sie projiziert ein effektvolles Farbspiel ergeben. Zusammen mit Musik können sie einen Disco-Abend untermalen oder ein lebendiger Beitrag für ein Fest sein.
Spielintention: Blick für Details, Gefühl für Ästhetik
Material: Fotoapparat (Spiegelreflexkamera), Balgengerät (für Makroaufnahmen), Blitzlicht, beliebige Gebenstände, Dia-Projektor.

195 Städte-Quiz

A	Jugendliche Erwachsene
T	10–30
Z	30 Min.

Rechtzeitig vor der Durchführung eines Spielabends werden die Teilnehmer gebeten, an diesem Abend Diapositive mitzubringen. Sie werden vom Spielleiter, der den Dia-Projektor bedient, gemischt und vorgeführt. Es soll geraten werden, um welche Stadt, welches Land, welches Gebäude usw. es sich handelt.
Wer sein eigenes Dia erkennt, sagt natürlich nichts.

Spielintention: Spaß am Raten, Kenntnisse über Städte und Länder.
Material: Dia-Projektor, Dias von Städten, Gebäuden usw.

196 Lichtspielereien

A	Jugendliche Erwachsene

Um „zauberhafte", wie von einem Computer erzeugte Bilder, geht es bei diesem Spiel. Dafür benötigen wir einen völllig abgedunkelten Raum, einen Fotoapparat, einen Film mit der Empfindlichkeit von 18 DIN und eine Taschenlampe.
Der Fotoapparat wird auf eine feste Unterlage (z. B. Fußboden) gelegt. Etwa 30 cm über der Kamera wird die eingeschaltete Taschenlampe spiralen- und ellipsenförmig in Bewegung gesetzt, während mit langer Verschlußzeit (30s) bei Blende 8 aufgenommen wird. Die Wirkung, besonders bei Farbaufnahmen, ist um so besser, je höher die Lampe aufgehängt ist. Das Licht schwingt dann langsam und beschreibt Kreisbögen.
Die angefertigten Lichtspielereien können als origineller Beitrag für ein Fest oder als „Light-Show" für einen Disco-Abend gedacht sein.

Spielintention: Experimentieren mit der Technik, Überraschungseffekt
Material: Fotoapparat, Film (18 DIN), Taschenlampe, langer Faden zum Aufhängen der Taschenlampe.

197 Motive und Themen

Für Einzel- oder Gruppenreportage auf Freizeiten oder für eine gezielte Foto-Aktion bieten sich z. B. folgende Motive an:

Menschen	– im Ausland, bei der Arbeit, Kinder, alte Menschen
Abend	– beleuchtete Straßen, Schaufenster, Lichtreklamen (27-DIN-Film, Blende 2,8; Stativ)
Garten	– Blumen, Sträucher, Stauden, Gräser, Blüten (Nahaufnahmen)
Aquarien	– Bei diesen Aufnahmen muß das Blitzlicht *seitlich* gehalten werden, um Reflexionen zu vermeiden; ggf. mit einer Zweitlampe experimentieren
Haustiere	– Teleobjektiv einsetzen, z. B. bei Aufnahmen an der Futterstelle
Zoo	– Genügend Zeit nehmen, Tiere erst beobachten, dann auf den Auslöser drücken; interessante Aufnahmen bei der Fütterung
Sport	– Schnappschüsse, Bewegungsabläufe einfangen, z. B. Hochspringer, Reiter, Läufer, Motorsport. (Je schneller die Bewegungsabläufe, um so kürzer die Belichtungszeit bei weitgeöffneter Blende)
Sonne	– glutroter Ball am Himmel, verschleiert, am Meer
Jahreszeiten	– z. B. Winter, Sonne in den Morgen- und Abendstunden, Schneeaufnahmen, Eiskristalle (18 DIN-Film verwenden)
Kirchenfenster	– experimentieren mit der Beleuchtung
Wochenmärkte	– Schnappschüsse, z. B. vom Bananenverkäufer
Jahrmärkte	– Karussells, Buden
Kinder	– beim Spielen, auf dem Spielplatz, ausgelassen, fröhlich, traurig
Landschaften	– Details können mehr aussagen als die Totale; Gewitter, Wiesen, Frösche, Ernte, Wolkenberge, Wetterumschwung
Reisen	– persönliche Eindrücke (an Ersatzfilme und die kühle Aufbewahrung denken)
Nahaufnahmen	– Schmetterlinge, Blumen, Zweige, Kleintiere, Haushaltsgegenstände (Table-top-Aufnahmen)
Portraitaufnahmen	– möglichst Teleobjektiv (100–130 mm) verwenden. Das „Aufnahmeobjekt" durch Gespräch ablenken, günstige Gesichtsausdrücke einfangen, kein Frontallicht; auf die „Schokoladenseite" des Gesichts achten. Lichtsäume an Haar, Stirn, Nase und Kinn machen das Gesicht interessant
Gruppenbilder	– im Nostalgie-Look, in der Hollywoodschaukel, im Planschbecken, auf der Treppe, auf Trittleitern, in Verkleidungen, mit und ohne Masken
Feuerwerke	– phantastische Spielereien sind möglich mit einem Umkehrfilm für Tageslicht (Kunstlichtfilm wirkt kühler), Stativ verwenden, Kamera auf 5,6 abblenden und mit Drahtauslöser auf T oder B einstellen

Die Kamera bietet ihrem Benutzer unzählige kreative Gestaltungsmöglichkeiten. So wird z. B. Abstraktion und Verfremdung durch ungewohnte Beleuchtung, extreme Annäherung oder Entfernung vom Motiv erreicht. Geisterbilder entstehen durch Überschattungseffekte (eine Person geht durch eine andere hindurch) und mit Hilfe verschiedener Trickfilter oder einfacher Wassergläser lassen sich experimentelle Fotos herstellen.

Spiele mit Farben

Spielvorschläge:

198 Malen nach Musik

A	alle
T	5–20
Z	10 Min.

Musik wird als Bewegung erlebt, die z. B. im Tanz zum Ausdruck kommt. Der Rhythmus kann auch als Form und Farbe empfunden und ausgedrückt werden. In jeder Altersgruppe lassen sich „Klangbilder" herstellen, in denen Rhythmen und Klänge ausgelebt und sichtbar gemacht werden.
Jeder Spieler erhält einen großen Malbogen (oder ein Stück von der Tapetenrolle), der mit angerührtem Kleister eingestrichen wird. Als Stimulanz wird vom Plattenspieler oder Kassettenrecorder eine rhythmusbetonte Musik gespielt. Nun bekommt jeder Spieler zwei (beliebige) Erdfarben, die auf der Malunterlage mit den Fingern vermischt und vermalt werden. Dabei überlassen sich die Spieler ganz dem Rhythmus der Musik.

Variationen

1. Statt Erdfarben werden direkt auf den Kleister mit Wasserfarben Muster oder Streifen gemalt. Nach dem Trocknen kann das Bild mit farbloser Schuhcreme eingerieben werden. Es erhält so einen besonderen Glanz.
2. Das Spiel läßt sich auch mit nur einer Farbe durchführen, wobei mit alten Gabeln, Kämmen oder Teigrädchen Muster eingezeichnet werden.
3. Es lassen sich auch Geräusche aufmalen, die von einer Kassette abgespielt werden, z. B. Sturm, brausende Wellen oder Regen.

Spielintention: Lockerung, Entspannung, Gefühl für Rhythmen
Material: Pro Teilnehmer einen großen Malbogen (DIN A2) oder ein entsprechend großes Tapetenstück, Kleister (Glutofix), Erdfarben, Wasserfarben, Pinsel, Schuhcreme, alte Gabel, Kamm oder Teigrädchen. Kassettenrecorder oder Schallplattenspieler.

Für das Malen nach Musik eignen sich besonders folgende *Musikstücke:*

- Vivaldi: Vier Jahreszeiten
- Smetana: Moldau, Die verkaufte Braut (Polka, Furiant)
- Zamfir: Improvisationen für Pan-Flöte und Orgel
- Tschaikowsky: Walzer aus der „Streicherserenade"
- Francis Lai: Bilitis
- Simon & Garfunkel: Greatest Hits
- Santana: Love Devotion SURRENDER
- P. Bachelet/Hervé Roy: Emmanuelle
- Händel: Wassermusik-Suite
- Beatles: verschiedene Sammelausgaben
- Stevie Wonder: Hotter Than July
- Praetorius: Festliche Barockmusik

199 Verschwommene Konturen

Für dieses Spiel erhält jeder Teilnehmer saugfähiges weißes Papier, Wasser, zwei Pinsel und Tuschfarben. Mit dem Pinsel wird das Blatt befeuchtet und anschließend mit dem anderen Pinsel mit Wasserfarben (viel Farbe, wenig Wasser!) bemalt. Bei dieser Naß-in-Naß-Malerei verschwimmen die Konturen zu reizvollen Motiven.

A	alle
T	5–20
Z	30 Min.

Die Themen werden frei gewählt oder gemeinsam von der Gruppe festgelegt. Die fertiggestellten Bilder werden zum Schluß in der Gruppe betrachtet und besprochen. Themenvorschläge für die Naß-in-Naß-Malerei:

Sonnenuntergang, am Meer, feuchtes Laub, Feuer, Autoscheinwerfer im Nebel, Karussell, Unterwasserbilder, Weltraum, Träume, Blumenfelder, Schmetterlinge.

Spielintention: Gestalten, Atmosphäre schaffen
Material: Saugfähiges weißes Malpapier, Wasser, Tuschfarben, zwei Pinsel pro Teilnehmer, Wassergefäße.

200 Klecksographie

A	alle
T	5–15
Z	15 Min.

In der Psychologie nutzt der Rohrschach-Test das Phänomen des Klecksbildes, bei dem durch Pusten und anschließendes Falten reizvolle Figuren entstehen, die verschiedene Möglichkeiten der Deutung offen lassen.

Jeder Teilnehmer hat vor sich einen Papierbogen liegen, auf den er einen Tropfen Tusche kleckst. Durch das Falten des Papiers in der Mitte entsteht eine symmetrische Figur, die durch Pusten, mit einem Pinsel oder mit einer Feder behutsam weiter ausgestaltet werden kann, ohne daß der Charakter der Klecksographie zerstört wird. Diese Technik ist für Überraschungen offen und reizt sowohl Kinder als auch Erwachsene.

Variation: Konturen werden eingezeichnet und die Figur wird ausgeschnitten. Mit mehreren Figuren können die Teilnehmer eine (Gemeinschafts-) Collage herstellen.
Spielintention: Überraschungseffekt
Material: Malpapier, Wasser, Tuschfarben, Pinsel, Schreibfeder.

201 Zweierpustebild

A	alle
T	5–15
Z	15 Min.

Ähnlich wie bei der Klecksographie handelt es sich auch hier um ein unterhaltsames Mal- und Interpretationsspiel.

Je zwei Teilnehmer sitzen am Tisch. Schwachsaugendes Papier (Schreibmaschinenpapier) und Tusche stehen bereit. Ein oder mehrere Tropfen Tusche werden auf die Mitte des Papiers getropft und vorsichtig mit einem Strohhalm von verschiedenen Seiten verpustet. Es entstehen Figuren mit krakeligen Ausläufen und bizzarem Charakter, die Anregung für Interpretation und Deutung in der Gruppe bieten.

Spielintention: Überraschungseffekt, Spaß am Deuten
Material: Schreibmaschinenpapier, Tusche oder Skriptol (farbige Tinten für Zwischentöne), Strohhalme.

A	alle
T	2–10
Z	30 Min.

202 Schnurbild

Die Teilnehmer sitzen an Tischen. Jeder Spieler bekommt eine ca. 80×80 cm große Pappe und eine etwa 1 Meter lange Schnur, die in vier gleichgroße Teile zerschnitten wird. Ein erstes Schnurstück soll auf die Pappe geklebt werden, wobei es den einzelnen überlassen ist, ob sie hierbei gegenständlich oder abstrakt vorgehen. Nun wird die Pappe an den Nachbarn weitergegeben, der ein weiteres Schnurstück sinnvoll ergänzend dazuklebt. Die Pappen werden solange weitergereicht, bis die Spielgruppe der Meinung ist, daß zufriedenstellende Bilder entstanden sind. Die Schnurbilder eignen sich als Druckstöcke für Gruß- und Gratulationskarten und für Friese (Verzierungen). Der Pappdruckstock wird mit Druckfarbe (Japan-Aqua) eingewalzt, Papier wird aufgelegt und angerieben.

Variation: Statt einer Schnur werden beliebige andere Gegenstände aufgeklebt.
Spielintention: Originalität, Gestalten
Material: Pro Spieler eine Pappe (ca. 80 × 80 cm), 1 Meter Schnur, Kleber, Schere.
Zum Drucken: Japan-Aqua, ggf. Walze, Papier.

203 Materialstempel

T	1–10

Es lassen sich auch andere Gegenstände auf Holzklötze kleben, z. B. Knöpfe, Büroklammern, getrocknete Blätter usw. Wer seinen Stempel nicht mit Farbe bestreichen möchte, kann sich ein Stempelkissen anfertigen. Hierfür wird ein entsprechend großer Schraubdeckel benötigt, in den wir einen glatten Wollstoff oder Filz legen und gut mit Farbe tränken.

Spielintention: Originalität
Material: ca. 5×5 cm große Holzklötze, beliebiges Kleinmaterial (z. B. Büroklammern, Knöpfe, Münzen, getrocknete Blätter).

204 Styroporstempel

T	1–10

Beim Stempeln und Drucken mit Hartschaumplatten (Styropor) kann entweder mit einem scharfen Messer ein Muster in den Hartschaum eingeschnitten oder mit Plastikklebstoff ein Motiv „eingeätzt“ werden. Dafür wird der Klebstoff, vorsichtig dosiert, mit einem Pinsel auf die Flächen aufgetragen, die später sichtbar sein sollen. Der Hartschaum wird dabei vom Kleber weggefressen. Zum Drucken wird Japan-Aqua oder Plaka-Farbe benutzt.

Spielintention: Originalität
Material: Hartschaumplatten (Styropor), Plastikkleber, Schneidemesser, Japan-Aqua bzw. Plaka-Farbe, Pinsel.

205 Schnurstempel

T 1–10

Für das Drucken mit Schnurstempeln benötigen wir einen oder mehrere ca. 5×5 cm große Holzklötze, auf die mit Alleskleber in beliebiger Anordnung Schnurstückchen aufgeklebt werden. Anschließend werden sie mit Farbe bestrichen, wobei für jede Farbe ein eigener Stempel anzufertigen ist.

Spielintention: Phantasie, Originalität
Material: mitteldicke Verpackungsschnur, ca. 5×5 cm große Holzklötze, Druckunterlage (Papier, Stoff). Für das Bedrucken von Stoffen wird eine spezielle Stoffdruckfarbe benutzt.

206 Herbstlaub

A alle
T 1–10

Die Teilnehmer sammeln abgefallene Blätter. Sodann wird versucht, die Farben der Blätter mit Deckfarben nachzumischen. Diese werden dann auf die Laubblätter aufgetragen und mit der Hand auf das vorher mit einem Schwamm oder Lappen grundierte Papierblatt abgedruckt. Es entstehen aparte Papiere, die sich zur Dekoration, als Geschenkpapier oder Grußkarten verwenden lassen.

Spielintention: Gefühl für Komposition und Farbzusammenstellung
Material: getrocknetes Laub, Deckfarben, Pinsel, Schwamm, Tuch, Papier, Wasser.

207 Drucken mit persönlicher Note

A alle
T 1–10

Beim freien Drucken geht es um persönliche Ideen des Gestaltens. Die einfachsten Methoden sind sicherlich noch aus der Kindheit bekannt, nämlich Finger-, Daumen- oder Fußabdruck.
Diese höchsteigenen „Druckwerkzeuge“ werden mit einer möglichst leuchtenden Farbe bemalt. Bevor nun Tücher, T-Shirts, Hand- oder Gästetücher verziert werden, machen wir einen Probedruck auf einem weißen Papierblatt oder Tapetenrest.
Ein Druckmuster mit unverwechselbarer Note ist entstanden. Freunde können sich gemeinsam auf einer Stoffvorlage verewigen.

Spielintention: Kreativität
Material: DEKA-Permanent-Farben, reichlich Zeitungspapier zum Abdecken, Flach- und Spitzpinsel, Schablonierpinsel, weißes Papier, Stoffe zum Bedrucken.

208 Sandmalerei

Für die Sandmalerei wird in alte Konservendosen, die bis zur Hälfte mit Sand gefüllt sind, etwas Pulverfarbe gegeben. Mit Tapetenkleister vermengt, entsteht aus dieser Mischung ein mittelzähflüssiger Sandbrei. Nun werden verschiedene Sandfarben in dünner Schicht im Sinne eines Bildgegenstandes auf einen festen Karton oder eine Sperrholzplatte aufgetragen. Der Trockenprozeß dauert ca. 24 Stunden. Danach ist das Bildobjekt unbegrenzt dauerhaft. Ein origineller Schmuck für den Gruppenraum oder das eigene Zimmer ist entstanden.

A	**alle**
T	**1–10**

Spielintention: Experimentieren
Material: Feiner Sand (Strandsand ist besonders geeignet), Pulverfarben, Tapetenkleister und eine feste Unterlage (z. B. Sperrholzplatte).

209 Wachsreibespiel

Die Teilnehmer sitzen an Tischen. Jeder erhält einen Bogen Zeichenpapier und eine weiße Kerze.
Das Zeichenpapier wird auf eine strukturierte Fläche gelegt (z. B. auf Holz, Blätter oder Maschendraht) und mit der Breitseite der Kerze abgerieben. Dann wird mit Wasserfarbe über das Papier gestrichen. Die Farbe läuft von den mit Wachs beriebenen Stellen ab und man erhält einen negativen Abdruck der Unterlage. Die Ergebnisse sind verblüffend.

A	**alle**
T	**1–10**

Spielintention: Experimentieren, Überraschungseffekt
Material: Zeichenpapier (DIN A 2), weiße Kerzen, Tuschfarben, Pinsel; Wasser.

210 Grußkartenfabrikation

Die Gruppe setzt sich zusammen, um gemeinsam originelle Grußkarten herzustellen. Die Teilnehmer sitzen an Tischen.
In der 1. Spielphase werden Vorschläge zum Themenkreis (z. B. Glückwunsch-, Einladungs-, Grußkarten) und zur Art der Bebilderung (z. B. Filzschreiber, Collage, Scherenschnitt, Schabloniertechnik) erörtert.
In der 2. Phase werden die verschiedenen Herstellungsmöglichkeiten der Bebilderung durchgeführt.
Beispiele: Besonders schnell und einfach lassen sich natürlich Motive

A	**alle**
T	**1–10**

mit einem Filzschreiber zeichnen. Für das Herstellen einer größeren Kartenauflage (z. B. für einen Basar) eignet sich besonders die Schabloniertechnik. Dabei wird mit einer Schneidefeder aus festem Zeichenpapier das Motiv herausgeholt. Die so entstandene, fertig geschnittene Schablone wird nun auf die Karte gelegt und sorgfältig mit Temperafarbe übertupft. Es kann auch um die herausgeschnittene Figur herumgetupft werden.
Die altbekannte Linolschnittmethode ist zwar etwas mühevoller, ermöglicht jedoch eine Auflage in beliebiger Höhe.
Als Einzelstücke lassen sich auch Scherenschnittkarten herstellen, wobei das Motiv aus schwarzem oder getöntem Papier positiv herausgeschnitten wird.
Da sich die genannten Techniken nicht für Schriftsätze eignen, muß ein bestimmtes Feld auf der Karte für den Text ausgespart werden. Hierfür eignet sich besonders ein Filzschreiber.
In einer 3. Spielphase können alle Teilnehmer lustige Texte entwickeln, so daß ein und dasselbe Motiv unterschiedliche, originelle Aussagen erhält. Jeder Teilnehmer erhält am Ende der „Grußkartenfabrikation“ Karten mit nach Hause.

Spielintention: Ideen verwirklichen, Gestalten
Material: Papierbogen zum Üben, pro Spieler ca. 10 Briefkarten (DIN A6), Filzstifte, Pinsel, Temperafarbe, schwarzes und getöntes Papier, Scheren, Schneidefeder, Linoleumreste, Schneidemesser, Japan-Aqua (für Linoldruck), ggf. Walze zum Einfärben.

211 Flaschenmalerei

A	alle
T	1–10

Es gibt Cola-, Bier-, Wein- oder Lokörflaschen mit recht eigenwilligen Formen, ebenso Gläser für Senf, Marmelade, Pulverkaffee oder Babynahrung, die meist im Mülleimer landen.
Durch Bemalen mit Deka-Color oder einer ähnlichen Farbe entstehen nette und nützliche Geschenke. Aufgetragen wird die Farbe mit flachen Borstenpinseln von etwa 5–10 mm Breite. Für Säuberungsarbeiten stellen wir Waschbenzin oder Terpentin-Ersatz bereit. Helle Flaschen können vor dem Bemalen eine Grundierung erhalten, die vor jeder weiteren Bemalung unbedingt einen Tag trocknen muß. Die Wahl der Farben und Muster ist jedem einzelnen selbst überlassen. Zu bedenken ist lediglich, daß nur neben eine völlig getrocknete Farbe gemalt werden kann, sonst laufen die Farben ineinander. Wer nicht so viel Geduld hat,

läßt die Farben verlaufen und freut sich über den Effekt. Die fertigen Produkte können als Vasen, Kerzenhalter oder kleine Stehlampen verwendet werden, die Senf- oder Einweckgläser können zum Krims-Krams-Behälter, Betthupferlglas oder Utensilienbehälter werden; kleine Gläser dienen als Tee- oder Gewürzgefäße.

Spielintention: Spaß am Verändern des vorgegebenen Materials, Gestalten
Material: Flaschen verschiedener Form und Größe, Gläser, Glasbehälter, Glasfarbe (z. B. Deko-Color), Pinsel mit flacher Borste (5–10 mm breit), Waschbenzin, Lappen, Bleistift zum Vorzeichnen.

212 Spielhandtuch

A	Jugendliche
T	1–10

Jeder Teilnehmer hat ein altes einfarbiges Handtuch mitgebracht. Es gilt nun, dieses in ein Spieltuch zu verwandeln, das später in den Ferien und am Strand keine Langeweile aufkommen lassen soll.

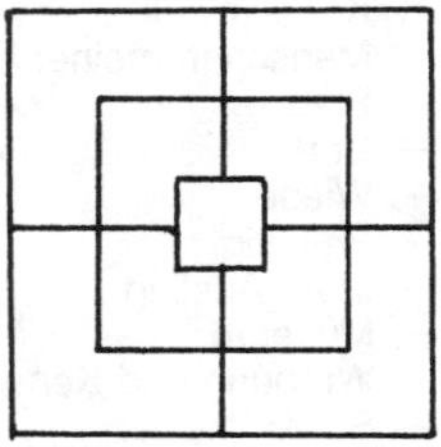

Mit Wäschefarbe wird ein Mühle-Dame-Spiel auf das Handtuch gemalt.
Am Strand können wir es ausbreiten und mit selbstgesuchten Steinen oder Muscheln Mühle oder Dame spielen.

Material:
Alte, einfarbige Handtücher, Pinsel, Wäschefarbe.

213 Marmorieren

A	Jugendliche
T	1–5

Die Teilnehmer sitzen am Tisch. Jeder hat vor sich mehrere Papierblätter (DIN A4). In der Mitte des Tisches steht eine viereckige Plastikschale, die etwas größer als das zu bedruckende Papier ist.
Die Schüssel ist etwa 3 cm hoch mit Wasser gefüllt, in dem ein Löffel Tapetenkleister aufgelöst wird.
Auf einer Glasplatte verdünnen wir mit etwas Terpentin Ölfarben. Vorsichtig werden nun bunte Farbtröpfchen auf die Oberfläche des

Kleisterwassers gegeben und mit einem Kamm oder spitzen Holzstock zu Schlieren ineinander gezogen.
Jetzt wird das Papier auf die Wasseroberfläche gelegt, leicht angedrückt und wieder herausgezogen. Die Papiere werden hängend getrocknet. Die so entstandenen interessanten Papiere lassen sich vielseitig verwenden (z. B. als Geschenkpapier, zum Einschlagen von Büchern oder Bekleben von Schachteln).

Spielintention: Experimentieren mit Farbe
Material: Tapetenkleister, Ölfarbe, Terpentin, Lappen, Feinpost oder Zeichenpapier. Wasserbehälter (rechteckig), Wasser, Wäscheklammern zum Trocknen der Papiere.

214 Themen für bildnerisches Gestalten

A **alle**

- Phantasiegebilde
- Ich selbst
- Gefühle
- Wünsche
- Spaziergang
- Träume
- Fernsehwelt
- Konsumwelt
- Menschen meiner Umgebung
- Stadt
- Dorf
- Wiese
- Frühling
- Mars-Ausflug
- Museum
- Werbung und Konsum
- Schrottplatz
- Zauberwelt
- Meeresgrund
- Hinterhöfe
- Natur
- Industrie
- Garten
- Supermarkt
- Damen
- Strand
- Sonntag
- Schickeria
- Platzkonzert
- Kinder
- alte Menschen
- Meeresgrund
- Parkbank
- Essen
- Umweltschutz
- Märchen

Selbsterfundene bzw. variierte Brettspiele

Trotz des Vordringens elektronischer Unterhaltungsartikel, erfreuen sich nach wie vor Spieleklassiker wie „Mühle“, „Halma“, „Dame“, „Mensch ärgere Dich nicht“ und „Monopoly“ großer Beliebtheit. Bei ihnen droht keine „elektronische Vereinsamung“, sie ermöglichen im Gegenteil soziale Kontakte.

Wirklich neue Spielideen aber gibt es nur wenige. Die meisten neu herausgegebenen Gesellschaftsspiele sind Variationen alter Spielvorlagen, die vorwiegend vom Urprinzip des Würfelspiels ausgehen. Aus alten Spielen wurden durch Varianten immer wieder zum Teil recht reizvolle neue Spiele entwickelt. Brettspiele selbst zu machen, bringt sehr viel Spaß und ist zugleich ein kreatives Spielangebot.

Bei Studierenden der Sozialpädagogik habe ich im Fach „Didaktik des Spiels“ wiederholt originelle Ideen bei der Entwicklung von Brettspielen beobachten können. Wenn auch stets bekannte Spielstrukturen auftauchten, so gab es doch Spielvariationen, die übersichtlich aufgebaut und lebhaft im Spielfluß waren. Ähnlich waren die Ergebnisse bei der Arbeit mit Jugend- und Erwachsenengruppen.

A	Jugendliche Erwachsene
T	4–20
Z	120 Min.

Die Teilnehmer werden in Kleingruppen zu je vier Personen aufgeteilt. Sie erhalten den Auftrag, innerhalb von zwei Stunden ein Brettspiel zu entwickeln. An Material und Hilfsmitteln werden pro Gruppe ein großer Papierbogen (DIN A 2), Papier zum Skizzieren der Regeln und des Spielplans, Filzschreiber, unbeschriftete Kärtchen (DIN A 7), eine Schere, Setzsteinchen und zwei Würfel ausgegeben.

Die Arbeitsergebnisse werden in der eigenen Gruppe durchgespielt und dann von anderen Teilnehmern ausprobiert.

Die festgelegte Zeit und die Sozialform der Kleingruppe erweisen sich als besonders motivationsfördernd. Allerdings läßt sich auch beobachten, daß oft die Aussagen besonders durchsetzungsfähiger Teilnehmer übernommen wurden, ohne daß es sich dabei immer um besonders originelle Ideen oder produktive Lösungswege handelt.

Insgesamt ist das Entwickeln eigener Gesellschaftsspiele eine Aktivität, bei der sachliches und soziales Lernen gut miteinander verbunden werden können.

Kriterien zur Gestaltung von Brettspielen

Welche Anforderungen sind an ein Brettspiel zu stellen und wie gehe ich beim Entwickeln eigener Spiele vor?

1. Am Anfang steht die – möglichst originelle – Spielidee, aus der sich das Thema entwickelt (z. B. sollen altbekannte Spiele wie „Mühle", „Dame" oder „Mensch ärgere Dich nicht" variiert werden).
   Die Variante eines bekannten Spiels muß sich von der bekannten Grundform absetzen.
2. Einfälle zum Spielverlauf werden gesammelt und ein vorläufiger Spielplan-Entwurf wird skizziert. Er kann vorher festgelegt oder auch während des Spiels entwickelt werden. Dabei ist zu klären, welche Ideen sich am leichtesten realisieren lassen.
   Für den Spielplan gilt der Grundsatz: Übersichtlichkeit und Zweckmäßigkeit in Form und Gestaltung.
3. Die Regeln für den Spielverlauf werden aufgestellt. Sie sollten
   - verständlich, anschaulich und bildhaft, d. h. „einleuchtend" sein;
   - Spannung aufbauen;
   - für einen lebhaften Spielfluß sorgen;
   - in der einzelnen Spielrunde Abwechslungsreichtum zeigen;
   - Beeinflussungs- und Entscheidungsmöglichkeiten beinhalten;
   - zum Aufpassen auffordern.

   Die Einhaltung der Regeln muß leicht nachprüfbar sein.
4. Die bestehenden Regeln werden am skizzierten Spielplan ausprobiert und ggf. überarbeitet oder verfremdet.
   Es tauchen Fragen auf, die wir im Spielprozeß überprüfen:
   - Ist der Spielaufbau anschaulich?
   - Ermöglichen die Regeln ein wechselseitiges Einwirken auf den Partner? Findet Kommunikation statt?
   - Bietet das Spiel Veränderungsmöglichkeiten?
   - Ist die Spieldauer überschaubar?
5. Eine überarbeitete Spielvorlage wird angefertigt. Die Spielbarkeit läßt sich besonders gut überprüfen, indem wir unser Spiel von Personen ausprobieren lassen, die an der Planung nicht beteiligt waren. So erfahren wir auch, ob das Spiel für andere Aufforderungscharakter hat.
6. Die Erfahrungen der „Testspieler" werden berücksichtigt. Eventuell wird das Spiel noch einmal auf Unklarheiten im Regelverlauf oder in der Spielplangestaltung hin überprüft und die Spielvorlage erweitert oder gekürzt.
7. Die Spielregeln werden aufgeschrieben und ein fester Spielplan wird angefertigt.

Die Anfertigung von Brettspiel-Plänen

Spielunterlage

Tonpapier, weißer oder getönter Karton und Holz eignen sich besonders gut als Spielunterlage; sie kann aber auch aus Stoff oder einer Kunststoffplatte bestehen.

Setzfelder und Spiellinien

Die Grundlinien lassen sich am einfachsten mit einem sofort trocknenden Filzstift aufzeichnen. Für Spielwege, die sich unterscheiden sollen, werden verschiedene Farben benutzt. Als Setzpunkte haben sich selbstklebende Markierungspunkte als sehr geeignet erwiesen. Sie sind in verschiedenen Größen (8, 13 und 19 mm) und Farben im Schreibwarenhandel erhältlich. Zahlen und Symbole können entweder mit dem Filzschreiber aufgetragen oder mit Folien aufgerieben werden.

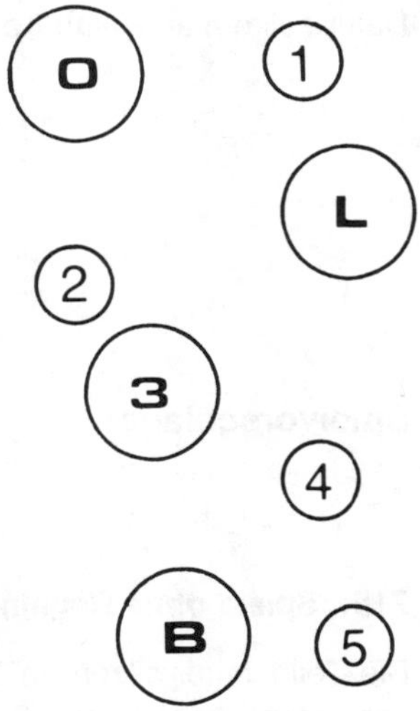

Illustration und Ausschmückung

Ein Spiel macht natürlich auch Spaß, ohne daß der Spielplan viel schmückende Illustration aufweisen muß. Ein Zuviel kann zudem Verwirrung schaffen und von den Spielwegen ablenken. Für die optische Unterstreichung aber können, je nach Maltalent, eigene Ausschmükkungen mit dem Filzstift vorgenommen oder Schmucketiketten, Fotos bzw. Illustriertenabbildungen aufgeklebt werden.

Haltbarkeit

Der Spielplan läßt sich durch das sorgfältige Überkleben mit selbstklebender Klarsichtfolie dauerhaft machen. Durch das Aufkleben auf festen Karton wird der Plan noch haltbarer.
Das Übertragen eines Spielplans auf eine Holzunterlage geschieht in der Regel durch Aufmalen mit Ölfarbe. Die Spielfelder und -wege werden vorgezeichnet und dann mit Hilfe von Klebeband und Schablonen sauber ausgemalt.

Spielsteine

Für die meisten Spiele werden Würfel und Spielsteine benötigt, die in Spielwarengeschäften erhältlich sind. Individueller sind selbst hergestellte Setzsteine, z. B. mit Plaka-Farben bemalte kleine Steine, zurechtgesägte Setzsteine aus Holz, die mit farblosem Lack eingesprüht werden, Muscheln, Bohnen oder Muggelsteine.
Eventuell müssen sogenannte „Ereigniskarten" hergestellt werden. Dafür sollte man kleine Karten anfertigen.

Spielvorschläge:

215 Spiele ohne Regeln

A	Jugendliche Erwachsene
T	4–12
Z	120 Min.

Die Teilnehmer sitzen an Tischen und erhalten vom Spielleiter einen der unten abgebildeten Spielpläne, der entsprechend vergrößert auf einen Plakatkarton oder Tonpapier (DIN A 2) übertragen wird. Außer dem bestehenden Spielplan sind nur Setzsteine und eventuell Würfel vorgegeben.
Aufgabe der Gruppe ist es nun, innerhalb von zwei Stunden ein Spielthema, Spielziele und Spielregeln zu erfinden. Der Spielplan dient in erster Linie als Anregung. Er kann abgewandelt und verändert werden.

Hier einige Spielplan-Anregungen:

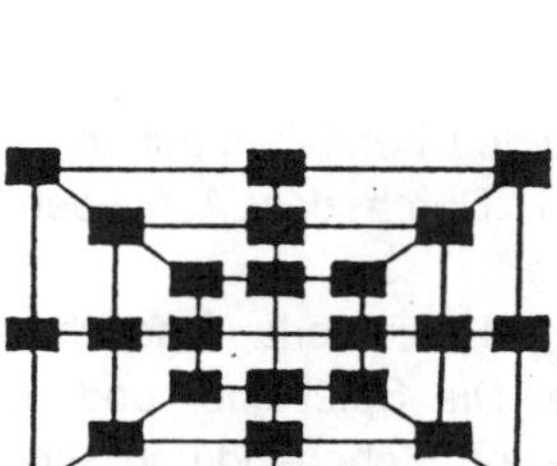

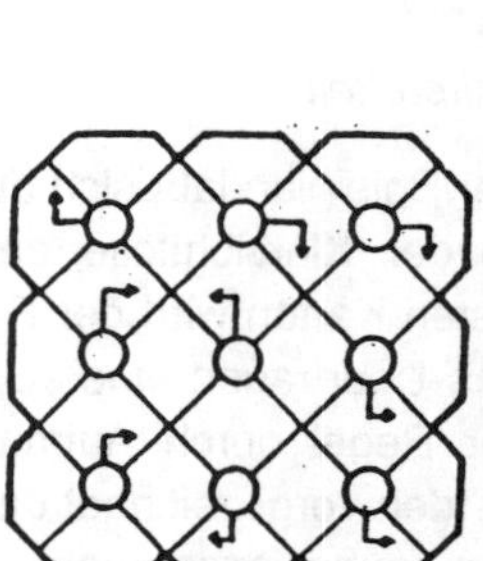

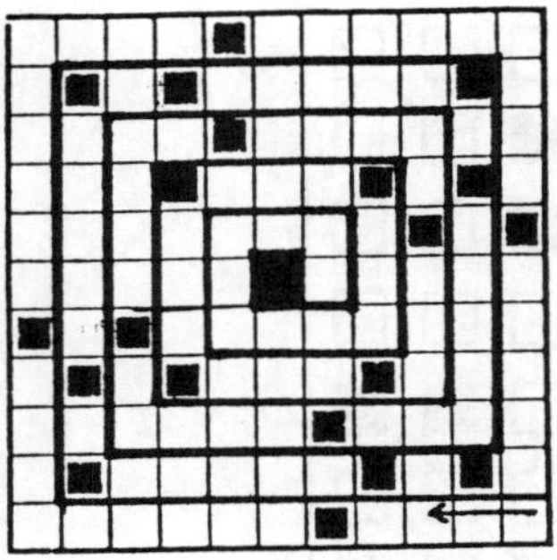

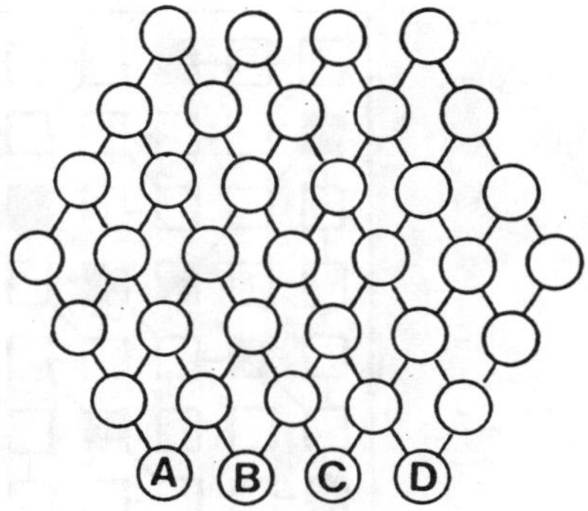
A
B
C
D

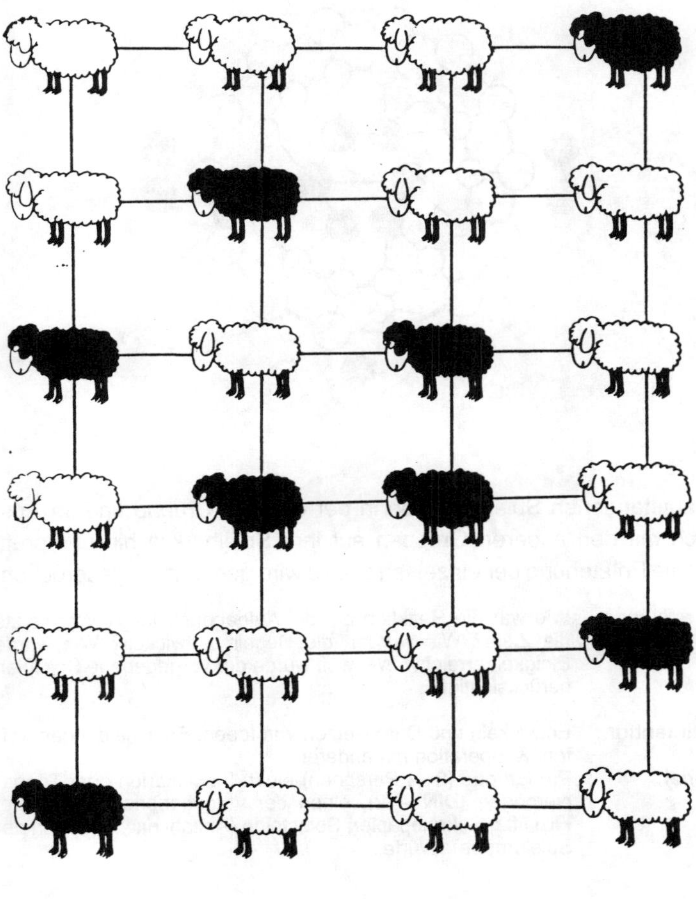

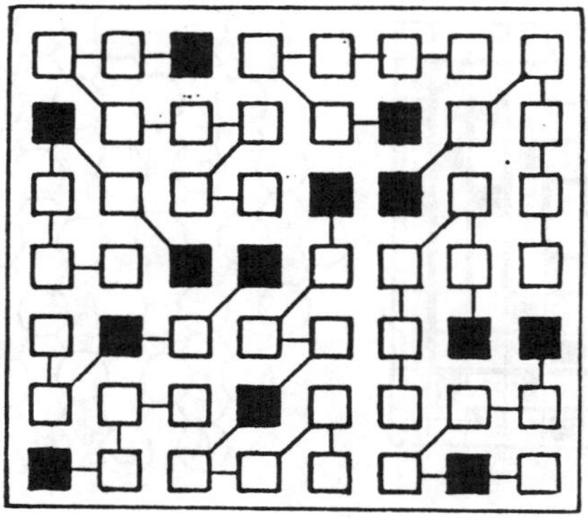

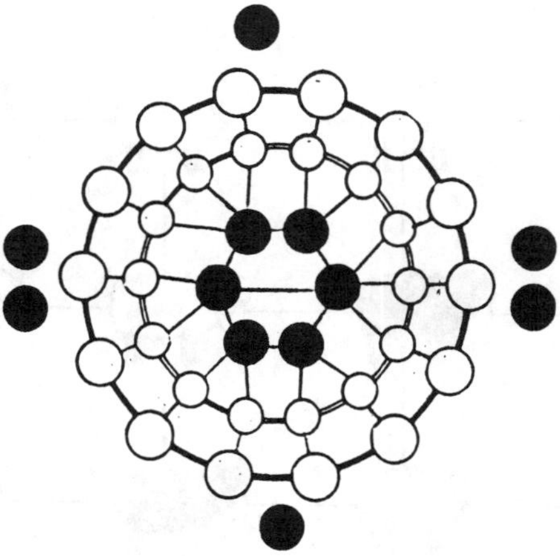

Die entstandenen Spiele werden in der eigenen Gruppe und im Austausch mit den anderen Gruppen auf ihre Spielbarkeit hin überprüft. Über die Entstehung der einzelnen Spiele wird gemeinsam gesprochen.

Beobachtungshilfe: Wie war die Reaktion auf die Aufgabenstellung? Wer setzte die Ziele? Wie wurden die Regeln entwickelt? Wie wurde Einigkeit erreicht? Wie weit wurde der vorgegebene Spielplan berücksichtigt?

Spielintention: Entwickeln und Durchsetzen von Ideen, Entscheidungen treffen, Kooperation mit anderen.

Material: Pro Gruppe (3–4 Personen) einen Plakatkarton oder Tonpapierbogen (DIN A 2), einen der vorgegebenen Spielpläne, Filzstifte, Schreibpapier, Setzsteine (Anzahl nach Wunsch der Spielgruppe), Würfel.

4. MITSPIELAKTIONEN

Definition und Funktion
Freizeittheater
Spielfeste und Spielaktionen
Bunte Feste und Programme
Stadt- und Orientierungsspiele
Ideen sammeln – Kreativ-Party

Definition und Funktion

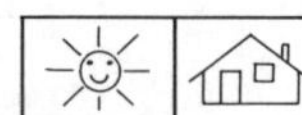

A	alle
T	unbegrenzt

Bei Mitspielaktionen geht es hauptsächlich um das Miteinander von Spielern, Gruppen und Zuschauern.
So versucht die aus den USA stammende New-Games-Bewegung besonders dem Jugendlichen und Erwachsenen wieder die elementare Bedeutung des Spiels in Erinnerung zu rufen und dem Spiel wieder einen Platz im normalen Alltag einzuräumen. Die Betonung liegt bei den „Neuen Spielen", an denen manchmal zur gleichen Zeit mehrere tausend Menschen teilnehmen, auf dem Gemeinschaftserlebnis.
Mitspielangebote können z. B. Freizeittheater, Spielfeste, Spielaktionen, Stadt- und Orientierungsspiele sein. Sie erstrecken sich in der Regel über einen längeren Zeitraum, z. B. über einen ganzen Nachmittag, Abend oder über ein Wochenende.

Die Ziele von Mitspielaktionen sind:

- Selbstorganisation von Freizeit
- Erproben neuer, ungewöhnlicher Interaktions- und Kommunikationsformen
- gemeinsames Handeln
- kreative Ausschöpfung von Fertigkeiten und Fähigkeiten
- Freude, Erfolgserlebnisse, Geselligkeit, Unterhaltung
- Auseinandersetzung mit der Umwelt.

Der Spielleiter legt gemeinsam mit allen an der Organisation beteiligten Helfern das Motto der Mitspielaktion fest, grenzt den Spielrahmen ab und legt Zeit und Ort fest. Je nach Veranstaltungsart verteilt er gemeinsam mit den anderen die Aufgaben bzw. Rollen und sorgt für die Beschaffung der notwendigen Materialien und Hilfsmittel. Bei der Durchführung berät er, regt an, motiviert und gibt Hilfestellung.

Freizeittheater

A | Jugendliche Erwachsene

»Freizeit« bedeutet nicht nur arbeitsfreie Zeit, sondern auch freie Zeit für schöpferische Eigenaktivität und engagierte zwischenmenschliche Beziehungen.

„Theater" bedeutet nicht nur ein Massenkommunikationsmittel wie Film und Fernsehen, sondern auch eine Versammlungsform von Menschen, die gemeinsam auf der Grundlage von Rollen und fiktiven Situationen szenisches Spiel verwirklichen.

Freizeittheater geht von der Gruppe der Spieler und vom Publikum aus. Der Unterschied zwischen beiden Gruppen löst sich auf.

Veranstaltungsformen des Freizeittheaters

T | unbegrenzt

Die *Spielaktion* ist die offenste Form des Freizeittheaters. Außer einigen Grundregeln, dem Spielraum und Spielmaterialien, wird dem Publikum für seine Improvisationen nichts vorgegeben.

T | 30–100

Beim *Mitspieltheater* sprechen die Spieler das Publikum direkt an. Dafür hat die Spielgruppe charakteristische Szenen und Szenenfolgen ausgearbeitet, die jedoch für die spielerische Mitwirkung des Publikums noch Wahlmöglichkeiten und Lücken offenlassen.

Patentrezepte für gutes Mitspieltheater gibt es nicht. Die Darsteller fordern die Zuschauer auf, einfache Rollen und Funktionen zu übernehmen, und gehen auf Reaktionen, Vorschläge und Zwischenrufe ein.

Die Bereitschaft des Publikums, sich auf ein Mitspiel einzulassen, hängt von der eigenen Gelöstheit, dem Mut und den Spielerfahrungen der Spielgruppe ab. Ebenso wichtig ist das Niveau des Programms. Es sollte möglichst eine Beteiligung aller zulassen.

Für das Mitspieltheater gilt:

- den Zuschauer nicht überfordern, ihm nicht zuviel zumuten.
- die Aufgaben sollen klar umrissen sein.
- gegenseitige Wertschätzung aufbringen. Sich nicht auf Kosten des Publikums lustig machen. Zuschauer sollten auch nicht beleidigen, herabsetzen oder stören.
- dem Publikum mitteilen, daß es Spaß bringt, mitzuspielen.

Mitspieltheater kann in einem großen Raum oder im Freien stattfinden.

Entschließt sich eine Spielgruppe zur Aufführung im Freien, so müssen u. a. folgende Vorüberlegungen angestellt werden:

- Was soll wo gespielt werden?
- Wem gehört das Gelände, auf dem gespielt werden soll?
- Die Spielerlaubnis muß beim Eigentümer und dem Ordnungsamt eingeholt werden.
- Ist das Spielgelände für Darsteller und Publikum mühelos erreichbar?
- Welchen Umfang haben die Requisiten? Werden Transportmittel benötigt?
- Stehen die erforderlichen Anschlüsse für technische Geräte (Beleuchtung/ Musik/ggf. Verstärkeranlage) an Ort und Stelle zur Verfügung?

T	10–20

Die *Theaterwerkstatt* versucht, interessierten Teilnehmern Einblick in verschiedene Möglichkeiten der Theaterarbeit zu geben.
Dazu gehört an erster Stelle das Sammeln eigener Erfahrungen beim Theaterspielen unter Anleitung verschiedener Theatermacher. Über den Zeitraum mehrerer Wochen und Monate hinweg wird kontinuierlich an einem Tag in der Woche oder an Wochenenden gearbeitet.

Themenschwerpunkte können sein:

- Theater und Bewegung
- Theater und Text
- Theater und Musik
- Theater und Raum
- Theater und Maske

Im Anschluß an jedes Projekt kann eine Werkstattaufführung stehen, die die Arbeit der jeweiligen Gruppe demonstriert. Oft besteht bei den Teilnehmern am Ende der Projekte der Wunsch, in einer festen Laienspielgruppe weiterzuarbeiten und die erlangten Kenntnisse und Fähigkeiten zu vertiefen.

Das *Zielgruppentheater* ist für bestimmte Problemgruppen gedacht, die über Improvisationen zum problemorientierten Rollenspiel angeregt werden sollen, um aktuelle Probleme der Gruppe aufzugreifen und sich damit spielerisch wie ernsthaft auseinanderzusetzen.

Einladung zum Mitspielen

So oder ähnlich kann eine Einladung aussehen, mit der eine Spielgruppe zum Mitmachen wirbt:

Wir laden ein zum Freizeit-Theater

Wann? ______________________________

Wo? ______________________________

Wer? ______________________________

(Spielgruppe – Namen der Spieler und des Spielleiters/Anschrift)

Was wird geboten?

Kein faszinierendes Schauspiel – keine passive Berieselung – keine Stargage!

Sondern: Spaß und Geselligkeit – Freiraum für Improvisation – Stegreifspiel und Spielanlässe – Denkanstöße und Besinnlichkeit.

Was bringt Ihr mit?

Euch selbst und einen lieben Bekannten, bequeme und strapazierfähige Kleidung, Zeit, Lust, Neugier und Experimentierfreude.

Was werdet Ihr tun?

Ihr werdet euch kennenlernen. Ihr werdet euch als kreative Spieler entdecken. Ihr werdet spontan und erfinderisch sein. Ihr werdet mit anderen zusammenspielen. Ihr werdet Theater spielen.

Wie geht es los?

Zur Lockerung, Aufmunterung und Ermutigung habt Ihr ab . . . Uhr für etwa zwei Stunden Gelegenheit, in Kleingruppen gesellig zu spielen. Bei einem kleinen Imbiß können Kontakte zu den Mitspielern geknüpft werden. Dann beginnt die eigentliche Spielaktion in der Gesamtgruppe.

Wir freuen uns auf EUREN Besuch!
Unterschrift(en)

Spielfeste und Spielaktionen

Ziele und Inhalte

Seit Ende der 70er Jahre haben Spielfeste und Spielaktionen zunehmend an Bedeutung gewonnen. Sie wollen Aktivität, kreative Betätigung und Freude am gemeinsamen Spielen und Gespräch wecken. Spaß, gute Laune, ungezwungenes Miteinander und das Kennenlernen neuer Spiele gehören ebenso zur Zielsetzung.

Die Inhalte von Spielfesten können Kooperations- und Bewegungsspiele, Parodien und Sketche, Musikspiele, Geschicklichkeitsspiele und Materialaktionen sein. Je nach Thematik und Platzangebot liegt der Schwerpunkt eines Spielfestes mehr im Bewegungs- oder Materialbereich. In der Praxis haben sich Mischformen als besonders vorteilhaft erwiesen.

Spielfeste können mit 20, aber auch mit 2000 und mehr Teilnehmern durchgeführt werden. Sie sind eine gute Möglichkeit, die Bewohner eines Stadtteils oder einer Gemeinde zusammen- und näherzubringen. Bei einem großen Spielfest, das am 18. Juni 1978 in Essen stattfand, beteiligten sich z. B. 2500 Menschen an einem erfolgreichen „Schoßsitzen“ und stellten gleichzeitig mit dem Spiel einen Weltrekord auf.

A	**alle**
T	**unbegrenzt**

Je nach Größe des Spielfest-Vorhabens werden entsprechend viele Spielleiter benötigt. Während bei Kindern ein Verhältnis von 1:20 angebracht ist, kann ein Spielleiter für etwa 150 Erwachsene ausreichen.

Von der Teilnehmerzahl wiederum hängt es ab, ob das Spielfest auf einem Gartengelände, in einer Halle oder auf einem großen, zentral gelegenen Gelände (Park, Sportplatz, Grünzone, Spielwiese) stattfindet.

Von der Münchner „Spielstraße“ zur Kieler „Spiellinie“

Nicht nur Vereine, Jugendringe, Volkshochschulen, Freizeit- und Seniorenclubs oder Spielinitiativen können Veranstalter von Spielfesten sein, auch Stadtväter und Kommunen können mit relativ geringem Aufwand Spielmöglichkeiten schaffen.

Es bieten sich Parks und wohnungsnahe Grünflächen an; an den Wochenenden auch ungenutztes Schulgelände und verwaiste Parkplätze.

Da sich die Organisatoren von Spielfesten in der Regel einen guten Namen machen, bleibt auch die Werbewirksamkeit dieser Veranstaltungen für die durchführenden Städte und Gemeinden nicht aus.

Das Programmangebot richtet sich nach den personellen und finanziellen Möglichkeiten des Veranstalters, wobei in nahezu allen bundesdeutschen Städten genügend Übungsleiter und Animateure aus den Bereichen Sport und Jugendarbeit zur Verfügung stehen.

Ein sehr bekanntes Beispiel ist die „Spiellinie", die alljährlich zur „Kieler Woche" groß und klein an die Fördestadt lockt. Die große Spielaktion an der Kieler Uferpromenade wird seit 1974 mit starker Beteiligung durchgeführt. Etwa 140 Akteure regen mit Workshops und Spielen zu kreativer Beteiligung an. Sie lassen bauen und bauen selbst Phantasiegebilde aus Pappmaché, gestalten Masken aus Leim und nassen Zeitungen, basteln und formen Figuren aus Holz, Stein, Ton und Styropor. Straßenmusikanten und kostümierte „Gaukler" beleben die bunte Szenerie.

Vorbild der Kieler „Spiellinie" war die „Spielstraße", die 1972 auf dem Münchner Olympia-Gelände unzählige Menschen faszinierte.
In einer Kleinstadt wird man natürlich von anderen Dimensionen ausgehen müssen als in München oder Kiel. Ausschlaggebend sollten ja nicht Superlative sein, sondern der Wille und die Bereitschaft der Stadtväter, etwas Ähnliches im kleineren Rahmen zu veranstalten und zu einer dauerhaften Einrichtung werden zu lassen.

Planung und Vorbereitung

Der Erfolg und somit die Beteiligung am Spielfest hängen sehr wesentlich von einer guten Planung und Vorbereitung ab. Hierzu gehört auch die klare Aufgabenteilung unter den einzelnen Spielleitern und ihr gezielter Einsatz. Besonders bei Spielfesten müssen die Spielleiter in der Lage sein, auf Menschen zuzugehen und sie zu ermutigen, aktiv und kreativ zu werden.

Die Planer müssen sich über die nachstehenden Fragen Klarheit verschaffen:

- Welchen Umfang soll das Spielfest haben? Soll es unter einem bestimmten Motto stehen?
- Welche Kosten entstehen? Ist die Finanzierung geregelt?
- Wieviele Helfer werden benötigt?
- Was muß alles vorbereitet werden?
- Welche Vorbereitungszeit ist notwendig?
- Welche Spielflächen (draußen/drinnen) stehen zur Verfügung?
- Welches Material muß (wann, wo) vorhanden sein?
- Gibt es Alternativen (Schlechtwetterprogramm)?

- Soll das Spielfest mit einem gemeinsamen Spiel eröffnet werden? Wie lange soll das Fest dauern?
- Wann und wie wird welches Spiel begonnen und beendet?
- Müssen Genehmigungen eingeholt werden (Ordnungsamt/Anlieger)?
- Wie soll für das Spielfest geworben werden?

Das Spielangebot

Bei der Zusammenstellung des Spielprogramms ergeben sich folgende Überlegungen:

- Die Spielangebote sollen Originalitäts- und Aktivitätscharakter haben und Abwechslung, Flexibilität und Vielfalt bieten.
- Die Spiele und Aktivitäten müssen leicht und schnell verstanden werden und ohne großen Aufwand an Hilfsmitteln und Bekleidung durchführbar sein.
- Spiele und Materialien mit hohem Aufforderungscharakter zusammenstellen, um möglichst allen Bedürfnissen und Fähigkeiten der Spieler gerecht zu werden.
- Eine breite Spielpalette anbieten, an der sich zumindest zeitweise alle Altersgruppen beteiligen können. Die Praxis zeigt, daß Kinder spontan mitmachen, während sich Jugendliche eher von bestimmten Aktivitäten zurückziehen, besonders wenn sie sich vor vielen Zuschauern produzieren sollen. Die Erwachsenen bevorzugen Aktivitäten, die Gelegenheit zum Reden und Kontaktknüpfen geben.
- Die Spiele sollen ein ungezwungenes Miteinander ermöglichen, also eine nach außen hin sichtbare gute Atmosphäre schaffen.
- Die benötigten Materialien und Hilfsmittel werden in einer Checkliste erfaßt z. B. Bälle, Bettlaken, Luftballons, Autoschläuche, große Pappkartons, Turnmatten, Fallschirm, Maltapeten, Malwände, Filzschreiber, Schminke, usw.
- Für sportliche Spiele sollen nur einfache Geräte eingesetzt werden.

Spielvorschläge:

In den vorangehenden Kapiteln findet sich eine Fülle „spielfestgeeigneter“ Angebote. Für die Einstiegs- und Schlußphase, aber auch zur Auflockerung, eignen sich besonders einige bekannte Kooperationsspiele, die durch die amerikanische „New-Games-Bewegung“ zu neuem Leben erweckt wurden.

216 Gordischer Knoten

In der griechischen Sage war zwischen Deichsel und Joch eines dem Zeus geweihten Wagens ein Knoten geknüpft, der gordische Knoten. Wer ihn löste, sollte Weltherrscher werden. Alexander der Große zerhieb ihn mit dem Schwert.

A	Jugendliche Erwachsene
T	12–30

Bei unserem Spiel geht es um ein weit bescheideneres, wenn auch für die Teilnehmer sehr wertvolles Ziel: die Kontaktaufnahme. Die Spieler bilden einen Stehkreis und geben einander die Hände. Der bzw. die Spielleiter machen auch mit und lassen einen scheinbar unentwirrbaren Knoten entstehen. Die Hände dürfen dabei nicht losgelassen werden. Durch Durchschlüpfen und Darübersteigen, mit etwas Geschick und Strategie, löst sich der Knoten wieder in einen Kreis auf.

Spielintention: Kontakt mit anderen, Kooperation (auf seine Mitspieler behutsam eingehen)

217 Aufsteh-Spiel

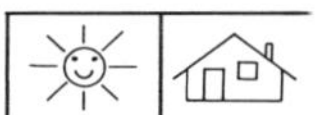

A	Jugendliche Erwachsene
T	ab 2

Je zwei Spieler sitzen Rücken an Rücken am Boden. Die Arme sind eingehakt. Wenn kein allzu starker Größenunterschied besteht, dürfte es nicht zu schwer sein, gemeinsam aufzustehen. Jetzt wird ein Spieler hinzugefügt und das Ganze zu dritt versucht. Immer mehr Spieler werden hinzugeholt – so viele wie möglich. Welche Gruppe stellt den Rekord im „Massenaufstand" auf?

Spielintention: Entstehen einer Spielgruppe, Kooperation.

218 Schoßsitz-Spiel

A	Jugendliche Erwachsene
T	20–2500

Ursprünglich hieß dieses Spiel einmal „Kaiserin Eugénies Zirkel". Die Soldaten der französischen Herrscherin (1826–1920) haben sich der Chronik nach durch das „Schoßsitzen" bei einer Rast auf einem nassen Feld trocken gehalten.
Um diese wunderschöne Sitzkette von Lebewesen zu schaffen, bildet man zuerst einen Kreis und gibt sich die Hände. Jetzt wird zusammengerückt, daß die Spieler Schulter an Schulter stehen. Dann dreht sich jeder nach rechts und schaut auf den Rücken des Vordermannes. Alle Spieler setzen sich nun gleichzeitig sanft auf die Knie des Mitspielers hinter sich.
Jetzt kann man sich mit seinem Vordermann unterhalten oder gemeinsam versuchen, ein Lied zu singen. Vielleicht gelingt es der Spielgruppe auch, sich als Tausendfüßler langsam fortzubewegen.
Das Spielende wird dem Zufall überlassen.

Spielintention: Gruppenerlebnis

219 „Olümpiade“

Schon die Schreibweise kündigt an, daß es hier zwar sportlich, jedoch nicht tierisch ernst zugeht.
Während bei den Spielen aus der „New-Games-Bewegung“ die Kooperationsspiele im Vordergrund stehen, werden bei der „Olümpiade“ lustige Wettspiele zu olympischen Disziplinen erklärt.
An der Vorbereitung sind alle beteiligt: Spielleiter, Akteure und Helfer (Schiedsrichter/Materialbeschaffung).

A	**alle**	
T	**30–200**	
Z	**120 Min.**	

Spielvorschläge:

An den „Olümpia“-Wettspielen können sich alle Altersgruppen beteiligen; sie sind als Einzel-, Zweier- oder Mannschaftswettkampf durchführbar.

220 Dreibeinlauf

Es wird paarweise, jedoch nur mit „drei“ Beinen zum Ziel gelaufen. Dafür wird je ein Bein beim anderen Spieler angebunden.

221 Knotenspiel

Jede Gruppe erhält eine 6 Meter lange Schnur, an der innerhalb von 2 Minuten möglichst viele Knoten angebracht werden müssen. Wer wird bester „Knoter“?

222 Eierwerfen

Nicht mit einem echten Ei, sondern mit einem Tischtennisball wird gespielt. Aus einer Entfernung von ca. 2 Metern müssen die Spieler den Ball in einen leeren Eierkarton werfen.

223 Zeitungslauf

Eine offiziell noch nicht anerkannte, dafür aber sehr lustige Disziplin. Zwei Mannschaften werden gebildet. Hintereinander wird Aufstellung genommen. Jeweils die ersten Läufer jeder Gruppe haben eine Zeitung zwischen die Knie geklemmt, die sie nach dem Lauf zu einer Wendemarke und zurück ihrem Hintermann überreichen müssen. Wer seine Zeitung während des Laufes verliert, muß an den Start zurück.

224 Kekspfeifstaffel

Zwei gleichstarke Mannschaften werden gebildet. Jeder Spieler einer Mannschaft erhält einen trockenen Keks. Auf »Achtung-Fertig-Los!« steckt nun der erste Spieler den Keks in den Mund, ißt und versucht dabei zu pfeifen. Nach dem Pfiff des Vormannes, steckt der nächste seinen Keks in den Mund usw. . Wo befinden sich die schnellsten „Kekspfeifer"?

225 Stuhlkunst

Jede aus 5–6 Spielern bestehende Mannschaft erhält Krepp-Papier, Schnur, Klebeband und Alufolie. Innerhalb von 10 Minuten soll aus einem Stuhl ein „Thron" für die „Olümpia-Sieger" hergestellt werden. Jede Gruppe gibt ihrem Stuhl einen Phantasienamen.
Am Ende der „Olümpiade" kann auf den Stühlen die Siegerehrung vorgenommen werden.

226 Angeln

Aus einem Planschbecken müssen schwimmende Styropor-Stückchen geangelt werden. Am Ende der Angelschnur und an den Styropor-Stückchen sind Angelhaken befestigt.

227 Stuhlbeinkegeln

Als Kegel werden alte, abgesägte und angemalte Stuhlbeine verwendet. Die Kegel müssen mit einem Stoffball umgeworfen werden.

228 Faßrollen

Ein leeres oder (für kräftigere Teilnehmer) mit Wasser gefülltes Faß wird im Einzel- oder Zweikampf über eine bestimmte Strecke gerollt.

229 Zeitungsspirale

Wer schneidet aus einer Zeitungsseite die längste Spirale heraus? Natürlich darf sie nicht ab- bzw. durchreißen.

230 Schuh-Ski

Auf zwei ca. 15 cm breite und 1,50 m lange Bretter werden drei Paar große Filz- oder alte Hausschuhe genagelt.
Drei Teilnehmer schlüpfen nun hintereinander in die Schuhe und müssen eine bestimmte Strecke hin- und herlaufen.

231 Siegerehrung und Preise

Wie schon gesagt, steht bei der „Olümpiade" nicht das harte Ringen um den Sieg im Vordergrund, sondern der Spaß am gemeinsamen Spiel. „Dabei sein ist alles", heißt das altbekannte Motto. Die Preise sind einfach, dafür originell.

Zwei Möglichkeiten der Preisverteilung bieten sich an:

a) Alle Spieler erhalten einen bunten Papp-Orden und eine Urkunde, die an den Spielspaß erinnern.
b) Die Preise befinden sich in einem großen Sack und müssen von den Teilnehmern gezogen werden. Alle Akteure erhalten einen Preis.

Neben Papp-Orden und Urkunden bieten sich kleine Aufmerksamkeiten und selbstgefertigte Geschenke als Preise an, z. B. Briefbeschwerer aus runden, mit Plakafarbe angemalten Steinen; bunt beklebte Streichholzschachteln; kleine Bilder oder Anhänger aus Moltofill; Utensiliengefäße für Bleistifte aus bemalten und verkleideten Dosen; bemalte Flaschen und Gläser; Kugelschreiber; kleine Notizblöcke und Krimskrams.

Die Veranstalter der „Olümpiade" können auch sehr persönliche Preise vergeben, die auf Zettel geschrieben und in Briefumschlägen ausgegeben werden, z. B. „Wir helfen Dir (Ihnen) beim Großreinemachen", „Wir laden Dich (Sie) am . . . . zum Essen ein", „Wir laden Dich (Sie) zu einem Autoausflug ein", „Wir gehen mit Dir (Ihnen) ins Kino (Museum/Konzert/Theater)".

Bunte Feste und Programme

A	alle	
T	20–50	
Z	180 Min.	

Parties, Feten und Feste für Kinder, Jugendliche und Erwachsene gibt es viele. Von privaten Gartenparties und Kinderfesten einmal abgesehen, bieten sich jahreszeitlich bedingte Themen an. Wenn diese aber immer nach dem gleichen Schema ablaufen, verlieren sie an Attraktivität und drohen langweilig zu werden.
Bei einem bunten Festprogramm erhalten die Teilnehmer z. B. die Auflage, in einem Kostüm zu erscheinen oder sich auf bestimmte Aktivitäten, Spiele und Darbietungen einzustellen.
Themen, die für ein lebendiges Treiben sorgen, sind z. B.

- Lumpenball
- Alte Handwerksberufe
- Quizfete
- Fasching
- Nostalgieparty (1910)
- Orientalisches Fest
- Straßenfest
- Weltraumfete
- Zu Besuch bei Dracula
- Mittelalterliches Fest
- Pyjamafete
- Kreativ-Party
- Strandfest
- Amerikanische Show

(Weitere Themenvorschläge finden Sie unter „Freizeit-Ideen"). Das Thema bestimmt weitgehend die Programminhalte und nicht zuletzt den Ort:

- Garten
- Park
- Wiese
- Straße
- Innenhof
- Schulgelände
- Jugendzentrum
- Turnhalle
- Scheune

Wie beim Spielfest und der Spielaktion, müssen auch hier die Vorbereitungen rechtzeitig getroffen werden.
Der Festausschuß setzt sich als Team zusammen und bespricht die wichtigsten Organisations- und Programmpunkte:

Essen/Trinken

- Papierdecken
- Pappbecher und -teller
- Plastikgeschirr
- Papierservietten
- Was soll es geben?
  z. B: Salate
  Würstchen
  Frikadellen
  Kuchen/Kekse/Knabberzeug/Waffeln
  Getränke (Bowle, Bier, Erfrischungsgetränke)
  Gerichte mit Phantasienamen
- Soll gegrillt werden? Gibt es etwas aus der „Gulaschkanone"?
- Selbstbedienung (ja/nein)

Ort / Raum

Soll das Fest in einem Raum oder im Freien stattfinden?

- Ist die Stromversorgung im Freien zu bewerkstelligen?
- Papierkörbe und Aschenbecher aufstellen
- für Sitzgelegenheiten sorgen
- Tischanordnung wählen
- Wird eine Bühne benötigt?

Dekoration

- Vom Thema abhängig, z. B. Lampions, Kreppapier, Girlanden, Tapetenreste, Pappen, Kartonpapier; Hilfsmittel: Tesaband, Klebstoff, Farben, Pinsel, Filzschreiber, Nadeln, Draht, Reißbrettstifte, Scheren.

Einladung

- Der spezielle Charakter des Festes soll aus dem Titel deutlich werden
- Ort, Zeit, Veranstalter mit Absender und Telefon
- evtl. Teilnehmerzahl angeben
- Ist spezielle (Ver)Kleidung erwünscht?
- Evtl. Hinweise zum Programm geben
- Sollen bestimmte Utensilien/Gegenstände mitgebracht werden?

Programm

In Betracht kommen die meisten Spielformen und Spielvorschläge dieses Buches. Sie können als Einzelaktivitäten oder in mehreren Spielen zusammengefaßt als ein „Programmpaket" angeboten werden. Als bunte Programme bieten sich z. B. an ein „Show-Abend", eine „Modenschau", ein „Gruselkabinett" oder ein „Quiz-Nachmittag".

Spielvorschläge:

232 Show-Abend

A	Jugendliche
T	50–200
Z	90 Min.

Als Gruppen- oder Großveranstaltung lassen sich Show-Abende nahezu überall durchführen: im Jugendzentrum, auf Freizeiten, Seminaren und Tagungen, in Heimen, Schulen und Vereinen.
Die Show wird von einer Gruppe oder einem von ihr gewählten Team geplant.

Nachdem feststeht, wann, wo und vor bzw. *mit* welchem Publikum die Show stattfindet, erläutert die Planungsgruppe das Programm:

- Was wollen wir anbieten?
- Wie lange soll die Veranstaltung dauern?
- Welche Programmhöhepunkte soll es geben?
- Wer übernimmt bei der Show welche Rolle(n), Aufgabe und Funktion?
- Welche Musik setzen wir ein? Schallplatten, Tonband oder eigene Band?
- Wie soll geworben werden?

Eine Show kann recht abwechslungsreich ablaufen.

Etwa so:

Musik – der Showmaster erscheint – Ballettparodie (3–5 Spieler) – gespielter Witz – Duett (Opernparodie) – Pantomime – musikalische Einlage – Mini-Talk mit einem sehr „prominenten" Gast – Gesangsparodie (Punk-Song) – „Mach-mit-Spiel" mit dem Publikum – eine Band spielt auf selbstgebauten Instrumenten oder artfremden Materialien (Waschbrett, Töpfen, Gießkanne) – es folgen drei „Black-out's" – ein „Reporter" geht ins Publikum und macht eine Nonsens-Umfrage – noch einmal Ballett – ein sehr ungeschickter Magier tritt auf und macht so ziemlich alles falsch – Gesangsparodie (z. B. auf Heino) zum Playback – Sketche – Quiz mit Publikumskandidaten (oder als Parodie auf Quizsendungen des Fernsehens) und anschließender groß aufgezogener „Super-Sonder-Preisverteilung" – Finale mit allen Beteiligten.

233 Modenschau

A	**alle**	
T	**20–200**	
Z	**20 Min.**	

Als Höhepunkt oder zur Auflockerung eines Festes eignet sich besonders die Durchführung einer Modenschau.
Vorgeführt wird entweder auf Brettern und Kisten oder auf Tischen, aus denen zuvor ein Laufsteg gebaut wurde. Als Verzierungen dienen bemalte Makulaturpapiere, Stoffe und Blumen aus Kreppapier.
Es gibt verschiedene Möglichkeiten der Kostümierung. Zum einen können verschiedene Gruppen gebildet werden, in denen ein Mannequin oder Dressman ausschließlich mit vorher bereitgelegten Materialien (z. B. Krepp- oder Zeitungspapier) hergerichtet wird.
Man kann aber auch bereits in der Einladung zu einem Fest die Teilnehmer darum bitten, entsprechende Kleidungsstücke und Utensilien mitzubringen, die durch Verfremdung ein „verrücktes" Kostüm oder „Modellkleid" ergeben sollen.
Die Akteure – es sollten mindestens 10 sein – können sich in einem Nebenraum oder in einer abgeschirmten Ecke einkleiden. Das Publikum sitzt vor dem Laufsteg.
Besonders reizvoll wird die Modenschau durch eine für Atmosphäre schaffende musikalische Untermalung und die lebhaften Kommentare eines Conférenciers oder Modeschöpfers.

Je mehr Teilnehmer beschäftigt sind, umso größer wird der Spaß für alle.

Variation: Die Modenschau kann auch als „Miß"- oder „Misterwahl" durchgeführt werden.
Spielintention: Phantasie, Originalität
Material: Beliebige Kleidungsstücke, Stoffe, Umhänge, Hüte, Brillengestelle, Tücher, Kreppapier, Zeitungen; Hilfsmittel: Nadeln, Klebstoff; Tische/Bretter/Kisten/Makulaturpapier für den Laufsteg.

234 Gruselkabinett

A | Jugendliche Erwachsene

Aus dem Jugendzentrum wird ein Geisterhaus. Dafür wird in zwei bis drei Räumen ein „Gruselkabinett" eingerichtet. Auf großem Packpapier (Tapetenrollen oder Makulaturpapier) werden Gespenster, Vampire und andere monströse Gebilde gemalt, anschließend ausgeschnitten und an langen Fäden an den Decken befestigt.
Mit einer Taschenlampe werden die Gäste von einem Expeditionsleiter durch das abgedunkelte Geisterhaus geführt. Entsprechende Tonbandgeräusche, Lichteffekte und Kommentare des Expeditionsleiters steigern die Spannung.
Nachdem sich die Gäste ein wenig mit den Geistern angefreundet haben, gibt es an der „Gruselbar" Erfrischungsgetränke, die von einem „draculösen" Barkeeper serviert werden und natürlich einen ebenso schauerlichen Namen tragen können. Wie wär's mit einem „Raupen-Mix" oder einem „Kröten-Shake"? Im Geisterhaus kann natürlich auch getanzt werden. Das „Gruselkabinett" kann Bestandteil eines Festes sein oder Einzelaktion.

Spielintention: Verwirklichung von Einfällen, Spaß, Spannung
Material: Packpapier (Tapetenrollen/Makulaturpapier), Farbe, Kreppapier in verschiedenen Farben, Bettlaken, Klebeband, Reißbrettstifte, Pinsel; Tonband/Kassettenrecorder mit „Geisterstimmen" und Musikaufnahmen.

Quiz

A | alle

Der vom englischen „question" (=Frage) abgeleitete Begriff bezeichnet ein Frage- und Antwortspiel, für das sich aus allen Lebensbereichen Fragen zusammenstellen lassen.

Hier einige Beispiele:

- Natur und Mensch
- Tier und Planze
- Land und Leute
- Literatur und Kunst
- Sport
- Film und Theater
- Politik
- Weltraum
- Geschichte
- Technik

Je nach Zusammensetzung der Teilnehmergruppe reicht der Schwierigkeitsgrad von „Baby"- bis zu „Mammutfragen".
Beim Quiz ist nicht die Frage allein entscheidend, sondern auch die Form, in der sie gestellt wird:

Normalform: z. B. Wer schrieb die Erzählung „Unterm Rad"? (Hermann Hesse)

Entweder-Oderform: Wo befindet sich das Holstentor, in Kiel oder in Lübeck? (Lübeck)

Versteckform: Wie bei der theoretischen Führerschein-Prüfung ist die richtige Lösung eine von mehreren (3–5) vorgegebenen Antworten.

Steckbrief: Von einer bekannten Persönlichkeit, einem Land oder einer Sache wird eine Beschreibung in Steckbriefform gegeben.

Ergänzungsform: Zitate, Sprichwörter und Redensarten, die nur unvollständig vorgegeben werden, sind zu ergänzen, z. B. Wer den Teufel zum Freund hat, (kommt leicht in die Hölle).

Die Fragen müssen sorgfältig durchdacht und vorbereitet sein. Dabei sind sie dem Publikum anzupassen. Fragen, die sich alle sehr leicht lösen lassen, machen das Quiz langweilig. Zu schwierige Fragen aber können entmutigen und so das Quiz für die Teilnehmer peinlich werden lassen.
Drei Quiz-Beispiele, die sowohl im kleinen Kreis als auch vor Publikum durchgeführt werden können:

235 Zeitungsquiz

T	8–20
Z	10 Min.

Die Teilnehmer werden in Kleingruppen zu je 4–5 Spielern aufgeteilt. Jede Gruppe erhält eine Zeitung. Der Spielleiter stellt nun 10 Fragen, die sich nur beantworten lassen, wenn die richtige Stelle in der Zeitung gefunden wird.
Welche Gruppe löst die Quizaufgaben zuerst?

Spielintention: Aufmerksamkeit
Material: Zeitungen, Zettel mit vorbereiteten Fragen, Schreibzeug.

236 Was bin ich?

T	6–12
Z	30 Min.

Wer kennt es nicht, Deutschlands ältestes Fernseh-Ratespiel, bei dem es darum geht, daß ein aus vier Personen bestehendes Rateteam den Beruf eines Gastes erfragt.
Der Reihe nach formulieren die Berufe-Rater ihre Fragen so, daß sie nur mit einem Ja oder Nein beantwortet werden können. Für jede Nein-Antwort erhält der Befragte einen Punkt. Nach spätestens zehn Neins ist das Spiel beendet.

Wenn wir in der Gruppe „Was bin ich?" spielen, werden wir nicht auf echte Berufsvertreter zurückgreifen können, sondern ein Mitspieler legt sich einen Beruf zu (bzw. zieht eine vorbereitete Spielkarte mit Berufsbezeichnung) und bemüht sich, die ihm gestellten Fragen korrekt und sachlich richtig zu beantworten.
Vor Beginn einer Spielrunde macht der Befragte eine für seinen Beruf charakteristische Handbewegung und sagt, ob er selbständig oder als Lohn- bzw. Gehaltsempfänger tätig ist.

Variation: Nicht ein Beruf, sondern ein Prominenter muß erraten werden (Politiker, Wissenschaftler, Sänger, Schauspieler, Sportler). Hier muß z. B. nach der Nationalität, Auftritten, Tätigkeiten usw. gefragt werden.
Spielintention: Spaß am Raten, Aktualisierung von Wissen.
Material: Vorbereitete Zettel mit Berufsbezeichnungen und kurzem Hinweis zum Berufsbild; Karten mit den Zahlen 1–10.

237 Siebzehn Fragen

T	5–8
Z	10 Min.

Ähnlich wie bei „Was bin ich?", geht es bei diesem Spiel um das Erraten einer Sache.
Es wird mit allgemeinen Fragen begonnen, die ein Spieler einem oder mehreren Mitspielern stellt. Um zum Ziel zu kommen, wird immer mehr eingekreist. Zum Erraten dürfen höchstens 17 Fragen gestellt werden. Geantwortet wird nur mit ja oder nein.

Spielintention: Konzentration, Ratespaß

Stadt- und Orientierungsspiele

A	Jugendliche Erwachsene
T	15–30
Z	180 Min.

Bei Fußgänger- oder Fahrradrallyes, die durch eine Stadt oder übers Land durch mehrere Orte führen, sollte stets der Akzent auf einem spaßbringenden Ablauf liegen. Muße und Verweilen-Können müssen wichtiger sein als „falscher Ehrgeiz" und übermäßiges Leistungsdenken.
Orientierungs- und Geschicklichkeitsrallyes sind eine beliebte und zugleich gesellige Spielform. Allerdings sind hierfür etwas Ausdauer, Courage und die Lust am Rätsellösen erforderlich.
Das Gelingen einer Rallye hängt nicht nur von spielfreudigen Teilnehmern, sondern insbesondere von der guten Vorbereitung und den allgemein verständlichen Erklärungen durch die Spielleitung ab.
Die maximale Zeitdauer, die Länge der Rallyestrecke und der Umfang

der zu lösenden Aufgaben richtet sich nach dem Alter der Teilnehmer und der gewählten Fortbewegungsart (zu Fuß, per Fahrrad oder mit dem Auto). Bei der Planung ist auch die Jahreszeit zu berücksichtigen. Bei der Aufteilung in Gruppen hat sich eine ungerade Zahl als besonders positiv erwiesen. Sie hilft, Einzelpersonen zu integrieren. Damit kein Leistungsgefälle entsteht, sollte keine Einteilung nach Alter, Geschlecht oder Fähigkeiten vorgenommen werden.

Spielintention: Geselligkeit und kooperative Gruppenatmosphäre.

Spielvorschläge:

238 Stadtrallye

T	15–30
Z	120 Min.

Der Spielleiter und zwei bis drei Helfer, die selbst nicht an der Rallye teilnehmen, haben etwa 15–20 Aufgaben auf einem Bogen zusammengestellt und je nach Anzahl der Mitspieler (pro Gruppe 3–5 Personen) vervielfältigt.
Im Abstand von 5–10 Minuten starten die verschiedenen Gruppen. Sie erhalten einen Brief mit der Aufgabenstellung.
Zur Kontrolle der zu erfüllenden Aufgaben können vorher Streckenposten eingerichtet werden oder ein Schiedsrichter geht mit.
Am Ziel, es kann der Ausgangspunkt, ein Jugendheim, Café, Schwimmbad oder Sportplatz sein, wird die Reihenfolge der eintreffenden Gruppen festgehalten und die Punktezahl aus den richtig gelösten Aufgaben errechnet.
Für kleine lustige Preise ist gesorgt. Eventuell kann ein Imbiß oder ein gemeinsames Kaffeetrinken die Rallye abschließen.
Hier einige Aufgabenvorschläge, die je nach örtlichen Gegebenheiten entsprechend spezifiziert werden müssen:

- Wieviele Stufen hat der Aussichtsturm?
- Welche Autonummer hat der Leiterwagen der örtlichen Feuerwehr?
- Wo befindet sich in der . . . .Straße ein Hydrant?
- Wieviele Fenster hat das Haus Nr. . . . . in der . . . .Straße?
- Wann wurde das Rathaus (die Kirche) erbaut?
- Wieviele Spielplätze gibt es in unserer Stadt?
- Welche Spielgeräte stehen auf dem Spielplatz in der . . . .Straße? Welche Mängel weisen sie auf?
- Wieviele Bänke stehen entlang der Uferpromenade?
- Wie lautet die Überschrift auf der Titelseite der . . . .Zeitung (Illustrierten) am Kiosk in der . . . .Straße?
- Was kostet ein Kännchen Tee im Café . . . .?
- Wann fährt freitags der letzte Zug nach . . . .?

- Wie heißt der Bürgermeister (Leiter der Stadtbücherei, Pastor, Polizeidienststellenleiter) ?
- Wie lautet die Inschrift am Denkmal auf dem Marktplatz?
- In welchem Baustil wurde das Haus Nr. . . . . in der . . . .Straße erbaut?

Den Teilnehmern können Skizzen und Fotos mitgegeben werden, die nur Details von Gebäuden enthalten, die die Teilnehmer zu suchen haben.

Es können bei einer Rallye auch noch andere Aufgaben gestellt werden;
z. B.:

- In einer Plastiktüte Wasser aus dem Fluß (See, Marktbrunnen) mitbringen.
- 3 Gräser mitbringen.
- Als zusätzliche Schwierigkeit bekommt jede Gruppe ein rohes Hühnerei mit auf den Weg, das während der Stadtrallye transportiert werden soll bis etwa in der Mitte des Aufgabenzettels steht, daß das Ei nur in gekochtem Zustand ins Ziel gebracht werden darf. Damit nicht gemogelt wird, werden die Eier gekennzeichnet.
- Die Teilnehmer sollen versuchen, etwas Großes oder Kleines von irgendjemandem geschenkt zu bekommen (Privat- oder Geschäftsleute) und sollen eine Quittung mitbringen, aus der die Schenkung hervorgeht.

Spielintention: Kennenlernen der eigenen Umgebung, Teamarbeit, Kontakte knüpfen innerhalb der Gruppe
Material: Pro Spieler eine Kopie der Aufgabenstellung und ein Schreibstift.

239 Orientierungsspiel

A	Jugendliche
T	15–30
Z	120 Min.

Dieses Spiel eignet sich besonders für Freizeiten und Ferienlager.
Am Start werden kleine Gruppen (5 Personen) gebildet und mit Wanderkarte und Kompaß ausgerüstet.

Nachdem sich jede Gruppe die beschriebene (eingezeichnete) Strecke genau angesehen hat, steuert sie auf das unbekannte, jedoch im Plan markierte Ziel zu.
Unterwegs müssen bestimmte Orte berührt werden, z. B. eine Bank, eine Brücke, Hütte, Eiche, ein Holzstapel, Bach. usw. . An den markierten Plätzen versteckte kleine Zettel oder Gegenstände sowie Streckenposten geben die Garantie dafür, daß die Stellen auch gefunden wurden.
Am Ziel (Zeltplatz, Wiese oder Grillplatz) steht für alle etwas zu Essen und zu Trinken bereit. Es kann eine Punkte- und/oder Zeitwertung

vorgenommen werden. Die Sieger erhalten einen Scherzorden oder eine kleine Überraschung als Preis.

Hinweis: Das Spiel muß durch ortskundige Helfer gut vorbereitet werden!

Spielintention: Kennenlernen der Umgebung, Spannung
Material: Pro Gruppe eine Wanderkarte mit eingezeichneter Wegstrecke und Zielangabe, ein Kompaß und Schreibzeug.

240 Foto-Expedition

T	15–30
Z	120 Min.

Bei diesem Orientierungsspiel handelt es sich um eine Abwandlung der Fußgänger- oder Fahrradrallye. Die Teilnehmer werden in Kleingruppen (3–5 Personen) aufgeteilt und erhalten zu Beginn Fotos (in Kopie) bzw. Ansichtskarten von 10 Gebäuden und Plätzen der Stadt. Jedem Motiv wird ein Text mit Aufgabenstellung beigefügt.

Ein Beispiel:

Bild vom Amtsgericht
Text: „Wenn man hinter diesem Gebäude in die erste rechte Straße einbiegt, trifft man auf neun alte Fachwerkhäuser. Wieviele von ihnen tragen Inschriften und wie lauten sie?“

Bei etwa zehn Fotomotiven benötigt man für die Foto-Expedition einen ganzen Nachmittag. Welche Gruppe erledigt die gestellten Aufgaben am besten?

Hinweis: Dieses Spiel eignet sich auch besonders zum Kennenlernen eines Ferienortes,
Spielintention: Kennenlernen der Umgebung, genaue Wahrnehmung.
Material: Pro Gruppe 10 Fotos bzw. Postkarten mit vorbereiteten Aufgabenzetteln, Papier und Schreibzeug.

Ideen sammeln – Kreativ-Party

241 Das Brainstorming

A	Jugendliche Erwachsene
T	5–12
Z	30 Min.

Auf der Suche nach kreativen Einfällen entwickelte der amerikanische Werbefachmann Alex E. Osborn in den frühen 50er Jahren das „Brainstorming“ als besonders ergiebige und einfache Methode der Ideenfindung.
Das Brainstorming, es läßt sich etwa mit „Ideensturm“ oder im weiteren Sinne mit „Denken ohne Debatte“ übersetzen, wird nach festgelegten Regeln durchgeführt:

- Jede Idee ist willkommen und kann geäußert werden.
- Die Ideen aller Spieler sind gleichwertig.
- So viele Ideen wie möglich – auch „verrückte" – werden produziert.
- Jede Kritik oder Bewertung ist verboten!

Das Brainstorming ist eine echte Gemeinschaftsleistung. Die ideale Gruppenstärke liegt bei 5–12 Teilnehmern.

Die Dauer eines Brainstormings liegt bei 15–45 Minuten. Alle geäußerten Ideen werden schriftlich festgehalten.

Der Spielleiter einer Brainstorming-Gruppe achtet auf die Einhaltung der Spielregeln:

- Alle sollen zu Wort kommen.
- Alle geäußerten Ideen werden aufgeschrieben.

Er bricht das Brainstorming ab, wenn keine Einfälle mehr von den Teilnehmern kommen.

Wenn auch am Anfang die Ideen noch zaghaft kommen mögen, so werden sie schon bald nur so sprudeln und alle werden Spaß daran haben.

Nach dem Brainstorming wird ausgewertet:

- Sind die Ideen verwendbar oder undurchführbar?
- Müssen sie verändert, abgewandelt oder weiterentwickelt werden?
- Lassen sich die Vorschläge zur Zeit nicht, später jedoch verwenden?

Spielintention: Phantasie, schnelle und ergiebige Ideenfindung.

> *In der Idee leben heißt das Unmögliche behandeln, als wenn es möglich wäre.*
> Goethe

Spielvorschläge:

242 Kreativ-Party

A	Jugendliche
T	10–30
Z	120 Min.

Eine Kreativ-Party kann zweierlei sein.

Zum ersten kann eingeladen werden, um bestimmte Aktivitäten und Spiele durchzuführen, wie sie in diesem Buch beschrieben werden.

Zu einer Kreativ-Party kann aber auch mit dem Schwerpunkt der „Ideenfindung" eingeladen werden. Als Material werden Tapetenrollen, Tonpapier und Filzschreiber bereitgelegt. Für die Teilnehmer der Kreativ-Party, die nach dem Prinzip des „Brainstorming" durchgeführt wird, stehen Erfrischungsgetränke bereit. So kann z. B. das Programmange-

bot für einen Verein oder ein Jugendzentrum in regelmäßigen Abständen auf einer Kreativparty erstellt werden.
Aus einem einmaligen Zusammenkommen kann - wenn genügend Teilnehmer Spaß daran finden – ein Ideen-Club werden, in dem man sich mit dem Entwickeln und Realisieren von Ideen beschäftigt. Einladungen werden geschrieben, Plakate gemalt, im Jugendzentrum oder Verein und in der Presse wird auf den Ideen-Club aufmerksam gemacht.

Spielintention: Eigene Ideen formulieren und mitteilen; Abstimmung der Einzelinteressen; Kooperation
Material: Tapetenrolle und Tonpapier, Filzstifte, ggf. Erfrischungsgetränke und Knabbereien für die „Ideenfinder".

243 Freizeit-Ideen

Auf die Frage „Mit welchen Freizeitangeboten erreiche ich Jugendliche und Erwachsene?", erhielt eine Gruppe Studierender der Sozialpädagogik vom Autor die Aufgabe, in einem 45minütigen „Brainstorming" Ideen für Freizeitangebote zu sammeln.
Die aus 12 Personen bestehende Gruppe wurde in drei Kleingruppen aufgeteilt. Jede Kleingruppe erhielt einen Bogen Tonpapier und vier Filzschreiber. Dann sprudelten die Einfälle. Am Ende der 1. Spielphase wurden die Tonpapier-Bogen eingesammelt und der Gesamtgruppe zur Diskussion (2. Phase) vorgelegt. Wenn auch nicht alle Ideen realisierbar sein mögen, so erweist sich das Ergebnis von über 300 Freizeitanregungen als wahre Fundgrube zur kreativen Freizeitgestaltung. Die Freizeitideen wurden in der 2. Spielphase in 18 Bereiche unterteilt.

1. Feste unter einem bestimmten Motto

- Tropentag
- Spaghettiparty
- Schlafanzugparty
- Mondscheinfest
- Bunter Abend
- Sommerfest
- Mitternachtsparty
- Mister „Männerbein"
- Tag der Haare
- Tag der Schuhe
- Mumienfest
- Gartenfest
- Strandfete mit Lagerfeuer
- Zukunftsfete „Im Jahr 2000"
- Kreativ-Party
- Dritte-Welt-Tag
- Gruselabend
- Kaminabend
- Steinzeitwochenende
- Römerfest
- Wikingerfete
- Kur- und Gesundheitstag
- Fest mit Eltern
- Fest mit Senioren
- Gespensterparty
- Zeitungsparty
- Herbstfest
- Laternenfest

- Hexenfete
- Ganovenball
- Buschfest
- Schneeparty
- Maifeier
- Nachbarschaftsfete
- Lumpenball
- Wald- und Wiesenfest
- Schottenparty (Sparparty)
- Obstfete
- Osterfeuer
- Lampionfest
- Weihnachtsfeier

2. Feste und Aktionen

- Tag der offenen Tür
- Grillabend
- Lagerfeuer mit Musik
- Spielabend
- Hitparade durchführen
- Talentschuppen (Musik/Theater)
- Aufräumparty im Jugendzentrum
- Spielen wie „anno dazumal" – mit altem Spielzeug spielen
- Abenteuertag für Kinder
- eine überdimensionale Maschine bauen aus Seilen, Pappe und Styroporteilen
- den größten Schneemann der Welt bauen
- Schnitzeljagd veranstalten
- Wieviel Leute passen in einen alten „Käfer"?
- Nachtwanderung
- Picknick
- Spiele ohne Verlierer
- Spiele ohne Grenzen
- Stiefelweitwurf
- Ostfriesenabitur
- Modenschau
- Kinderspielnachmittag
- Flohmarkt
- Straßenfest
- Lagerolympiade
- Lagerzirkus
- Wasserolympiade
- Trödelmarkt
- Quiznachmittag
- Basar
- Comic- und Spielzeug-Tauschaktion

3. Musikalische Angebote für Gruppen

- Musik mit Orff'schem Instrumentarium
- Musik mit Haushaltsgeräten
- Musik mit Wassergläsern
- Musik mit Schuhen
- Musik mit Zeitungen
- Musik mit selbstgebauten Instrumenten
- selbst ein Konzert geben
- Liedertexte verändern oder selbst schreiben
- Disco veranstalten
- Flötenkurs durchführen
- Gitarrenkurs
- Musikschule besuchen
- Singkurs (Gospels, Spirituals)
- Konzertbesuch
- Gründung einer Band

4. Arbeitsgemeinschaften

- Bastelnachmittage
- Tanzkurse (Standardtänze, arabische Bauchtänze, afrikanische Buschtänze)
- Zeichenkurse
- Hörspiele selber machen
- Spielzeug bauen
- Squaredance
- Foto-Arbeitsgemeinschaft
- Gesprächstraining
- Ausstellungen zu bestimmten Themen
- Verschönerung des Jugendzentrums/Vereinshauses
- Aerobic/Gymnastik/Breakdance
- Mitarbeit bei einer Hilfsorganisation

5. Seminare

- Rhetorik
  Filmvorführschein
- Autogenes Training
- Jugendgruppenleiterausweis

6. Sport

- Wandern
- Fahrradturnier
- Volleyball
- Handball
- Tischtennis
- Volkstanz
- Rock'n'Roll
- Jazzgymnastik
- Schwimmen/Schwimmkurs
- Sportabzeichen machen
- Reiten
- Angeln
- Segeln
- Surfen
- Schlittschuhlaufen
- Rollschuhlaufen
- Jogging
- Kegeln
- Bowling
- Minigolfturnier
- Paddeln
- Rudern
- Treetbootfahren
- Windsurfen
- Segelfliegen
- Volkslauf
- Volkswanderung
- sportliche Turniere veranstalten, bei denen es nicht allzu ernst zugeht
- Squash-Kurs

7. Darstellende Spiele

- Pantomime
- Sketch
- Scharaden
- Clowngruppe
- Straßencafe – Straßenfest – Straßentheater
- Rollenspiele
- gegenseitiges Schminken
- Verkleiden mit nostalgischen Kleidern

8. Werkstatt für Reparaturen/handwerkliche Angebote/technisches Werken

- Fahrrad
- Mofa
- Seifenkiste selbst bauen,
- Motorrad

} selbst pflegen und reparieren

- Auto
- Metallarbeiten
- Minigolf selbst bauen
- Schiffsmodelle bauen
- Basteln mit Glas, Holz, Metall
- Holzschnitte/Linolschnitte
- Plakate herstellen
- Drucktechniken erlernen
- alten Fernseher zum Aquarium umbauen
- Phantasiegebilde konstruieren
- Marionetten bauen

9. Textiles Werken und hauswirtschaftliche Aktivitäten

- Makramee
- Häkeln
- Stricken
- Nähmaschinenarbeiten
- Ikebana (Blumenstecken)
- Batikkurs
- Basteln mit Naturmaterialien
- Steckarbeiten
- Applikationen
- Puppenhaus bauen
- Geschenke selbst machen
- Biodynamischer Anbau von Gemüse
- Brot selbst backen
- kochen, backen, mixen
- Wolle färben, spinnen, weben
- Stoffmalerei
- Taschen herstellen
- Kleidung nähen
- Webrahmen selbst bauen
- Wachsbatiken
- Lederarbeiten
- Teppich knüpfen
- Klamotten aus Zeitungen herstellen
- aus alten Stoffen und Draht Lampenschirme basteln

10. Rallyes

- Fußgänger-, Fahrrad-, Autorallye
- Stadtrallye
- Überlandrallye
- Fotorallye
- Erkundungsrallye

11. Politik

- Teilnahme an Diskussionen
- Ausstellungen zu politischen Themen besuchen
- Filme ansehen mit anschließender Diskussion
- Medien untersuchen (Zeitung, Fernsehen, Film)
- selbst eine Zeitung machen

12. Spiele

- Spieletreff einrichten
- Spielesammlung
- Planspiel
- Gesellschaftsspiele
- Spielfest planen und durchführen
- Spiele erfinden und verändern
- Interaktionsspiele durchführen

13. Kurse/Interessengruppen

- Steno
- Schreibmaschine
- Erste-Hilfe-Kurs
- Selbsterfahrungstraining
- Überlebenstraining
- Emaille- und Kupferarbeiten
- Glasmalerei
- Meditation
- Yoga
- Gebetskreis
- Nachbarschaftshilfe
- Kosmetik
- Kerzen ziehen
- Töpfern

14. Besuche und Besichtigungen

- Zirkus
- Zoo
- Konzerte
- Museen
- Theater
- Betriebe
- Jugendzentren
- einen Zeitungsverlag
- Rundfunk- oder Fernsehstudio
- Landtagssitzung
- Gerichtsverhandlung

15. Wettbewerbe

- Sammelwettbewerb
- Preisausschreiben
- Malwettbewerb
- Fotowettbewerb
- Schneckenwettrennen
- Ideensammelwettbewerb
- Sängerwettstreit
- Dichterwettbewerb
- sportlicher Wettbewerb

16. Freizeiten

- Freizeitmappe erstellen
- Schonerfahrt
- Urlaubsalbum erstellen
- Stadtranderholung
- Ferien-Paß-Aktion durchführen
- Jugendkulturwoche veranstalten
- Nachmittag für Senioren veranstalten
- Abenteuerspielplatz einrichten
- Gruppenfahrt
- Studienfahrt
- Zelten
- Ferienspielplatz in den Sommerferien einrichten
- Freizeittheater
- Anti-Urlaubsmuffel-Urlaub anbieten
- eine Fahrt ins Blaue veranstalten

17. Veranstaltungen selber machen

- eigenes Fernsehprogramm machen (Videokamera)
- Freizeitkompaß erstellen
- Tonbildreihe erstellen
- Klön- und Plaudernachmittag
- Dia-Schau
- Info-Discothek
- Exkursion in die Umgebung
- Briefmarken sammeln und Tauschtreffpunkt einrichten
- Spielzeugkiste
- Spielzeugbörse veranstalten
- bei Schnee einen Iglu bauen
- Käsefondue-Abend
- Naturbeobachtungen

18. Nachbarschaftshilfe

- Babysitten
- bei der Gartenarbeit helfen
- Haus-, Hof-, Gartenfest
- Tierpflege
- Patenschaften
- Einkaufen

„Ich kann mir nicht vorstellen, wie jemand, der nicht schreibt, malt oder sonstwie schöpferisch tätig ist, überhaupt leben kann."
Graham Greene

ANHANG

Spieleregister

Ausgewählte Literatur

Theoretische Grundlagen und Vertiefung

Hilfen für die praktische Arbeit

Zeitschriften

Spieleregister

Ausgewählte Literatur

Theoretische Grundlagen und Vertiefung

Angnet, R.: Spiele, Sport und Sensationen; Österreichischer Bundesverlag, Wien 1975

Argyle, M.: Soziale Interaktion; Kiepenheuer, Köln 1972

Argyle, M.: Körpersprache und Kommunikation; Junfermann, Paderborn 1979

Arias/Eco: Pop – Kunst und Kultur der Jugend; Rowohlt, Reinbek 1978

Baacke, D.: Die 13- bis 18jährigen; U & S Pädagogik, München 1976

Baer, U.: Wörterbuch der Spielpädagogik; Lenos Verlag und Z-Verlag, Basel 1981

Beer, U.: Methoden der geistigen Arbeit; Katzmann, Tübingen 1973

Beimdick, W.: Theater und Schule; Ehrenwirth, München 1975

Berghaus, W. u. a.: Musik in der offenen Jugendarbeit; Gustav Bosse Verlag, Regensburg 1981

Berne, E.: Spiele der Erwachsenen; Rowohlt, Reinbek 1970

Bertelsmann, K.: Ausdrucksschulung; Klett, Stuttgart 1975

Bono de, E.: Das spielerische Denken; Rowohlt, Reinbek 1971

Bossong, B.: Motivationsförderung in der Schule, Beltz, Weinheim 1978

Brook, P.: Der leere Raum. Möglichkeiten des heutigen Theaters; dtv Sonderreihe, München 1974

Buser, R.: Ausdruckspsychologie; Ernst Reinhardt Verlag (UTB), München 1973

Coburn-Staege, U.: Lernen durch Rollenspiel. Theorie und Praxis für die Schule; Fischer, Frankfurt 1977

Corell, W.: Lernpsychologie; Auer, Donauwörth 1970

Cropley, A.J.: Kreativität und Erziehung; UTB, Stuttgart 1982

Cubern R. u. a.: Comics, Kunst und Konsum der Bildergeschichte; Rowohlt, Reinbek 1978

Daublebsky, B.: Spielen in der Schule; Klett, Stuttgart 1973

Denker, R. u. a.: Aggression im Spiel; Kohlhammer, Stuttgart 1976

Deutsch, R./Hertlein, B. (Hrsg.): Geschichte der Kinderspiele; esprintverlag, Heidelberg 1980

Dewey, J.: Psychologische Grundfragen der Erziehung; Ernst Reinhardt Verlag (UTB), München 1974

Eiff v., A.W. (Hrsg.): Seelische und körperliche Störungen durch Streß; Fischer, Stuttgart 1976

Erhart, K. u. a.: Die Jugendkunstschule. Kulturpädagogik zwischen Spiel und Kunst; Gustav Bosse Verlag, Regensburg 1980

Eysenck, H.J.: Intelligenztest; Rowohlt, Reinbek 1972

Feser, H.: Psychologie für Sozialpädagogen; UTB, Stuttgart 1981

Fink, E.: Spiel als Weltsymbol; Stuttgart 1960

Fittkau, B. u. a. (Hrsg.): Kommunikations- und Verhaltenstraining; Verlag Dokumentation, Pullach b. München 1974

Flitner, A.: Spielen – Lernen. Praxis und Deutung des Kinderspiels; Piper, München 1972

Fromm, E.: Die Seele des Menschen; Ullstein, Frankfurt/Berlin 1981

Frommelt, W. u. a.: Eltern spielen – Kindern lernen. Handbuch für Spielaktionen; Rowohlt, Reinbek 1975

Fuchs, W.J./Reiberger, R.: Comics-Handbuch; Rowohlt, Reinbek 1978

Funk, H./Lösch, H.: Freizeit im Alltag von Jugendlichen; Juventa, München 1981

Garvey, C.: Spielen; Klett-Cotta, Stuttgart 1978

Gmellin, O. F.: Mama ist ein Elefant – Die Symbolwelt der Kinderzeichnungen; DVA, Stuttgart 1978

Goffmann, E.: Interaktionsrituale. Über Verhalten in direkter Kommunikation; Suhrkamp, Frankfurt 1973

Goodman, P.: Aufwachsen im Widerspruch – über die Entfremdung der Jugend in der

verwalteten Welt, Verlag Darmstädter Blätter
Grigat, R.: Psychologie für Erzieher; Bardtenschlager, München 1975
Guilford, J.P.: Persönlichkeit; Beltz, Weinheim 1970
Haven, H.: Darstellendes Spiel; Päd. Verlag Schwann, Düsseldorf 1970
Herber, H.-J.: Motivationstheorie und pädagogische Praxis; Kohlhammer, Stuttgart 1980
Hering, W.: Spieltheorie und pädagogische Praxis. Zur Bedeutung des kindlichen Spiels; Päd. Verlag Schwann, Düsseldorf 1979
Huizinga, J.: Homo Ludens, Rowohlt, Hamburg 1956
Janig, H. (Hrsg.): Jugend heute – betreut oder selbstbestimmt?; Kösel, München 1981
Keller, M.: Kognitive Entwicklung und soziale Kompetenz; Klett, Stuttgart 1976
Kluge, N.: Spielen und Erfahren. Der Zusammenhang von Spielerlebnis und Lernprozeß; Klinkhardt, Bad Heilbrunn 1981
Kochan, B. (Hrsg.): Rollenspiel als Methode sprachlichen und sozialen Lernens; Scriptor, Kronberg/Ts. 1975
Konopka, G.: Soziale Gruppenarbeit – ein helfender Prozeß; Beltz, Weinheim 1975
König, R. (Hrsg.): Handbuch der empirischen Sozialforschung, Band 11: Freizeit – Konsum; Ferdinand Enke Verlag; Stuttgart 1977
Krege, W.: Begriffe der Gruppendynamik; Klett, Stuttgart 1977
Kreuzer, J.: Handbuch der Spielpädagogik; Schwann, Düsseldorf 1982
Kube, K.: Spieldidaktik; Päd. Verlag Schwann, Düsseldorf 1977
Landau, E.: Kreatives Erleben; Reinhardt, München 1982
Langenmayr, M.: Sprachliche Kommunikation; Bardtenschlager, München 1979
Lehmann, J./Portele, G. (Hrsg.): Simulationsspiele in der Erziehung; Beltz, Weinheim 1976
Lorenzer, A.: Sprachstil und Interaktionsformen; Suhrkamp, Frankfurt/M. 1977
Luft, J.: Einführung in die Gruppendynamik; Klett, Stuttgart 1973
Mager, R.F.: Motivation und Lernerfolg; Beltz, Weinheim 1970
Mager, R.F./Pipe, P.: Verhalten, Lernen, Umwelt oder „Du solltest Dir wirklich mehr Mühe geben"; Beltz, Weinheim 1973
Mayrhofer, H./Zacharias, W.: Projektbuch ästhetisches Lernen; Rowohlt, Reinbek 1977
Merkel, J./Nagel, M.: Erzählen – Die Wiederentdeckung einer vergessenen Kunst; Rowohlt, Reinbek 1982
Nimmergut, J.: Kreativitätsschule; Heyne Verlag, München 1972
Opaschowski, H.W. (Hrsg.): Freizeitpädagogik in der Leistungsgesellschaft; Klinkhardt, Bad Heilbrunn 1977
Opaschowski, H.W. (Hrsg.): Methoden der Animation – Praxisbeispiele. Außerschulische Pädagogik; Klinkhardt, Bad Heilbrunn 1981
Ostermann, F.: Kreative Prozesse im „Aufsatzunterricht"; UTB, Stuttgart 1977 (2. Aufl.)
Peccei, A. (Hrsg.): Club of Rome – Zukunftschance Lernen; Goldmann, München 1983
Peseschkian, N.: Positive Familientherapie; Fischer, Frankfurt/M. 1982
Piaget, J.: Nachahmung, Spiel und Traum; Klett, Stuttgart 1975
Portele, G.: Lernen und Motivation; Beltz, Weinheim 1975
Quiske, F. u. a.: Denklabor Team; Rowohlt, Reinbek 1975
Richter, H.E.: Lernziel Solidarität; Rowohlt, Reinbek 1979
Röhrs, H.: Das Spiel – ein Urphänomen des Lebens; Akademische Verlagsanstalt, Wiesbaden 1981
Sand, H./Benz, K.H.: Jugend und Freizeitverhalten; Adolf Bonz Verlag, Fellbach 1979
Sbandi, P.: Gruppenpsychologie – Einführung in die Wirklichkeit der Gruppendynamik aus sozialpsychologischer Sicht; Verlag J. Pfeiffer, München 1973
Scheuerl, H.: Das Spiel; Beltz, Weinheim 1979 (Neuausgabe)
Schieck, G.: Emanzipation in der Erziehung; Verlag Dokumentation, Pullach b. München 1975
Schmidtbauer, W.: Selbsterfahrung in der

Gruppe; Rowohlt, Reinbek 1979
Schneider, K.: Motivation unter Erfolgsrisiko; Hogrefe, Göttingen 1973
Schurian, W.: Jugendfeindlichkeit; Beltz, Weinheim 1976
Shaftel, F. und G.: Rollenspiel als soziales Entscheidungstraining; Ernst Reinhardt Verlag, München 1974
Shell Studie „Jugend '81"; Leske Verlag, Leverkusen 1981
Simon, S./Olds, S.: Familientraining; J. Pfeiffer, München 1978
Stankewitz, W.: Szenisches Spiel als Lernsituation; Urban & Schwarzenberg, München 1977
Stuckenhoff, W.: Spiel, Persönlichkeit und Intelligenz; Otto Maier Verlag, Ravensburg 1975
Thiesen, P.: Politische Bildung und Jugendarbeit; Junge Presse, Eutin 1976
Thiesen, P./Cornils, V.: Pädagogisches Feld Jugendarbeit; Kiel 1980
Thiesen, P.: Planlosigkeit in Jugendfreizeitheimen? in: „Animation", Vincentz, Hannover 8/1981
Thiesen, P.: Der öffentliche Spielplatz – Symbol einer einfallslosen Erwachsenenwelt? in: „Animation", Vincentz, Hannover 12/1981
Ulich, D.: Pädagogische Interaktion – Theorien erzieherischen Handelns und sozialen Lernens; Beltz, Weinheim 1976
Ulmann, G. (Hrsg.): Kreativitätsforschung; Kiepenheuer & Witsch, Köln 1973
Vester, F.: Denken – Lernen – Vergessen; Deutsche Verlagsanstalt, Stuttgart 1975
Walker, J.A.: Kunst seit Pop Art; Knaur, München 1975
Watzlawik, P. u. a.: Menschliche Kommunikation, Formen, Störungen, Paradoxien; Verlag Hans Huber, Bern 1972
Weber, M.: Grundfragen der Psychologie, Bardtenschlager, München 1983
Zimmer, K.: Das einsame Kind – Für ein neues Verständnis der kindlichen Urbedürfnisse; dtv, München 1982
Zitzlsberger, H.: Kinder spielen Märchen – Schöpferisches Gestalten und Nacherleben; Beltz, Weinheim 1980

Hilfen für die praktische Arbeit

Achtnich, E./Opdenhoff, H.E.: Rollenspielkarten; Burckhardthaus-Verlag, Gelnhausen/Christophorus-Verlag, Freiburg i. Br. 1973
Amtmann, P./Kaiser, H.: Darstellendes Spiel; Bärenreiter Verlag, Kassel 1966
Andersen, B.E.: Das Puppenspielbuch; Otto Maier Verlag, Ravensburg 1975
Antons, K.: Praxis der Gruppendynamik; Verlag für Psychologie – Hogrefe; Göttingen 1975
Arndt, F.: Das Handpuppenspiel; Bärenreiter Verlag, Kassel
Barth, F.K./Rohrer, F.: Malen, Spielen, Musikmachen; Gelnhausen 1974
Basteln – Werken – Spielen; Verlag Das Beste; Stuttgart 1978
Beer/Erl: Entfaltung der Kreativität; Katzmann, Tübingen 1972
Beyer, G./Knötzinger, M.: Wahrnehmen und Gestalten; Bardtenschlager, München 1976
Biekmann, H.: nca-Materialien (Interaktionsspiele); Maarsen, Niederlande
Blumenthal, L.: Das Handspielbuch; Herder, Freiburg 1977
Broad, L.: Die Spielgruppe; Rowohlt, Reinbek 1980
Bücken, E.: Diskothek – Mediathek; Jugenddienst; Wuppertal 1977
Budenz/Lutz: Werkbuch für Scharadenspiele; Don Bosco, München 1964
Cheridi, M.: Basteln mit Krimskrams; Tessloff, Hamburg 1973
Cratty, B.J.: Aktive Spiele und soziales Lernen; Otto Maier Verlag, Ravensburg 1979
Dorpus, K.: Regie im Schul- und Jugendtheater; Deutscher Theaterverlag, Weinheim 1970
Drees, H. u. E.: Schöpferische Musikerzie-

hung; Bardtenschlager, München 1980
Erl, W.: Jugendarbeit im Experiment; Katzmann, Tübingen 1971
Feininger, A.: Feiningers Kompositionskurs der Fotografie; Heyne Verlag, München 1978
Finke, U./Hübner, R./Rohrer, F.: Spielstücke für Gruppen; Chr. Kaiser Verlag, München 1977
Förster, H.R.: Video – mein Hobby; Humboldt, München
Frank, G.: Produktionsgestaltung im Werk- und Kunstunterricht; Otto Maier Verlag, Ravensburg 1979
Freudenreich u. a.: Rollenspiel; Schroedel, Hannover 1976
Fröhlich/Heilmeyer: Modell Kinderspielclub; DuMont, Köln 1974
Frör, H.: Spielend bei der Sache; Kaiser, München 1972
Frör, H.: Spiel und Wechselspiel; Kaiser, München 1974
Fluegelman, A.: New Games – Neue Spiele; Ahorn Verlag, München 1976
Fluegelman, A.: Neue Spiele, Band 2; Ahorn Verlag, München 1982
Giese, M./Winnig, G.: Aufenthaltsspiele; Student für Europa, Frankfurt/M. 1979 (2. Aufl.)
Griesbeck, J.: Bausteine für die Jugendarbeit – Aktuelle Themen und Methoden; Don Bosco, München 1975
Grieshaber, G.: Masken aus Tüten, Kartons und Pappmaché; Otto Maier Verlag, Ravensburg
Gruber, B./Vedder, M.: DuMont's Handbuch der Video-Praxis; DuMont, Köln
Grüneisl, G.: Spielen mit Gruppen; Klett, Stuttgart 1974
Grunfeld, F.: Spiele der Welt; Krüger Verlag, Frankfurt/M. 1976
Gudjons, H.: Praxis der Interaktionserziehung; Klinkhardt, Bad Heilbrunn 1978
Hafner, G.: Handbuch aller künstlerischen Techniken; Styria, Graz 1974
Hamblin, K.: Pantomime – Spiel mit deiner Phantasie; Ahorn Verlag, Soyen 1978
Haselbach, B.: Improvisation – Tanz – Bewegung; Klett, Stuttgart 1976
Heinig, P.: Spielobjekte im Kunstunterricht; Otto Maier, Ravensburg 1973
Heum, F.: Bildnerisches Gestalten in der Schule; Henn, Düsseldorf 1972
Hirscher, H.E.: Werken mit Abfall – Methoden kreativen Gestaltens; Katzmann, Tübingen 1975
Höper, C.J. u. a.: Die spielende Gruppe (Interaktionsspiele); Jugenddienst/Pfeiffer, Wuppertal 1980 (8. Aufl.)
Hubrich, T. u. U.: Spiele für die Gruppe; Quelle & Meyer, Heidelberg 1979
Jaffke, F.: Spielzeug von Eltern selbst gemacht; Verlag Freies Geistesleben, Stuttgart 1977
Kaiser, U.: Kreatives Sehen und Werken; Otto Maier, Ravensburg 1980
Kampmann, L.: Puppe, Bühne, Spiel; Otto Maier, Ravensburg
Katholische studierende Jugend (Hg.): Wer hat da so schief gesungen?; KSJ-Bundesamt, Köln
Kälberer, G.: Pappe und Karton; Otto Maier, Ravensburg 1973
Kirsten, R./Müller-Schwarz, J.: Gruppentraining; DVA, Stuttgart 1973
Kramberg, K.-H.: Theater der Mechanik; Otto Maier, Ravensburg
Kramer, M.: Das praktische Rollen-Spielbuch; Jugenddienst, Wuppertal 1979
Krantz, M.: Wir spielen Geschichten; R. Müller, Köln-Braunsfeld 1972
Lechenauer, G. u. a. (Hrsg.): Videomachen; rororo 7182, Rowohlt, Reinbek
Lenzen, H.: Mediales Spiel in der Schule, Luchterhand, Neuwied 1974
Leonhard, P./Helbig, K.: Das Spielhandwerk – ein Arbeitsbuch für Laienspieler; Deutscher Theaterverlag, Weinheim
Lettmann, M.: Heute spielen wir im Haus; Fischer Flick Flack, Frankfurt/M. 1974
Meisnitzer, F.: Modern filmen; Humboldt, München
Malcher, J.: Gruppen nicht ohne Dynamik; Bardtenschlager, München 1977
Marquard, M.: Einführung in die Kinder- und Jugendliteratur; Bardtenschlager, München 1982 (5. überarb. Auflage)
Meyer/Seidel: Spielen und Darstellen, Bd. II;

Erziehung und Wissenschaft, Hamburg 1978
Mayers, H.: 150 bildnerische Themen; Otto Maier, Ravensburg 1976
Micovich, J.: Das 1×1 des Handpuppenspiels; Wuppertal 1977
Morgenstern, B.: Schattenspiel; Otto Maier, Ravensburg 1975
Müller, R. (Hrsg.): Spiel und Theater als kreativer Prozeß. Handbuch der Kunst- und Werkerziehung, Bd. 2; Rembrandt; Berlin 1972
Müller, W.: Elementares Arbeiten mit Ton; Don Bosco Verlag, München 1976
Ney, U.: Moderne Schmalfilm-Praxis; Falken Verlag, Niederhausen/Ts. 1977
Nickel, H.W.: Rollenspielbuch. Theorie und Praxis des Rollenspiels; Hrsg. LAG für Spiel und Amateurtheater in NW; Recklinghausen 1972
Oestreich, G.: Erziehung zum kritischen Lesen – Kinder- und Jugendliteratur zwischen Leitbild und Klischee; Herderbücherei, Freiburg i.Br. 1973
Purschke, H.R.: Das ABC des Handpuppenspiels; Deutscher Theaterverlag, Weinheim
Rismann, H.: Kabarett mit Jugendlichen; Katzmann, Tübingen
Röttger, K.: Das Spiel mit den Bildelementen Punkt und Linie; Otto Maier, Ravensburg 1964
Schiffler, H.: Spielformen als Lernhilfe; Herder Verlag, Freiburg 1982
Scholz-Peters, R.: Originelles aus Leergut; Verlag Frech, Stuttgart 1976
Schreiber, K.: Straßen-, Gassen-, Bürgerfeste; Otto Maier; Ravensburg
Schreiner, K.: Puppen und Theater. Herstellung – Gestaltung – Spiel, DuMont, Köln 1980
„Schwalbacher Spielkartei" – Karton mit 315 Spielen im DIN-A-6-Querformat; Haus Schwalbach, Wiesbaden-Dotzheim 1978
Schwäbisch, L./Siems, M.: Anleitung zum sozialen Lernen für Paare, Gruppen und Erzieher; Rowohlt, Reinbek 1976
Sibler, H.P. u. a.: Spiele ohne Sieger; Otto Maier, Ravensburg 1976
Spitzing, G.: Fotomotive – Was? Wie? Wo?; Verlag Laterna Magica J.F. Richter, München 1975
Steuer, H./Voigt, C.: Das neue rororo Spielbuch; Rowohlt, Reinbek 1980
Student für Europa-Student für Berlin e. V. (Hg.): „Liederbuch"/„Liederkiste" (Liederbuch II); Berlin
Taylor, J.L./Walford, R.: Simulationsspiel im Unterricht; Otto Maier, Ravensburg 1974
Thiesen, P.: Jugendgruppenleiterspiel; Eutin 1976 (2. Aufl. 1978)
Thiesen, P.: Wer lange lebt, wird alt – Aphorismen, Definitionen, Lichtblicke; Junge Presse, Eutin 1977
Thiesen, P./Schwarz, V.: Der Weisheit letzter Gruß – Aphorismen; Eutin 1980
Thiesen, P./Cornils, V.: Handbuch Jugendarbeit; Bardtenschlager, München 1981
Thiesen, P.: „Animation zum kreativen Spielen" in: „Animation" Heft 4 und „Animation durch gutes Spielzeug" in „Animation" Heft 5; Vincentz Verlag, Hannover 1982
Thiesen, P.: Arbeitsbuch Spiel – Für die Praxis in Kindergarten, Hort, Heim und Kindergruppe; Bardtenschlager, München 1982 (2. Aufl. 1984)
Tiemann, K.: Planspiele für die Schule; Hirschgraben, Frankfurt/M. 1969
Unbehaun, K.: Farbig filmen mit Super-8; Hallwag, Bern und Stuttgart
Vlatten, J.: Kleines Lexikon für Spiel und Geselligkeit; Haus Schwalbach, Wiesbaden-Dotzheim 1978
Vopel, K.: Interaktionsspiele Bd. 1–4; Isko-Press, Hamburg 1980 (2. Aufl.)
Walter, D.: Musikinstrumente selbst gebastelt; Blaukreuz Verlag, Bern 1976
Warns, E.: Die spielende Klasse; Jugenddienst/J. Pfeiffer, Wuppertal und München 1976
Weidemann, B.: Diskussionstraining; Rowohlt, Reinbek 1975
Wiemann, K.: Spielt mit; Limpert, Frankfurt/M. 1974
Woesler, D.: Spiele – Feste – Gruppenprogramme; Fischer, Frankfurt/M. 1978
Wundshammer, B.: Knaurs Fotobuch für Anfänger; Knaur, München 1978

Zeitschriften

„Animation“ – Zeitschrift für Freizeitpraxis und Freizeitwissenschaft (jährlich 12 Hefte); Vincentz, Hannover

„Spielmittel“ – Zeitschrift für Information, Beratung, Diskussion (jährlich 5 Hefte); W. Nostheide, Bamberg

Autor:

PETER THIESEN, geb. 1952 in Eutin/Holstein, Diplom-Sozialpädagoge, studierte in Kiel Sozialpädagogik, Deutsch und Politische Bildung. Mehrjährige Tätigkeit als Bezirks- und Stadtjugendpfleger, Lehrbeauftragter an der Fachhochschule Kiel (1976–1979) und VHS-Dozent. Nach dem 2. Staatsexamen (1979) als Lehrer an der Fachschule für Sozialpädagogik in Lübeck.
Zahlreiche Veröffentlichungen zu sozial- und spielpädagogischen Themen.

Im Bardtenschlager Verlag erschienen: Thiesen/Cornils: „Handbuch Jugendarbeit“ (1981) und Thiesen: „Arbeitsbuch Spiel“ (1982).